10 最新 社会福祉士養成講座 精神保健福祉士養成講座

一般社団法人 日本ソーシャルワーク教育学校連盟 編集

刑事司法と福祉

中央法規

刊行にあたって

このたび、新カリキュラムに対応した社会福祉士と精神保健福祉士養成の教科書シリーズ（以下、本養成講座）を一般社団法人日本ソーシャルワーク教育学校連盟の編集により刊行することになりました。本養成講座は、社会福祉士・精神保健福祉士共通科目 13 巻、社会福祉士専門科目 8 巻、精神保健福祉士専門科目 8 巻の合計 29 巻で構成されています。

社会福祉士の資格制度は、1987（昭和 62）年に制定された社会福祉士及び介護福祉士法により創設されました。後に、精神保健福祉士法が制定され、精神保健福祉士の資格制度が 1997（平成９）年に創設されました。それから今日までの間に両資格のカリキュラムは２度の改正が行われました。本養成講座は、2019（令和元）年度の両資格のカリキュラム改正に伴い、刊行するものです。

新カリキュラム改正のねらいは、地域共生社会の実現に向けて、複合化・複雑化した課題を受けとめる包括的な相談支援を実施し、地域住民等が主体的に地域課題を解決していくよう支援できるソーシャルワーカーを養成することにあります。地域共生社会とは支援する者と支援される者が一体となり、誰もが役割をもって生活していくことができる社会です。こうした社会を創り上げる担い手として、社会福祉士や精神保健福祉士が期待されています。

そのため、本養成講座の制作にあたって、❶ソーシャルワーカーとしてアセスメントから支援計画、モニタリングに至る PDCA サイクルに基づく支援ができる人材の養成、❷個別支援と地域支援を一体的に対応でき、児童、障害者、高齢者等のさまざまな分野を横断して包括的に支援のできる人材の養成、❸「講義―演習―実習」の学習循環をつくることで、実践現場に密着した人材養成をする、を目的にしています。

社会福祉士および精神保健福祉士になるためには、ソーシャルワークに必要な五つの科目群について学ぶことが必要です。具体的には、①社会福祉の原理・基盤・政策を理解する科目、②複合化・複雑化した福祉課題と包括的な支援を理解する科目、③人・環境・社会とその関係を理解する科目、④ソーシャルワークの基盤・理論・方法を理解する科目、⑤ソーシャルワークの方法と実践を理解する科目です。それぞれの科目群の関係性と全体像は、次頁の図のとおりです。

これらの科目を本養成講座で学ぶことにより、すべての学生がソーシャルワークの基盤を修得し、社会福祉士ならびに精神保健福祉士の国家資格を取得し、さまざまな領域でソーシャルワーカーとして活躍され、ソーシャルワーカーに対する社会的評価を高めてくれることを願っています。

社会福祉士養成教科書の全体像

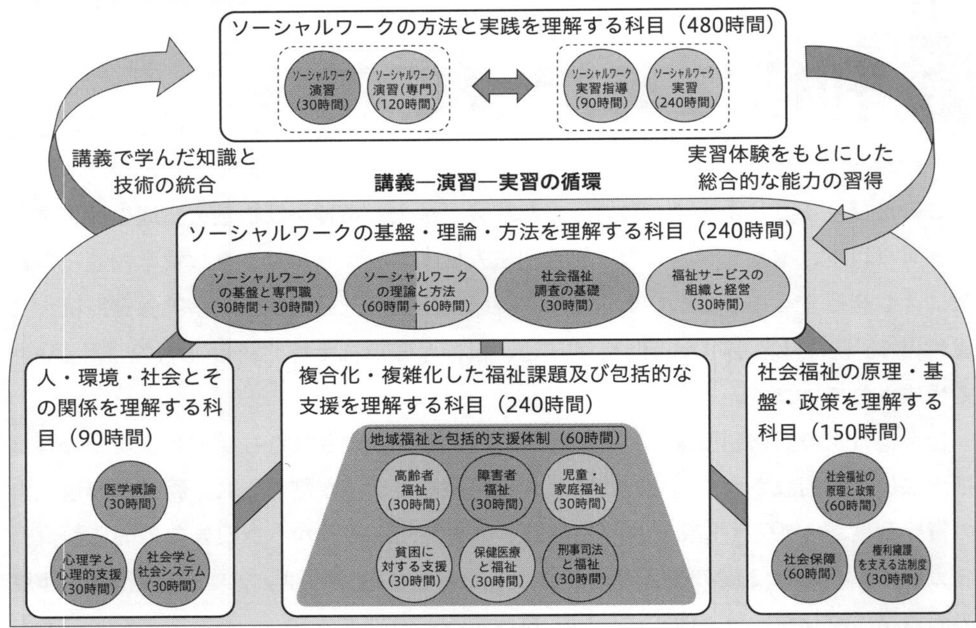

出典：厚生労働省「（別添）見直し後の社会福祉士養成課程の全体像」（https://www.mhlw.go.jp/content/000604998.pdf）より本連盟が改編

精神保健福祉士養成教科書の全体像

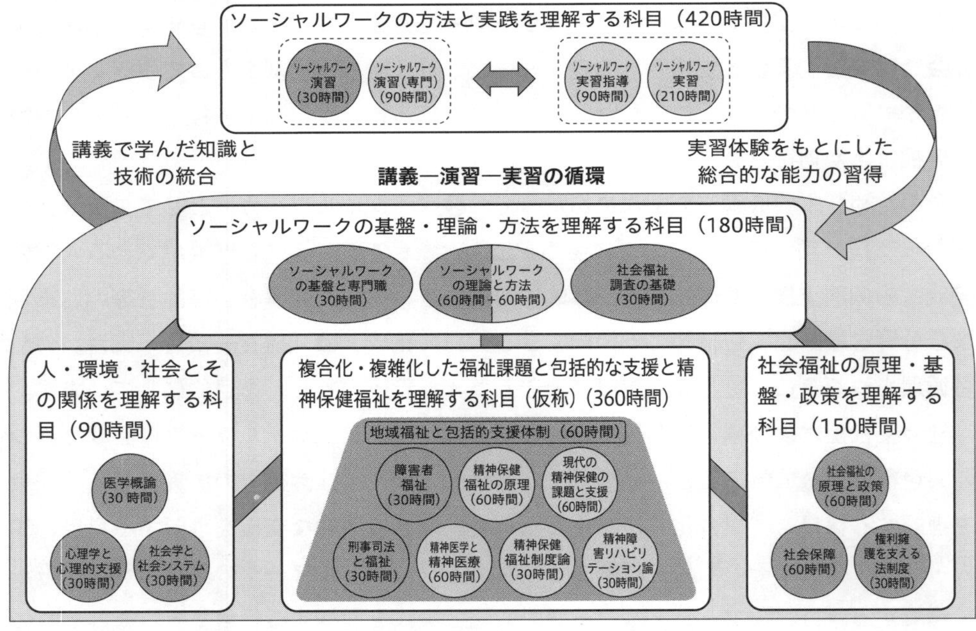

出典：厚生労働省「（別添）見直し後の社会福祉士養成課程の全体像」を参考に本連盟が作成

2020（令和２）年12月１日

一般社団法人日本ソーシャルワーク教育学校連盟
会長　白澤政和

はじめに

社会福祉士・精神保健福祉士の養成課程において、なぜ、刑事司法に関することを学ぶのか。刑事司法は、犯罪・非行をした人や被害を受けた人に対応するものであるから、福祉やソーシャルワークと関係ないのではないか。読者のなかには、そのような疑問をもつ人もいるかもしれない。しかし近年では、刑事司法とかかわる人にさまざまな支援ニーズがあることが広く認識されるようになり、「司法と福祉の連携」の必要性が指摘されている。このような社会状況を背景として、2021（令和３）年度から導入される社会福祉士・精神保健福祉士養成課程の教育内容等の見直しでは、刑事司法領域に関する教育内容の見直しと時間数の拡充が行われ、これまでの「更生保護制度」に代わり、両課程の共通科目として「刑事司法と福祉」が創設された。

犯罪に当たる行為への法的な対応を刑事手続といい、本書は、図に示す刑事手続の全体像を意識して構成している。

刑事手続の全体像

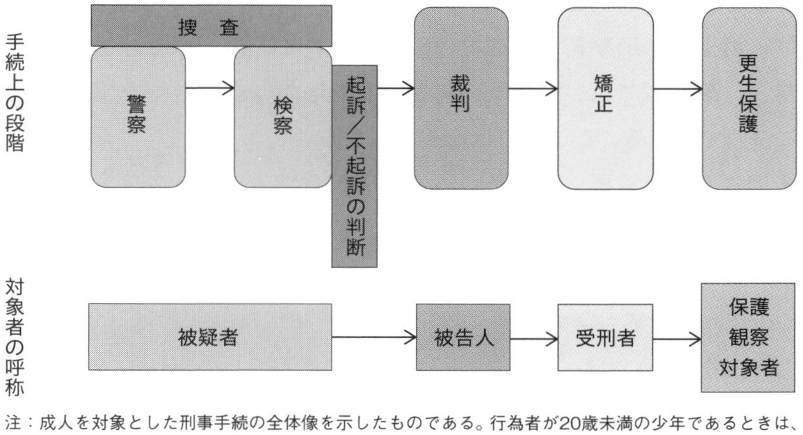

手続上の段階

捜査

警察 → 検察 → 起訴／不起訴の判断 → 裁判 → 矯正 → 更生保護

対象者の呼称

被疑者 → 被告人 → 受刑者 → 保護観察対象者

注：成人を対象とした刑事手続の全体像を示したものである。行為者が20歳未満の少年であるときは、成人とは異なる対応がなされ、少年保護手続という別の手続が設けられている。

手続は「捜査」から始まり、「裁判」「矯正」の各段階へと続き、「更生保護」が最終段階となる。ただし、途中でそれ以上先に進まない処分を受けるときもあるので、犯罪をしたすべての人が更生保護の段階まで至るわけではない。検察官が起訴しない（不起訴）と判断すれば、裁判を受けることはない。裁判の結果、罰金刑を受けたり、懲役刑の執行が全部猶予されたりすれば、刑務所に収容されることはない。また、不起訴になった人、罰金刑を受けた人、刑期のすべてを刑務所で過ごして釈放された人は保護観察の対象にはならない。

本科目には、福祉領域であまり接することがない概念や制度、手続などが多く含まれている。時には、使われている言葉が難解に思われ、近づきがたさがあるかもしれない。しかし、このような難しさには理由がある。「法的な議論は、実際には複雑に絡み合う『事実』の中から法的な要件と効果にとって重要な意味をもつものを拾い上げ、切り取っていく作業である」（武内謙治・本庄武『刑事政策学』日本評論社, p.2, 2019.）ためである。つまり、人の具体的な生活場面で起こる犯罪という出来事についても、法学の視点からみて重要だと思う事柄に焦点を当て、これを概念化し言語で処理する過程で、議論を通じて用語の意味内容を整理・精緻化しながら、制度を積み上げていくという営為が繰り返されてきた。これにより、用語の定義は厳密になり、一見似たような言葉にも違う意味が込められたのである。

そのため、本科目を学習するにあたっては、基本的な考え方や概念、あるいは根底にある原理・原則（しばしば、○○主義ともいう）を理解したうえで、それぞれの言葉の意味や内容、使われ方に注意を向けることが重要になる。その際、刑事司法・少年司法制度の全体像をまず大まかに掴（つか）み、その後に細部を学んでいくことをお勧めしたい。また、理論を学習するにあたっては、理論が適用される実際の場面やそこに登場する人々と結びつけて考えてみることが、内容理解を深めるために有効である。

本書では、第１章で刑事司法と福祉の関係について、第２章で社会と犯罪の関係について学ぶ。第３章では、犯罪原因論と犯罪対応の歴史的展開を確認し、第４章では刑罰について考える。ここまでは総論に当たる。

第５章で刑事手続と重要な原則について、第６章で少年司法の理念や手続について確認し、第７章で成人に対する施設内処遇、第８章で少年に対する施設内処遇について学ぶ。第９章と第 10 章では、社会内処遇である「更生保護」について、成人だけでなく少年への対応も含めて学ぶ。

第 11 章から第 13 章では、多様なニーズを有する犯罪行為者への支援について、精神障害、高齢または障害、アディクションのある犯罪行為者の問題を取り上げ順に学ぶ。さらに第 14 章では、犯罪被害者等支援の制度と実際を学ぶ。第 15 章では、まとめとしてコミュニティと刑事司法について検討する。

これらの章を相互に参照しながら学習を進めていただければと思う。

編集委員一同

目次

第４章　刑罰とは何か

第５章　刑事司法

第6章　少年司法

第7章　施設内処遇①　成人

第8章 施設内処遇② 少年

第9章 社会内処遇① 更生保護の理念と概要

第10章 社会内処遇② 更生保護の実際

第15章　コミュニティと刑事司法

本書では学習の便宜を図ることを目的として、以下の項目を設けました。

- 学習のポイント……各節で学習するポイントを示しています。
- 重要語句……………学習上、特に重要と思われる語句を**色文字**で示しています。
- 用語解説……………専門用語や難解な用語・語句等に★を付けて側注で解説しています。
- 補足説明……………本文の記述に補足が必要な箇所にローマ数字（ⅰ、ⅱ、…）を付けて脚注で説明しています。
- Active Learning……学生の主体的な学び、対話的な学び、深い学びを促進することを目的に設けています。学習内容の次のステップとして活用できます。

第1章

「刑事司法と福祉」総論

「刑事司法と福祉」を学び始めるにあたって、本章では、刑事司法にソーシャルワーカーがかかわる理由、支援にあたって求められる姿勢、刑事司法と福祉の関係がどのように展開してきたのかを確認する。

そして、刑事司法における実践の場面で、ソーシャルワーカーに期待される役割と留意点、ジレンマについて考えることを通じて、刑事司法とかかわった人たちとのソーシャルワークの基本について学んでいく。

刑事司法とかかわった人たちを、法的作用の対象者としてだけではなく、生活者としてみてみると、なぜソーシャルワーカーによる支援が求められているのかがわかるだろう。

第1節 「刑事司法と福祉」を学ぶにあたって

学習のポイント

- 刑事司法領域における福祉による支援の必要性について理解する
- 刑事司法とかかわった人を支援するソーシャルワーカーに求められる姿勢を理解する
- 刑事司法と福祉の関係をめぐる変遷を把握する

1 なぜソーシャルワーカーがかかわるのか

1 犯罪をした人の場合

犯罪・非行★をした人（以下、当事者）にソーシャルワーカーがかかわる理由は、彼・彼女たちが、多様で複雑化した援助ニーズ★を有する場合があるからである。

当事者の多くが、いじめ、虐待、家族や他者からの身体的･性的暴力、ネグレクト、経済的搾取などによる被害を体験しており、また、教育からの早期のドロップアウト、就労困難や不安定就労、貧困や不安定な住居などの問題を経験している。

また、知的障害がある当事者は、海外での調査によれば、精神疾患、ネグレクトや虐待による被害、教育や就労機会の制約、愛着形成や対人関係に起因する問題、社会的孤立などを本人たちが経験している場合が多い[1)]。日本の法務省が実施した調査でも、知的障害あるいはその疑いがある受刑者は、そうではない受刑者に比べて、刑務所入所前に住所不定や無職、未婚であった割合が高く、教育歴が短いという結果が出ている。また、この調査では、全体の約半数には知的障害以外の疾病や障害があったことも報告されている[2)]。

このように当事者は、生きていくうえでさまざまな形で**逆境体験**★や**社会的排除**を経験していることが珍しくない。日本では、当事者のこのような状況に、**生きづらさ**という概念が使われている。このような経験を重ねてきた人たちは、他者との関係を形成したり、維持したりするのが難しくなることがしばしばある。また、家族や友人などとのつながりが不安定であったり、まったくないこともある。そのため、フォーマル、インフォーマルなサポートのいずれもが不十分になりやすい。

★非行
少年による犯罪行為、触法行為、ぐ犯行為の総称。各行為の違いについては、第6章第2節を参照。

★多様で複雑化した援助ニーズ
イギリスのSocial Exclusion Unitがまとめた報告書によると、教育、雇用、精神的･身体的健康、住居、所得保障、家族ネットワーク、薬物やアルコールの使用などの要素が悪化したり、不安定になったりすると再犯の可能性が高くなる。また、多くの受刑者は生涯にわたるような社会的排除を経験していて、高いニーズがあるにもかかわらず支援サービスを利用できない状況にあることも報告されている。

★逆境体験
自分自身の身体･心理･情緒的な安全が守られておらず、安心できると思えない環境で生きる体験のこと。身体的・心理的・性的虐待やネグレクトによる被害をはじめ、養育者の精神疾患や受刑によって生じた不安定な被養育経験などがある。

もちろん、逆境体験のある人や社会的に排除されている人が皆、犯罪をするわけではない。しかし、さまざまな逆境体験を重ねながら、社会的に排除された状態に置かれて支援につながらなかったことが犯罪の背景となっているのは確かである。当事者が犯罪をしなくても生きていけるようになるために、福祉による支援が求められているのである。

2 犯罪による被害に遭った人の場合

犯罪による被害に遭った人やその家族（以下、犯罪被害者等）にソーシャルワーカーがかかわる理由は、被害に遭ったことによって生じた生活へのさまざまなダメージに対処し、**回復**を図るために支援が必要とされているからである。

犯罪被害に遭うことによって生じる影響のなかには、身体的、心理的、社会的なものがある。それらは、犯罪被害者等の生活に大きな困難を生じさせることがある。たとえば、働けなくなることによる雇用の喪失、収入の途絶や減少、住居の喪失、周囲との関係の変化による社会的孤立、育児や介護負担の増大、養育者の変更などが考えられる。これらの影響は、被害を受けたときを境にして、ごく短期間に急激に生じるものであり、なおかつ他者の行為によって一方的に引き起こされるので、犯罪被害者等が受けるストレスのレベルはきわめて高い。そこで、犯罪被害者等に対しては、医療や心理的支援とならんで、福祉による生活課題の解決・改善のための支援が求められている。

従来、刑事司法★の中心的な関心は犯罪をした人への対応に向けられており、犯罪被害者等には注意が払われてこなかったため、支援やケアが不十分だったという批判がある。

2004（平成16）年に犯罪被害者等基本法が成立し、2005（平成17）年からは国が「犯罪被害者等基本計画」を定めるようになっており、犯罪被害者等への支援の活動は充実してきている。しかし、支援が本格化したのは2000年代に入ってからであり、質・量ともにまだまだ十分とはいえない。福祉による支援の必要性の度合いは大きいといえる。

Active Learning

刑事司法分野のソーシャルワークにおけるクライエントについて、具体的にどのような状況にある人たちとかかわるのかを考えてみましょう。

★刑事司法
ここでいう刑事司法とは、広く犯罪や非行に対する法的対応を指す。

2 ソーシャルワーカーに求められる姿勢

刑事司法領域で活動する、あるいは刑事司法とかかわった人を支援するソーシャルワーカーに求められる姿勢について考えてみよう。

1 人のレジリエンスを信じて、エンパワメントを意識する

刑事司法とかかわった人とのソーシャルワークでは、「人には**レジリエンス**★が内在している」という姿勢をもつことが求められる。

★レジリエンス
回復する力、復元する力という意味。困難な状況を経験したときに適応的な状態を維持したり、適応的に回復していく力を指す。

刑事司法と接触するときというのは、その人の人生における最大の危機的な状況といえるだろう。当事者の場合は、犯罪に至るまでの経過のなかで、前述したようなさまざまな生きづらさ、生活上の困難を経験して、それがどうにもならないような状態になっていることが多い。一方、犯罪被害者等の場合には、被害に遭うことによって突然に危機的な状況に直面することになる。立場は異なるが、当事者も犯罪被害者等も、大きなストレスにさらされダメージを受けている状態である。

このような当事者や犯罪被害者等にかかわるにあたっては、ソーシャルワーカーがレジリエンスを信じて、エンパワメントにつながるよう支援することが重要である。なぜなら、大きなストレスによるダメージを受けている状態から回復していくためには、その人の内在する力を引き出すような支援が求められるからである。将来にわたって人が変化していく可能性のことを**可塑性**というが、「人には誰でも可塑性が備わっている」と考えることが基本となる。

2 生活モデルの視点を重視する

★生活モデルの視点
支援にあたって、生活の質（quality of life：QOL）の増進を意図すること、本人と本人を取り巻く環境に関連するさまざまな要因が相互・交互に影響しあっているという見方をすること。

刑事司法とかかわった人とのソーシャルワークでは、どうしても犯罪の存在や罪名に注目しやすい。しかし、罪名にこだわるのではなく、犯罪行為に至るまでの経緯や事情、背景を知り、あるいは本人の生活に着目して、そこに対人援助ニーズがあれば、それらにどのように対処するかを考えることが求められる。つまり、**生活モデルの視点**★を重視する。

また、犯罪を当事者や犯罪被害者等にとってのライフイベントの一つと捉えることが必要になる。刑事手続の完了★は、社会としての犯罪処理の終了であって、その後も当事者や犯罪被害者等の生活は続いていく。その意味では、刑事手続が終わってからの生活を常に念頭に置きながら支援することが求められる。

★刑事手続の完了
刑事手続が完了するのは、警察段階で微罪処分を受けたとき、検察段階で不起訴処分を受けたとき、裁判で言い渡された刑の執行が終了したときなどである。刑事手続全体については、第5章第1節参照。

3 非審判的態度を厳守する

刑事司法とかかわった人とのソーシャルワークでは、自らの思考や感情の動きを知り、言動や態度を自分自身でモニタリングすることが重要であり、**非審判的態度**★を厳守することが求められる。なぜなら、犯罪というのは、それが加害行為に関するものであればもちろんだが、被害に

★非審判的態度
審判的な態度をとらないこと。自分のもつ価値観や考え方に基づいて相手のことを一方的に決めつけない態度。

関する場合であっても強いラベリング★の力があるからである。

当事者の場合、犯罪は社会的に非難されることが当然視されている行為であるから、どうしても「悪い人」「危険な人」というイメージがつきまといやすい。生活困窮による窃盗のように、犯罪に至った事情が理解しやすく、仕方がないと思われるような場合を別にすれば、どうしても審判的な態度につながりがちである。累犯★、身体への危害を加えた事件、子どもが被害者となった事件などでは、その傾向が強くなる。

犯罪被害者等は「このような感情を抱いているはず」「このように考えているはず」といった一方的な決めつけをしない、という意味で非審判的な態度が求められる。クライエントを受容し、ラポールを形成することはもちろん重要であるが、それらは同情とは異なるものであることを認識・自覚しておく必要がある。

4 犯罪行為からの離脱に向けた生活を支援する

当事者とのかかわりにおいては、**犯罪行為からの離脱**★に向けた生活を支援するという姿勢が求められる。犯罪行為を止め続けるために何が必要なのかを当事者とともに考え、そのために当事者が必要とする援助を提供することが離脱に向けた生活を支援することになる。

支援の目的は、あくまでも当事者の生活の質の向上、幸福の追求である。犯罪をさせないという再犯対策が支援の第一の目的であると考えてしまうと、不適切な支援につながる危険性がある。たとえば、当事者の自由を抑制するために入所施設を利用させる、見守りという名のもとで当事者の行動を監視するといったことである。これらは、本来的な目的である幸福の追求や生活の質の向上に反しており、権利擁護の視点からも許容できず、支援のあるべき姿ではないといえる。

5 ソーシャルアクションを意識する

刑事司法とかかわった人とのソーシャルワークでは、社会に対する働きかけ、**ソーシャルアクション**の視点をもつことが特に求められる。

当事者は社会的に孤立し、社会のさまざまな制度やサービスから排除された状態にある。そこで、当事者の支援にあたっては、制度を活用し、サービスへのアクセスを試みて改善を図ることになるが、現行の制度やサービスだけでは不十分な場合がある。

犯罪被害者等に対する支援のなかでも、現行の制度やサービスでは不十分な点が明らかになったり、社会資源の不足に直面したりすることが

★ラベリング
レッテルを貼り、決めつけること。人物や物事の評価を固定することを意味する。

★累犯
犯罪を繰り返すこと。

Active Learning
刑事司法分野のソーシャルワークにおいて、自分自身が非審判的態度を保つことが難しいと思う場面にはどのようなものがあるでしょうか。その理由についても考えてみましょう。

★犯罪行為からの離脱
単に犯罪をしないということだけではなく、犯罪をしない状態を継続するということ、つまり止め続けていくことを含んだ概念。

ある。その必要性が認識されるようになったのが最近であることや、制度化開始からそれほどの時間が経過していないことから、特に犯罪被害者等に対する支援は問題が深刻である。

制度上の不足や新たな社会資源の必要性を認識したときは、広く社会に対して問題提起し、変革を目指して行動することが必要になる。

3 刑事司法と福祉の関係をめぐる変遷

1 第二次世界大戦前後

第二次世界大戦以前、犯罪をした人と福祉の間には深い関係があった。監獄（現在の刑務所）から釈放された人に衣食住を提供するなどして社会復帰を援助することを、出獄人保護事業、免囚保護事業といったが、これらは、当時、**社会事業**と呼ばれていた社会福祉事業の一種と考えられていた。しかしその後、出獄人保護事業などは司法保護事業として国の刑事政策★のなかに位置づけられることになり、社会事業からは独立した別領域のものになっていった。

第二次世界大戦が終わり、社会福祉に関する法制度が整備されていくなかで、犯罪をした人と福祉の関係はさらに離れていく。司法保護事業を前身とする更生保護事業は刑事司法制度のなかに位置づけられ、法務省のなかに更生保護を担当する保護局が置かれた。また、1951（昭和26）年に制定された社会福祉事業法★では、更生保護事業は社会福祉事業から除外されると明記された。その結果、社会福祉事業関係者が犯罪をした人とかかわる機会はきわめて限られた状態が続いた。

2 「司法福祉」概念の登場

1960年代になると、**司法福祉**★という概念が登場した。当初は、非行少年の立ち直り、特に司法機関である家庭裁判所の福祉的機能のあり方を主な関心の対象としていたが、その後、少年鑑別所、少年院、児童自立支援施設、保護観察所などにおける実践も司法福祉の対象として関心が向けられるようになった。

しかしこれらは、児童福祉法に規定される児童自立支援施設を除けば、いずれも少年司法にかかわる機関での実践であった。そのため、犯罪をした人への支援は、多くの社会福祉事業関係者にとっては一般的なものとなっていかなかった。

★刑事政策
犯罪を防止することを目的として国や地方自治体によって行われる施策のこと。

★社会福祉事業法
社会福祉事業に関する基本事項を定めた法律。社会福祉事業法は、2000（平成12）年に改正され、社会福祉法に改称されている。

★司法福祉
司法福祉は、家庭裁判所調査官であった山口幸男によって創り出されたとされる学術語であり、「国民の司法活用の権利を実質化し、司法を通じて一定の社会問題の個別的・実体的緩和一解決を追求する政策と具体的業務」と定義される。

3 精神保健福祉領域の状況

精神保健福祉領域では、精神障害が原因で犯罪をした者に対して特別な治療制度を設けるかどうかという問題との関係で、罪を犯した精神障害者のことが戦前から議論されてきた（第11章第1節参照）。

2005（平成17）年の**医療観察法**★の施行に伴い、法務省職員として保護観察所に社会復帰調整官が配置され、罪を犯した精神障害者への処遇に精神保健福祉士を中心とする対人援助専門職が関与することになった。

このように精神保健福祉領域では、刑事司法との関係が古くからあり、近年では実践の一領域として確立しているといえる。

★医療観察法
心神喪失等の状態で重大な他害行為を行った者の医療及び観察等に関する法律。

4 「司法と福祉の連携」

2000年代に入って、高齢または障害のある刑務所出所者に対する支援の欠如という問題が社会的に認知されるようになった。2003（平成15）年には元国会議員が自らの受刑体験の記録を刊行し、刑務所に多くの高齢者や障害者が収容されていること、彼らのなかには釈放にあたって大きな不安を抱えている人がいることを報告した[3)]。また、受刑者のなかに高齢者や障害者などの配慮を必要とする人が増えているという事実は、矯正実務出身の研究者によっても指摘された[4)]。

これらをきっかけに、**「司法と福祉の連携」**★が提唱されるようになった。「司法と福祉の連携」は、当事者のうち、特に高齢や障害、疾病があって福祉による支援を必要とする人を対象として、刑事司法関係者★と福祉関係者が連携して対応・支援しようとするものである。「司法と福祉の連携」の結果、犯罪をして刑事司法に関係する機関と接触した人たちが、その事実を明示して高齢者福祉サービスや障害者福祉サービスを利用するようになっている。

まず、2000年代半ばから矯正施設★からの釈放段階での支援が整備されるようになった。これらは、刑事手続の終わりの段階での支援という意味で**出口支援**とも呼ばれている。その後、2010年代に入ってからは被疑者・被告人段階での対応や支援の必要性も認識され、各種の活動が開始された。こちらは、刑事手続の開始段階の支援に当たることから**入口支援**ともいわれる（第12章第1節参照）。

★「司法と福祉の連携」
ここでいう司法とは、刑事司法のことを指しており、「刑事司法と福祉の連携」といわれる場合もある。

★刑事司法関係者
「司法と福祉の連携」との関連でいえば、ここでいう刑事司法関係者とは、検察庁、刑務所・少年院、保護観察所と更生保護施設の職員、および弁護士・司法書士が特に念頭に置かれている。

★矯正施設
刑務所、少年刑務所、拘置所、少年院、少年鑑別所、婦人補導院の総称。このうち、刑務所、少年刑務所、拘置所を刑事施設という。

5 刑事司法を取り巻く社会環境の変化

「司法と福祉の連携」が進んだ背景には、刑事司法を取り巻く社会環境の変化がある。特に重要なのは、**再犯防止**に対する意識の高まりである。

2008（平成20）年に犯罪対策閣僚会議によって策定された「犯罪に強い社会の実現のための行動計画2008」では、刑務所出所者等の再犯防止のための具体的施策として、就労支援や福祉による支援が必要な刑務所出所者等について、保護観察所が中心となって、刑務所、地方公共団体、社会福祉法人等関係機関と連携しつつ、❶生活環境調整の充実強化を図ること、❷地域生活定着を支援すること、が挙げられた。

その後も、高齢または障害のある累犯者は再犯防止対策の主要な対象とされ、「司法と福祉の連携」による対応が推進されている。2014（平成26）年に犯罪対策閣僚会議によって決定された「宣言：犯罪に戻らない・戻さない――立ち直りをみんなで支える明るい社会へ」では、「再犯防止につながる社会での居場所づくり」として、高齢や障害といった理由から自立が困難な受刑者に対して、関係機関のシームレスな連携による医療・福祉的支援をさらに強化することとされた。

★再犯防止推進法
再犯の防止等の推進に関する法律。

さらに、2016（平成28）年には**再犯防止推進法**★が制定された。この法律の規定により、2017（平成29）年に犯罪対策閣僚会議によって「再犯防止推進計画」が策定された。この計画では、「保健医療・福祉サービスの利用の促進等」として、刑事司法関係機関と保健医療・福祉関係機関が連携を強化することが目指されている。また、再犯防止推進法の規定により、都道府県および市町村に「地方再犯防止推進計画」を定める努力義務が課されたため、今後は地方自治体のレベルでも当事者への施策が実行されていくと考えられる。

このような法や政策をめぐる近年の状況をみると、「司法と福祉の連携」は今後もさらに進展する方向にあるといえるだろう。

◇引用文献

1）Holland, T., Clare, I. C. H. & Mukhopadhyay, T., 'Prevalence of criminal offending by men and women with intellectual disability and the characteristics of offenders : implications for research and service development', *Journal of Intellectual Disability Research*, 46, Supp. 1, pp. 6–20, 2002.
2）法務総合研究所編「知的障害を有する犯罪者の実態と処遇」『法務総合研究所研究部報告』第52号, pp. 1–177, 2014.
3）山本譲司『獄窓記』ポプラ社, 2003.
4）浜井浩一『刑務所の風景――社会を見つめる刑務所モノグラフ』日本評論社, 2006.

◇参考文献

・山口幸男『司法福祉論 増補版』ミネルヴァ書房, 2005.
・刑事立法研究会編, 土井政和・正木祐史・水藤昌彦・森久智江責任編集『「司法と福祉の連携」の展開と課題』現代人文社, 2018.
・水藤昌彦「障害者福祉と刑事司法の連携――障害のある犯罪行為者への地域生活支援の国際比較」『社会保障研究』第2巻第4号, pp.525–539, 2018.
・村尾泰弘・廣井亮一編『よくわかる司法福祉』ミネルヴァ書房, 2004.
・NSW Law Reform Commission, 'People with an Intellectual Disability and the Criminal Justice System', *Report 80*, NSWLRC, 1996.
・Social Exclusion Unit, *Reducing re-offending by ex-prisoners*, SEU, 2002.

第2節 刑事司法とかかわった人とのソーシャルワーク

学習のポイント

- 刑事司法とかかわった人とのソーシャルワークの実践場面について学ぶ
- ソーシャルワーカーに期待される役割と留意点を理解する
- 支援にあたって予想されるジレンマと対処法を把握する

1 ソーシャルワークの実践場面

刑事司法とかかわった人とのソーシャルワークは、どのような場面で展開されているのだろうか。ここでは、刑事司法機関★で働く場合、地域で働く場合、犯罪被害者等支援にかかわる場合の三つに分けて紹介する。

★刑事司法機関
ここでは、刑事司法制度にかかわる機関のなかでも、特に検察庁、刑務所・少年院、保護観察所を指す。

1 刑事司法機関で働くソーシャルワーカー

近年、「司法と福祉の連携」が推進され、出口支援・入口支援が開始された結果、刑事司法機関のなかで活動するソーシャルワーカーが生まれた。刑事司法機関は社会福祉士や精神保健福祉士にとっての新しい活動領域に当たる。

その初めは、刑務所、少年院に勤務するソーシャルワーカーである。2004（平成16）年度から一部の刑務所に精神保健福祉士が配置されるようになり、その後、2007（平成19）年度には社会福祉士も配置されるようになった。当初は非常勤職員であったが、2014（平成26）年度からは**福祉専門官**という職名で常勤職員としての配置が開始された。福祉専門官が配置される施設の数は増加している。また、一部の少年院においても社会福祉士や精神保健福祉士の配置が進められている。

保護観察所では、医療観察法★の施行に伴って**社会復帰調整官**が配置されるようになり、その多くが精神保健福祉士である。それに加えて、後述する「地域生活定着促進事業」を実施するために、保護観察所に担当官が配置されるようになった。この担当官は必ずしも社会福祉士や精神保健福祉士の有資格者ではないが、保護観察官の間で社会福祉への関心の高まりが一定程度みられるようになり、一部には資格を取得する人も出てきている[i]。

★医療観察法
心神喪失等の状態で重大な他害行為を行った者の医療及び観察等に関する法律。

入口支援との関係では、2013（平成 25）年に東京地方検察庁に社会復帰支援室が設置されたのをはじめ、一部の地方検察庁では社会福祉士等を雇用したり、正式な提携関係を結んで業務協力を得たりしている。

2 地域で働くソーシャルワーカー

地域で働くソーシャルワーカーが、刑事司法とかかわった人を支援する場合がある。自らの所属する機関が提供するサービスの利用者として、犯罪・非行をした人（以下、当事者）と出会うという形である。具体的には、障害者福祉・高齢者福祉領域の生活支援や日中活動の事業所、相談支援事業所、地域包括支援センター、精神保健福祉センター、病院などでの支援が想定される。

なかでも、刑事司法機関と連携して地域において当事者を支援することを専門とするソーシャルワーカーとして、**地域生活定着支援センター**に勤務する社会福祉士や精神保健福祉士がいる。地域生活定着支援センターは、**地域生活定着促進事業**★の実施機関として各都道府県に設置されており、特別調整★にかかわる業務を行っている。

★地域生活定着促進事業
事業開始時の名称は「地域生活定着支援事業」。事業の詳細は、第 12 章第 1 節・第 2 節を参照。

★特別調整
保護観察所の長が行う、刑事施設に入所している者の釈放後の住居、就業先その他の生活環境の調整のうち、高齢または障害がある入所者であって、かつ、適当な帰住予定地（釈放後の住居）がない者を対象として、特別の手続に基づき、帰住予定地の確保、その他の必要な環境調整を行うことをいう。

3 犯罪被害者等支援にかかわるソーシャルワーカー

犯罪による被害に遭った人やその家族（以下、犯罪被害者等）への支援にかかわる機関や団体としては、警察、検察、法テラス、保護観察所などの司法関係機関があるほか、地方公共団体、民間被害者支援団体、精神科医療機関、カウンセリング機関、当事者団体などが存在している。

これまで、司法関係機関に犯罪被害者等支援のためのソーシャルワーカーが組織的に配置されるという状況には至っていないが、その他の団体にはソーシャルワーカーが勤務している場合もある。

2 ソーシャルワーカーに期待される役割と留意点

生活モデルの視点をもちながら、多様で複雑化したニーズをもつ当事者に対して犯罪からの離脱に向けた生活の支援をすること、また、犯罪

i　2012（平成 24）年度から法務省専門職員採用試験のなかに人間科学という領域が設けられている。これは人間科学の知識が必要な職に従事する職員を採用する目的で実施されるものであり、対人援助の専門性をもつ人材の採用が積極的に進められていることを意味する。

被害者等に対するニーズに着目した支援をすることが、ソーシャルワーカーに求められる役割である。

刑事司法とかかわった人とのソーシャルワークにおいてはジェネラリスト・ソーシャルワークが基本となるが、ソーシャルワーカーが特に留意すべき点として以下の四つがある。

1 クライエント理解のためのアセスメント

ソーシャルワーク実践では、当事者や犯罪被害者等がこれまでたどってきた経過と現状を把握し、それらを評価・分析したうえで、一定の見立てをもちながら、本人とともに今後の生活について考えていく。これがアセスメントの過程である。

その際、人と環境との交互作用に注目する**エコロジカルモデル**★が重要になる。刑事司法では、当事者が過去に行った犯罪・非行に当たる行為の内容が問題にされ、それにどう対処するかに大きな関心が払われる。つまり、人への働きかけが中心であるともいえる。これに対して、エコロジカルモデルの考え方を用いれば、当事者が置かれた環境にも注意を向けることができ、環境への働きかけという視点を加えることができる。

犯罪・非行をしたことによって、それまで生活していた環境や地域から切り離されて刑罰や矯正教育を受けるという刑事司法による切断機能を考えても、再び「社会に戻る」ことを支援するうえで、人と環境の双方を考慮することの意味は大きい。

また、犯罪被害者等への支援に関しても、エコロジカルモデルは有効である。エコロジカルモデルの考え方を用いることで、被害によって、犯罪被害者等自身と取り巻く環境にどのような影響が生じているのかを理解しようとすることができる。被害によって、新たな生活課題が発生したり、これまで特に支障なく対応できていたことへの対処が難しくなったりしていることも考えられるので、アセスメントを通じてこれらの詳細を把握し、必要とされる支援を実施する。

具体的なアセスメントの方法としては、**生物・心理・社会モデル**★が犯罪学の領域でも広く用いられるようになっている。当事者や犯罪被害者等について、多面的に捉えるという意味で、生物、心理、社会の各側面に目を向け、それらのつながりを理解しようとすることは、ソーシャルワーク実践においても有用性が高いといえる。なお、近年ではスピリチュアリティ（霊性、精神性とも訳される）の面にも併せて着目することの重要性が主張されている（第13章第2節参照）。

★エコロジカルモデル
「人」と「人を取り巻く環境」を一つのシステムとして捉える、生態学の考え方に基づくシステム理論に依拠するモデルのこと。「本人」と「本人を取り巻く環境」に関連するさまざまな要因が交互に影響しあっている、という生活モデルの考え方の基盤となっている。

★生物・心理・社会モデル
バイオ・サイコ・ソーシャルモデル。支援をする相手を理解しようとするための枠組みとして、その人の生物(bio)・心理(psycho)・社会（social）の各側面に着目するモデル。それぞれの英語表記の頭文字をとってBPSモデルとも呼ばれる。第3章での、生物学・心理学・社会学的アプローチに関する説明も参照。

2 犯罪行為からの離脱に向けた生活の支援

当事者との関係では、犯罪行為からの離脱に向けた生活を支援するという姿勢がソーシャルワーカーには求められる。これについて、具体的なソーシャルワーク実践のあり方を考えると、❶リスクへの対応と生活の質★の向上、❷アイデンティティの転換過程を意識した支援が重要になる。

★生活の質
quality of life：QOL.

まず、**リスクへの対応**と**生活の質の向上**は、相反するものではなく、互いに補いあう関係にある。

リスクに対応するには、犯罪をするリスクが高くなる状況や行動を当事者本人が理解して、それを避けようとすることが求められる。しかし、リスクへの対応ばかりが強調されると、当事者の生活や活動に制約ばかりが増えてしまう。それでは本人が地域生活を続けたいという動機づけにつながらない。そのため、動機づけにつながるような、生活の質を高める目標が必要となる。一方、リスクへの対応がされず、再び犯罪をすれば、生活の質を高めることができなくなる。このように、支援にあたっては、リスクへの対応と生活の質の向上はいずれか一方だけを目指すのでは不十分であり、両者を同時に意識することが求められる。

次に、**アイデンティティの転換過程**とは、当事者が自分自身についての認識を変化させていく道筋である。精神障害者、薬物依存症者、犯罪歴のある人を対象とした調査によれば、アイデンティティ転換を経験する人たちは、**図 1-1** の四つの段階からできた一定の過程をたどっていることが明らかにされている。

アイデンティティの転換過程では、まず衣食住が確保されて、身体的・情緒的安全が保障されることが前提となる。そのうえで、エンパワーされるような人間関係を得ることができれば、それが本人の自信を高め、新しいスキルや価値ある社会的役割を求める勇気につながる。その結果

図1-1　アイデンティティの転換過程

衣食住、身体的・情緒的安全の保障 → エンパワーされる人間関係 → 新しいスキル・価値ある社会的役割 → 再文脈化

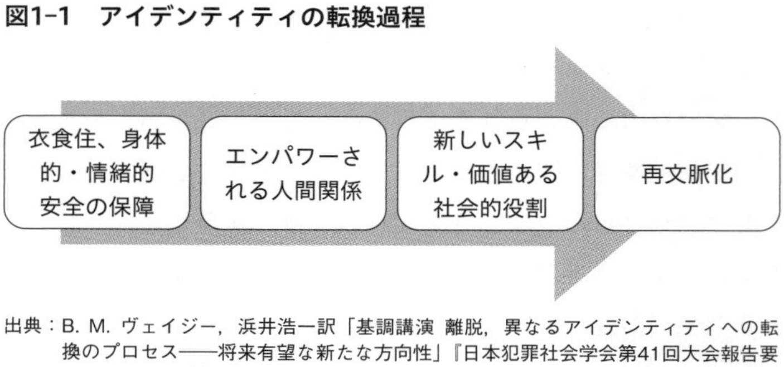

出典：B. M. ヴェイジー，浜井浩一訳「基調講演 離脱，異なるアイデンティティへの転換のプロセス——将来有望な新たな方向性」『日本犯罪社会学会第41回大会報告要旨集』pp.9-10, 2015. をもとに筆者作成

として再文脈化★に至る。この過程で、エンパワーされる人間関係は回復や健康・健全の要となるため、ソーシャルワーカーはエンパワメントの価値を十分に認識してかかわる必要がある。

★再文脈化
自分自身や自分の過去に対する見方が変化し、自分自身を再定義したり自身の経験を再構築したりすること。

3 コミュニケーション、意思決定の支援

前節で述べたとおり、刑事司法と接触するときというのは、その人の人生における最大の危機的な状況であるので、そもそもコミュニケーションが難しくなりがちである。加えて、疾病や障害、加齢の影響によって他者との意思疎通の困難度がさらに増している場合も多い。そのため、認知機能や障害特性に配慮しながら、クライエントと他の専門職や周囲の人との間の**コミュニケーション**を支援しようとする姿勢が求められる。

また、危機的状況のなかでは、意思決定が困難な場合もある。そのようなときには、**意思決定の過程**を支援することも重要になる。具体的には、受容的な態度を保ち、クライエントの状態に応じて会話の内容の視覚化や具体物の使用といった補助的方法も取り入れ、本人の理解が伴う実質的な自己決定を促すための工夫が必要になる。

Active Learning

クライエントと他の専門職や周囲の人との間のコミュニケーションを支援するためには、具体的にどのようなことが求められるかを考えてみましょう。

4 職種横断的な関係者との協働体制の構築

クライエントが刑事司法とかかわっていることから、当然、刑事司法機関あるいは弁護士が関与していることが前提となる。さらに、多くのクライエントには多様で複雑化した支援ニーズがあるため、医療機関や他の福祉機関、行政機関などが支援にかかわることも予想される。

つまり、刑事司法とかかわった人とのソーシャルワークでは、職種横断的な関係者との協働が求められることになる。そこでは、協働体制の構築のために、ソーシャルワーカーには、**コーディネーション**★や**連携**、**ファシリテーション**★、**ネゴシエーション**★の機能を果たすことが期待される。

★コーディネーション
支援を進めていくために、クライエント本人やその家族などの関係者、および関係機関との間を調整すること。

★ファシリテーション
関係者間の意思の疎通や合意形成を促進するよう、能動的かつ意識的に働きかけること。

★ネゴシエーション
関係者それぞれの意見や立場、利害などを明らかにしつつ、支援にあたっての一定の方向性や方法を見出せるように交渉すること。

3 支援にあたってのジレンマ

1 ソーシャルワークにおいて経験する四つのジレンマ

ソーシャルワークにおいて、ソーシャルワーカーはさまざまな形で**ジレンマ**★を経験する。

★ジレンマ
相反する二つのことの板挟みになって、どちらにも決めかねる状態であり、板挟みになったときに感じる葛藤も含む概念。

刑事司法とかかわった人を支援するソーシャルワークにおいて経験するジレンマとして、次の四つを取り上げ、対処の方法を概観する。

❶刑事司法のもつ権力性、強制性に起因するジレンマ

犯罪とされる行為が発生すると、刑事司法による対応がなされる。これは国家権力を背景とした、強制性を伴う作用である。

捜査の対象となると、場合によっては逮捕され、勾留されることで身体を拘束される。また、裁判によって実刑を言い渡されれば、刑務所に収容されて施設内処遇（第７章・第８章参照）を受ける。ここでは、移動をはじめとする行動の自由が制限され、決められた規則に従って生活することが強制される。更生保護の段階での社会内処遇（第９章・第10章参照）も、施設内処遇と比較すれば制約の度合いは格段に低いとはいえ、定められた遵守事項を守ることが義務づけられる。

施設内処遇、社会内処遇のいずれも、違反に対しては不利益処分が課されることから、処罰による威嚇を背景とした強制性を伴うかかわりであるといえる。

権力を背景とする強制性、そして権利の制約という刑事司法の性質は、ソーシャルワークの価値である自己選択や権利擁護、本人の意思の尊重とは本質的に相反するものであるため、ソーシャルワーカーによる援助的なかかわりにあたってジレンマを生じさせる。このジレンマは、刑事司法機関で勤務するソーシャルワーカーに特に生じやすい。たとえば、更生保護では、保護観察官や社会復帰調整官は、権力的なかかわりと援助的なかかわりというダブルロール（二重の役割）を求められる。

❷所属組織と専門職倫理の二重性に起因するジレンマ

所属する機関から求められる役割と、専門職としてのあるべき役割の双方に対して忠実であろうとすることによって板挟みの状態が生じる。これを二重忠誠（デュアル・ロイアルティー）の問題という（第７章第３節参照）。

デュアル・ロイアルティーに起因するジレンマは、刑事施設に勤務するソーシャルワーカーに特に顕在化しやすい。刑事施設では、刑罰を執行するために、保安と規律を厳格に維持することが求められる。そこでは、被収容者の権利が制限され、職員が管理的な態度をとることが避けられない面がある。

刑事施設のなかではソーシャルワーカーは圧倒的に少数の存在であり、組織の求める役割に一定程度まで適応しなければ、他の職員と対立的な関係となってしまい、そもそも組織内で機能できなくなるおそれが

ある。一方、ソーシャルワーカーの専門職倫理の観点からは、クライエントの利益を最優先に考え、自己決定を尊重し、権利擁護のために行動することが求められる。

刑事施設という環境のなかで、ソーシャルワーカーとしての自律性、独立性をどのように確保するのかというジレンマは、避けることのできない問題である。

❸問題設定の基準に起因するジレンマ

刑事司法では、事件を基準として問題が設定される。犯罪に当たる行為の発生をきっかけとして手続が開始され、その結果として処分が決まる。処分を根拠として対象者への関与が開始され、処分期間が満了することで関与も終了する。

一方、ソーシャルワークでは、人を基準とした問題設定がされる。生活モデルに基づけば、犯罪は人の生活のなかで起こるライフイベントの一つと捉えられる。支援にあたっては、クライエントの生育歴を知り、アセスメントを通じて多面的な理解をすることが重視される。刑事司法手続によって決まった処分が終了しても、その人の生活は続いていくため、処分期間の満了は一つの区切りとはなり得ても、支援の終了を意味するものではない。

事件という基準による問題設定では、クライエントに援助ニーズが存在しているにもかかわらず、関与を終了せざるを得ないという状況が起こる可能性がある。ただし、刑事司法機関による関与には、不利益処分、権利制約の面があることを考えると、関与の期限が明確に決まっていることには合理性がある。そのため、このジレンマは解消されることがない。

❹自己決定の尊重と社会の安全のバランスに起因するジレンマ

個人の幸福を目指すという福祉の性質上、支援にあたっては個人の自己決定に価値を置き、ものごとを考える。そのため、ソーシャルワーク専門職の倫理綱領では、クライエントの利益を最優先に考え、自己決定を尊重することが求められている。倫理綱領には、社会に対する倫理責任も示されているが、それはソーシャル・インクルージョンや社会への働きかけという文脈でのことである。

一方、犯罪という事象は人に害悪を及ぼすことがあるため、社会を構成する他のメンバーにとっての安全が問題になる場合がある。社会を構成する人々が被害に遭わず、安心して生活を営むことができるように安全を確保するのが、刑事司法機関が活動する目的の一つである。また、ソーシャルワーカーも社会のなかで活動している以上、そこで生活する他のメンバーの存在を無視することはできない。

当事者を支援するなかで、自己決定を尊重すると同時に、社会を構成する他のメンバーの安全を確保するにはどうするべきかという問題に直面することがある。たとえば、事件が発生した当時と同じような生活を再びしたいと当事者が希望しているが、それでは社会的に孤立した状態が改善されず、再犯の可能性が高いといった場合がある。このようなとき、自己決定の尊重と社会の安全のバランスをどう考えるのかが深刻なジレンマとなり得る。

2 ジレンマへの対処

刑事司法とかかわった人を支援するにあたっては、これらのジレンマが生じる可能性を認識することがまず必要になる。ジレンマは避けられないものであるが、それを経験することはソーシャルワーカーとしての成長の機会になり得る。ジレンマの存在を否定せずに受けとめ、無理に克服しようとしないことが重要である。

完璧な解決策を見つけようとするのではなく、専門職の倫理綱領や行動指針を手がかりにしながら、そのときの状況のなかで最善を検討してみることが、ジレンマへの対処の本質である。また、ジレンマを振り返りながら、「他の選択肢がなかっただろうか」という可能性について検討してみることが、その後の支援の向上につながる。加えて、燃え尽きないために、自分自身に対するケアも意識する必要がある。

◇参考文献

- 川村隆彦『支援者が成長するための50の原則――あなたの心と力を築く物語』中央法規出版，2006.
- 本多勇・木下大生・後藤広史・國分正巳・野村聡・内田宏明『ソーシャル・ワーカーのジレンマ――６人の社会福祉士の実践から』筒井書房，2009.
- B. M. ヴェイジー，浜井浩一訳「基調講演　離脱，異なるアイデンティティへの転換のプロセス――将来有望な新たな方向性」『日本犯罪社会学会第41回大会報告要旨集』pp.4-12，2015.

● おすすめ

- 水藤昌彦編著，関口清美・益子千枝，服止ネネ画『当事者と援助者の「共助する関係」――刑事司法領域での対人援助の基本』現代人文社，2020.
- 東伸児監督「しゃぼん玉」（映画），2016.

第2章

社会と犯罪

本章では、犯罪の定義と測り方、犯罪統計の基本について確認し、日本の犯罪の状況と、社会において犯罪という現象がどのように捉えられているのかを把握する。そのうえで、刑務所入所者の現状や刑務所社会の実情を知ることを通じて、日本の刑事司法の特徴と問題について学ぶ。

日本の刑事司法は、刑罰後のビジョンが乏しく、刑務所での生活が受刑者の社会適応力を失わせるように作用している側面があることから、社会から孤立しているといえる。しかし、人は地域社会とのかかわりなくして、反省するだけでは更生できない。

ソーシャルワーカーは、犯罪の状況や刑務所の実態を把握し、刑事司法においてエビデンスに基づいた政策が求められていることを知っておく必要がある。

第1節　犯罪とは何か

学習のポイント

- 社会における犯罪という現象について理解する
- 犯罪を正確に測るために留意すべきことを学ぶ
- 犯罪統計に基づき、日本の犯罪状況を把握する

1　犯罪の定義

★罪
『広辞苑』によると「①悪・穢（けがれ）・禍（わざわい）など、神の禁忌をおかし、その報いを受けるべき凶事。②社会の規範・風俗・道徳などに反した、悪行・過失・災禍など。また、その行いによって受ける罰。③刑罰を科せられる不法行為。法律上の犯罪」。

★犯罪
『広辞苑』によると「②〔法〕刑罰を定めた諸規定の犯罪構成要件に該当する、違法・有責な行為。法益侵害行為」とも書かれている。これが刑法における犯罪の定義である。

★薬物と犯罪の関係
現在、ヨーロッパには自己使用に限定した覚せい剤等の使用を刑罰の対象から除外した国もある。大麻も同様。日本には大麻取締法があるため、大麻の所持は犯罪であるが、カナダでは、最近（2018年）、娯楽用の使用を含めて大麻の使用が合法化された。大麻の販売をアルコールと同様に許可し、徴税の対象としたのである。

犯罪とは何か。『広辞苑』によると「①罪を犯すこと。また、犯した罪」と書かれている。しかし、これでは「罪」の内容がわからないと意味を理解することができない。では、罪★とは何か。一般的に宗教、社会、法律などにおける規範に反した行為ということになる。つまり、犯罪★とは犯罪行為をした人が住んでいる社会・時代、信じている宗教によって異なる、相対的なものであるということである。チャップリン（Chaplin, C.）の映画『殺人狂時代』に、「1人殺せば悪党で、100万人だと英雄だ」というセリフが出てくるが、戦争下ではもちろん、日本では死刑執行が殺人とみなされず、人を殺すことが常に犯罪になるとは限らない。

1　法によって規定される犯罪

法律家にとっては、法律によって犯罪だと定義されていない行為は犯罪ではなく、刑罰の対象とはならない。これを**罪刑法定主義**という。

罪刑法定主義については、薬物と犯罪の関係★を考えるとわかりやすい。現在の日本において、覚せい剤を所持したり、使用したりすることは犯罪となる。覚せい剤の所持で警察に捕まれば、マスコミはその人を犯罪者（容疑者）と呼び非難する。

しかし、日本において、覚せい剤の所持や使用がずっと犯罪だったわけではない。1951（昭和26）年に覚せい剤取締法（現・覚醒剤取締法）がつくられたことによって犯罪となったのである。覚せい剤取締法ができる以前には、覚せい剤（メタンフェタミンとアンフェタミン）はヒロポンという商品名で士気向上や疲労回復に効果があるとして薬局で売られていた。

2 社会によって構築される犯罪

さらに、現実社会において何を犯罪とするかは、法律の文言だけによって決まるわけではない。警察等の法執行機関が法律の条文をどのように適用するかによっても異なる。刑法第185条は単純賭博罪★を規定しているが、少額の賭け麻雀と同様に、パチンコも賭博（ギャンブル）だとはみなされておらず、警察は取締りの対象としていない。

最近では、DV★、ストーカーや児童虐待などによる検挙★が増えているが、これは、そうした行為が増えたというよりも、そうした行為に対する社会的な非難の度合いが高まり、司法が積極的に介入するようになったためである。

フランスの社会学者デュルケーム（Durkheim, É.）は、「われわれは犯罪だからそれを非難するのではなく、われわれが非難するからそれが犯罪になるのである」と述べている[1)]。犯罪を理解するには、社会規範や法律、そしてそれを運用する法執行機関を通して、社会が犯罪をつくり出している（構築している）という視点をもつことが重要である。

★単純賭博罪
「賭博をした者は、50万円以下の罰金又は科料に処する。ただし、一時の娯楽に供する物を賭けたにとどまるときは、この限りでない」と規定されている。

★ DV
Domestic violence.

★検挙
検察官・警察官が認知した犯罪行為について被疑者を取り調べること。検挙される行為の罪名は、暴行、傷害、恐喝といった刑法犯から、ストーカー行為などの特別法に規定された行為までさまざまである。

2 犯罪をどう測るか

新聞等のマスコミでは、犯罪が「増加した」あるいは「減少した」という表現がよく用いられる。そして、犯罪の増加は治安の悪化と評価される。では、犯罪はどのように測る（数える）ことができるのだろうか。

1 警察統計

犯罪の数を示す犯罪統計には、警察統計があり、そのなかでも認知件数、検挙件数、検挙人員といった指標がよく用いられる。警察統計は、失業率のような調査統計★ではなく、業務統計★である。

たとえば、認知件数は、取締り等の警察活動または被害者や目撃者からの通報に基づいて警察が認知（犯罪として受理）した犯罪の件数であり、犯罪の発生件数を調べたものではない。また、覚せい剤事犯などに関する検挙件数や検挙人員、押収量は、警察などの法執行機関が当該業務に利用可能な職員の人数や能力によって大きく変化し、薬物犯罪の実態すべてを表しているものではない。

さらに、犯罪行為が発生していても、被害者や目撃者がそれを警察に届けなかったり、警察が犯罪として受理しなかったりすれば認知件数に

★調査統計
統計を作成することを目的として行われる社会調査から得られる統計。

★業務統計
登録状況、届出状況、業務記録など、行政機関や民間団体が、行政上、あるいは業務上の必要から作成した統計。業務統計のなかには、出入国管理統計における観光目的の入国者に関する統計のように、外国からの観光客のほぼすべてを補捉し記録している、全数調査に近い統計もある。

★暗数
一般的に警察が認知しない犯罪を、表に出てこない数字という意味で暗数という。

は計上されない。殺人の**暗数**は比較的少ないとされているが、性犯罪などでは、警察に被害届が出されるのは氷山の一角と考えられている。そして、暗数は警察の努力によって変化する。業務統計である警察統計は、あくまでも行政機関である警察の活動状況に関する統計であり、人員や予算を含めてその能力や活動状況を強く反映したものとなる。

2 警察統計を犯罪統計として活用する際の留意点

警察統計を犯罪統計として活用する際の最大の弱点は、それが警察の活動方針の影響を受けやすい点にある[i]。業務統計である警察統計を利用する際には、調査統計との違いを十分に理解し、その限界を知っておくことが重要である。

たとえば、警察が痴漢対策を強化し、主要駅に痴漢相談窓口を設置すれば、痴漢に当たる強制わいせつ等の認知件数が増加する。痴漢対策を強化した結果、関連犯罪の認知件数が増加することは、警察活動の成果を反映した当然の結果である。しかし、だからといって痴漢や関連犯罪が増えたとはいえない。DV、ストーカーや児童虐待に関する統計も同様である。

★認知件数の増加
1998（平成10）年から数年間にわたって強制わいせつの認知件数が急激に上昇したのは、被害者を泣き寝入りさせまいとする警察の努力の結果である。1999（平成11）年から2000（平成12）年にかけて脅迫・暴行の認知件数が前年比で50％以上も急増したのは、1999（平成11）年に発生したストーカー殺人事件をきっかけに警察庁が警察安全相談を強化し、女性や子供が被害者となる犯罪への対応を徹底した影響が大きいとされている。

3 犯罪被害実態調査（暗数調査）

犯罪統計にも、業務統計である警察統計とは独立した調査統計が存在する。失業率と同様に統計学理論に基づいて実施される**犯罪被害実態調査**である。この調査は、犯罪の暗数を推定できることから暗数調査と呼ばれることもある。この調査で測られる犯罪被害率は、警察統計と比較すると範囲が狭く情報量は少ないものの、無作為抽出による標本調査であり、統計値の科学的な妥当性および信頼性が高い。

5年間の犯罪被害率について、2000（平成12）年に実施された調査と2004（平成16）年の調査[ii]とを比較すると、警察統計の認知件数が急増していた2000（平成12）年前後で、車上ねらいを除いて犯罪被害そのものは減少していることが確認できる。なお、その一方で、この時期の警察に対する被害通報率は、暴力犯罪や性犯罪で倍増している

★犯罪被害実態調査
Crime victimization survey. 日本における犯罪被害実態調査は、小規模なものであるが法務総合研究所が国際犯罪被害実態調査に参加する形で2000（平成12）年からほぼ4年ごとに実施している。この調査は、全国から無作為抽出された3000～6000人を対象に、過去1年または5年に遭遇した犯罪被害について調査を実施している。

---

i　調査統計の偶然誤差に対して、行政機関の活動方針によって生じる統計上の誤差のことを系統誤差という。

ii　このあとの2012（平成24）年の調査については、サンプリングまでは同じ手続であるが、実際のフィールド調査において調査員による訪問面接調査ではなく、郵送調査を採用しているため、これが回収率等に影響を与えている可能性が高く、そのまま比較することはできない。

のをはじめ、軒並み増加している。

この調査から、1995（平成７）年頃から2002（平成14）年までの警察統計における暴力犯罪を中心とする認知件数の急増は、犯罪被害の急増によるものではなく、被害通報が増えたことによるもの、つまり暗数が表に出てきたことによるものと推認できるのである。

Active Learning

犯罪がどのように測られて可視化されているのか説明してみましょう。

4 再犯者率と再犯率

最近の刑事政策では**再犯防止**★が重要な課題となりつつある。犯罪を減らすためには再犯を減らすことが重要だということである。

再犯に関する統計には、再犯者率と再犯率の二つが存在する。そして、この両者は実は似て非なるものである。

再犯者率★は、当該年に検挙された者のうちの再犯者の割合を示したものである。つまり、再犯者率の分母はその年の検挙者の総数で、分子はそのうちの再犯者の数である。一方、**再犯率**とは、分母がある時点で罪を犯した者の数で、分子は、その後再び罪を犯した者の数である。

再犯者率と再犯率を考えるうえで重要なことは、時間軸が「前向き」に進行しているのか「後ろ向き」に進行しているのかである。「前向き」とは、分子よりも分母が時間的に前（過去）に発生していなければならないことを意味する。たとえば、「犯罪白書」にも掲載されている刑務所への再入（所）率は、再犯率の一つであるが、この統計は、ある年に刑務所を出所した者を５～10年後まで追跡し、再び刑務所に戻ってきた者の割合を調べたものである。分母は、分子よりも時間的に前（過去）になっている。これに対して、再犯者率は、分母がある年に検挙された者の総数で、分子はそれ以前に一度罪を犯しその年に再犯した者の数である。分母が分子よりも時間的に後（未来）になっており、時間が現在から過去に向かって流れる「後向き」となっている。

「令和元年版 犯罪白書」によると、**刑法犯**★により検挙された者のうち再犯者数も初犯者数も減少し続けている。再犯者率が上昇しているが、それは、分母である総検挙人員（再犯者数と初犯者数の合計）における初犯者数が大きく減少した結果である。事実として重要なことは、初犯者も再犯者も減少しているということである。「犯罪白書」が公表され、再犯者率が上昇していると、メディアでは「再犯者率が過去最悪を更新」と見出しが出ることが多いが、この表現は正しくない。

★再犯防止
「平成19年版 犯罪白書」において、罰金刑以上の刑罰を受けた者のうち、その生涯において再び刑罰の対象となった者の割合が28.9％であったにもかかわらず、全体の犯罪の約６割をこの再犯者たちが占めていることが明らかとなったことが再犯防止の統計的な根拠となっている。

★再犯者率
再犯者率が上昇することは悪いことだとは限らないし、再犯者率が低下することがよいことだとは限らない。初犯者と再犯者の両方が減少しても、再犯者数の減少幅よりも初犯者数の減少幅が大きいと、相対的に再犯者率が上昇する。逆に、両方が増加しても、再犯者数の増加幅より初犯者数の増加幅が大きいと再犯者率は低下する。

★刑法犯
刑法および暴力行為等処罰法・爆発物取締罰則・組織犯罪処罰法などの一部特別法に規定される殺人、強盗、強姦（ごうかん）、窃盗、詐欺などの犯罪。

3 日本の犯罪
——増加する高齢者犯罪と減少する少年犯罪

1 減少する少年非行

犯罪統計からみると、現在、日本では**少年非行**を中心に犯罪が大きく減少している。この減少傾向は、警察統計だけでなく、法務省が行っている犯罪被害実態調査においても確認できる。当然、刑事司法のクライエントも減り、毎年のように少年院や刑務所が閉鎖されている。

少年非行については、2007年前後からほとんどの先進国で減少傾向にある。2007年はiPhoneが発売された年でもあるが、iPhoneに代表されるスマートフォン（スマホ）の登場によって、非行少年を含む若者のライフスタイルが大きく変化したといわれている。

Active Learning

日本の犯罪発生状況とその特徴を調べてみましょう。

以前の非行少年は、家族の不和や貧困、学業不振などによって家庭や学校に居場所がなくなると、寂しさを紛らわすために地域の不良集団や暴走族に加わり、そこでバイクの窃盗やシンナーの吸引などを覚え、非行を繰り返していた。そのため、スマホが普及するまでの少年鑑別所や少年院は、そんな不良交友型の非行少年でいっぱいだった。

しかし、最近、日本でも暴走族や公園や駅前などにたむろしている不良集団をほとんど見かけなくなった。スマホがあれば、いつでも、どこでも、自宅にひきこもっていても、同じような趣味をもつ人と手軽につながることができる。わざわざリスクを冒して不良集団に加わる必要はない。不良集団が弱体化したことで、そこを中心に広がっていた非行文化（飲酒・喫煙・不純異性交遊・暴走・各種窃盗）も衰退していった。今や、非行はもちろん、中学生の飲酒・喫煙率、高校生の性交経験率も大きく減少傾向にある。

2 増加する高齢者犯罪

若者を中心に刑事司法機関がかかわる犯罪は減少しているが、そのなかで唯一増加傾向にあるのが**高齢者犯罪**である。日本では、最近、高齢層の検挙人員や受刑者人員が、人口比でみても顕著に増加している。

図2-1は、日本において非行が最も多発する時期である14・15歳の少年と理論的には最も犯罪から遠ざかるはずの70歳以上の高齢者との検挙人員の推移を比較したものである。最近、少年の検挙人員が急激に減少する一方で、70歳以上の高齢者の検挙人員が大きく増加しているのがわかる。また、「令和元年版 犯罪白書」によれば、検挙人員に占

図2-1　70歳以上および14・15歳の検挙人員の推移

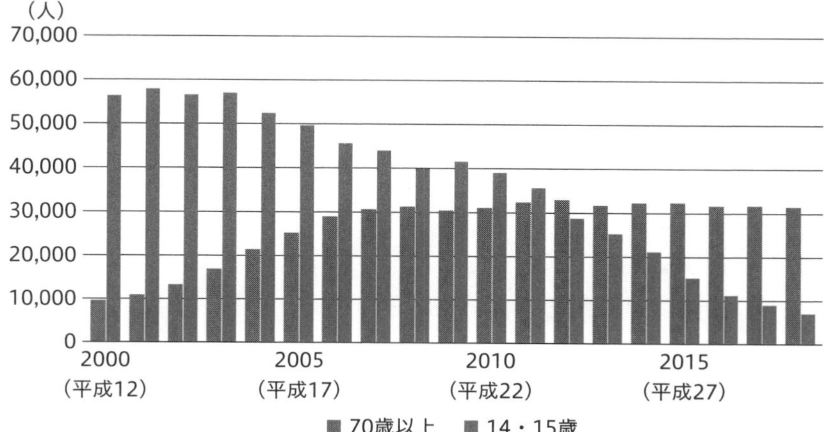

出典：法務省「令和元年版 犯罪白書」第２編第１章第１節１をもとに筆者作成

める20歳未満の少年の割合と65歳以上の高齢者の割合とを比較すると、2000（平成12）年に43.0%と5.8%だったのに対し、2018（平成30）年には11.6%と21.7%と大きく逆転している。欧米先進国において、検挙人員に占める65歳以上の高齢者の割合が10%を超える国はほとんどない。

なぜ高齢者犯罪が増加しているのだろうか。増加している高齢者犯罪の中心は万引きや自転車の窃盗であり、「平成20年版 犯罪白書」のデータを読み解くと、その背景に社会的孤立や生活困窮がみえてくる。発達犯罪学★的にみて、本来であれば犯罪を起こしにくくなるはずの高齢者による犯罪が増えているということは、彼らを犯罪に追い込んでいく何らかの社会的要因、つまり孤立や生活困窮を生み出す要因が社会のなかに存在し、それを防止する仕組みが不十分だということを示している。

★発達犯罪学
発達心理学を含む人間の発達・成長と犯罪との関係性に着目した犯罪学の研究領域の一つ。ライフコース論という言い方をすることもある。アメリカの心理学者ホール（Hall, G. S.）が「疾風怒濤の時代」と呼んだ青年期や思春期において、人は最も犯罪を起こしやすい。青年期以降は加齢に伴って安定期に入り、犯罪とは縁のない生活を送るのが世界共通のパターンであり、発達犯罪学の常識であった。

◇**引用文献**

1）Durkheim, É., *De la division du travail social*, P.U.F, 1893.（E. デュルケーム，田原音和訳『現代社会学大系 第２巻 社会分業論』青木書店，p.491，1971.）

◇**参考文献**

・『広辞苑 デジタル版』岩波書店．
・浜井浩一「日本の治安悪化神話はいかに作られたか――治安悪化の実態と背景要因（モラル・パニックを超えて）」『犯罪社会学研究』第29号，pp.10-26，2004.
・浜井浩一「入門講座 犯罪統計の読み方」『罪と罰』第51巻第２号，pp.135-148，2014.
・法務省「令和元年版 犯罪白書」
・Berghuis, B. & Waard, J. D.,‘Declining juvenile crime : explanations for the international downturn’, *Justitiële Verkenningen*，43（1），pp.1-12, 2017.
・浜井浩一「非行少年たちはどこに行ったのか（上）――少年非行減少の原因を探る」『季刊刑事弁護』第96号，pp.162-169, 2018.

● **おすすめ**

・浜井浩一編著『犯罪統計入門――犯罪を科学する方法』日本評論社，2006.

第2節 刑務所からみた日本の犯罪

学習のポイント

- 日本の刑務所の現状について学ぶ
- 日本の刑事司法の課題を把握する
- 科学的根拠（エビデンス）に基づく政策の考え方を理解する

1 刑務所は社会の鏡

「刑務所を見れば、その国がわかる」とよく言われるが、ある国の犯罪や刑罰の実態を知るうえで最も簡単な方法は、その国の平均的な刑務所と受刑者を見ることである。刑罰のなかで最も多用されるのは罰金刑であるが、死刑を除くと最も重く一般的な刑罰は自由刑、つまり**刑務所**への入所である。「刑罰」といわれて人々が真っ先に頭に浮かべるのも刑務所であろう。

刑務所の中にいる受刑者やその処遇を見れば、その国でどのような人が刑罰の対象となり、罪を犯した人がどのような扱いを受けているのかということ（刑罰の中身）、つまり社会と刑罰との関係がわかる。

1 日本の刑務所の現状

現在、日本の刑務所は、一時の厳罰化★による過剰収容状態を抜け出し、**受刑者**は全体として減少傾向にある。そのなかで問題となっているのは、高齢受刑者や女子受刑者の増加である。

❶受刑者の高齢化

受刑者の高齢化が顕著になったのは、地下鉄サリン事件★をきっかけに「安全と水は無料（ただ）ではない」と言われ始めた1995（平成7）年頃からである。治安が悪化しているという思い込みと被害者支援運動に後押しされる形で、国際的に広がりつつあったポピュリズム的な厳罰化★が日本にも押し寄せてきた。この時期、検察官は、被疑者を積極的に起訴し、求刑を重くするという形で厳罰化政策を推し進め、裁判官がそれに応えるという状況があった。実は、刑罰には強い**逆進性**が存在する。刑罰を重くすればするほど、社会的に弱い立場の人々がその影響を最も強く受

★一時の厳罰化
1995（平成7）年から約10年間、暴力犯罪の認知件数の増加などを受けて、マスコミが治安の悪化や被害者遺族の声を積極的に報道するようになることで、検察や裁判所による刑罰運用の厳罰化や立法府による厳罰化を伴う法改正が実施された。

★地下鉄サリン事件
1995（平成7）年3月20日、宗教団体であるオウム真理教によって東京都内の地下鉄車内で神経ガスのサリンが散布され、乗客、乗員や駅係員等に多数の死傷者が出た無差別テロ事件。

★ポピュリズム的な厳罰化
犯罪学者であるプラット（Pratt, J.）教授は、治安悪化を懸念した大衆からの要求にマスコミや政治家が迎合することで発生する厳罰化のことを「ペナル・ポピュリズム（penal populism）」と名づけた。

図2-2　70歳以上の新受刑者人員の推移

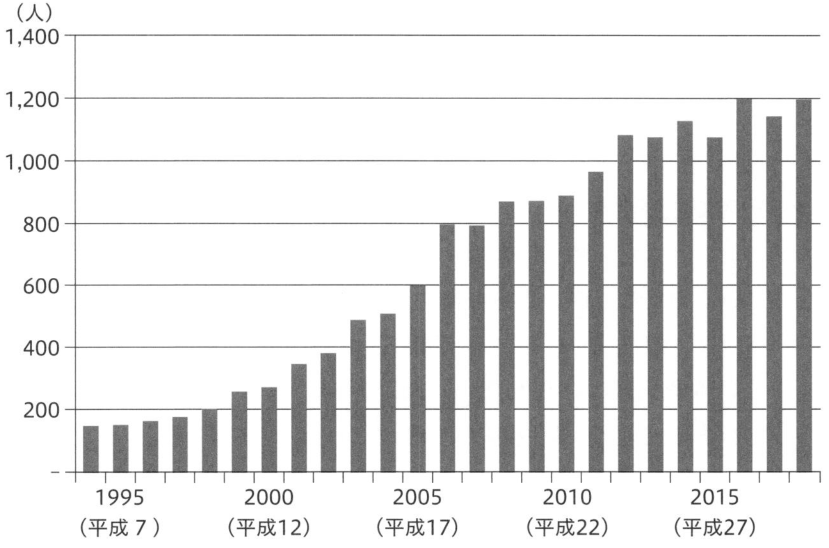

出典：法務省「令和元年版 犯罪白書」第４編第８章第２節２をもとに筆者作成

ける。消費増税と同様である。厳罰化の結果、刑務所の中は、仕事や家族を失い孤立した高齢者やホームレス、障害者でいっぱいとなった[i]。

図 2-2 は、70 歳以上の新受刑者★人員の推移を見たものである。増加傾向が見て取れ、2018（平成 30）年の新受刑者人員は、1994（平成６）年の約８倍となっていることがわかる。

★高齢の新受刑者
「令和元年版 犯罪白書」によれば、2018（平成 30）年の新受刑者でみると、男性の場合、65 歳以上の割合は 11.7%、70 歳以上の割合は 6.1%、女性の場合、65 歳以上の割合は 16.8%、70 歳以上の割合は 11.0% となっている。そして、65 歳以上の新受刑者の罪名をみると、男性の 61.5%、女性の 91.0% が窃盗であり、その多くは万引きである。

❷認知症高齢者、死亡する高齢者

しかも、高齢受刑者のなかには認知症の人が少なくない。法務省が 2014（平成 26）年末の時点で 60 歳以上だった受刑者 9736 人から無作為に 451 人を抽出して、2015（平成 27）年に検査が可能だった 429 人に認知症の簡易検査★を実施したところ、59 人（13.8%）に認知症の傾向が認められ（男性 15%、女性 10%）、65 歳以上では 51 人（16.7%）にその傾向が認められた。これは諸外国と比較すると驚異的な割合であり、厚生労働省が推計する一般社会における認知症の人の割合よりも高い。この調査から推計すると、日本の刑務所には 60 歳以上について認知症と公式に診断された受刑者の 10 倍の約 1300 人の認知症の受刑者がいた計算になる[1)]。当然、彼らの多くは、認知症の人としての介護を受けているわけでなく、懲役刑を執行されているのである[ii]。

★認知症の簡易検査
改訂長谷川式簡易知能評価スケール（HDS-R）が用いられている。

高齢受刑者が増加すると、刑務所の中で死亡する高齢者も増加する。

i　高齢者の起訴猶予率は他の年齢層よりも高いが、起訴猶予や執行猶予になっても福祉的な支援のないまま釈放されるため、累犯となり実刑となるケースが多い。

1994（平成６）年に拘置所を含む刑事施設で死亡した70歳以上の被収容者はわずか７人であったが、2018（平成30）年には116人となるなど、この20年あまりの間に刑事施設内で死亡する高齢者が急増している[2)]。刑務所が終の棲家となりつつあるのである。

2 日本の自由刑

★懲役刑
刑法第12条第２項は、「懲役は、刑事施設に拘置して所定の作業を行わせる」と規定している。

では、こうした高齢受刑者は、刑務所の中でどのような刑（処遇）を受けているのだろうか。日本の自由刑のほとんどは**懲役刑**★であり、日本の刑務所は、懲役刑を執行する刑事施設である。懲役刑の受刑者に働かないという選択肢は存在しない。指定された作業を拒否すれば懲罰が待っている[iii]。加えて、懲役刑に定年はない。

2018（平成30）年末現在、約3400人の70歳を超えた高齢受刑者が懲役作業に従事しており、法務省の調査によると、その２割近くは認知症の疑いがあることになる[3)]。つまり、日本の刑罰は、万引きを繰り返す認知症の人を、その背景や事情にかかわらず、厳格に罰して、刑務所の中で強制的に労働に従事させていることになる。

2 刑事司法の孤立
――「遠山の金さん司法」

1 日本の刑事司法の特徴

日本の刑事司法の特徴は、警察による検挙段階で増加した高齢犯罪者の増加が、そのまま受刑者人員の増加につながることである。高齢犯罪者の実態と処遇を特集した「平成20年版 犯罪白書」を見ると、ドイツにおける人口当たりの高齢者の検挙人員は日本の４倍であるのに対して、受刑者人員は日本の３分の１である。認知症の人を含む高齢受刑者が増加し、かつ刑務所の中で死亡する高齢者が増えている背景には、日本の刑罰のあり方を含めた刑事司法の構造的な問題が潜んでいる。

拙著に『２円で刑務所、５億で執行猶予』というタイトルの本があるが、たとえ巨額の詐欺事件であっても、初犯で、適切な反省の態度を示し、被害弁償等示談が成立し、適切な身元引受人（以下、引受人）が

ii　刑務所のような高度に構造化（ルーティーン化）された環境では、初期の認知症の症状は表れにくい傾向がある。

iii　2019（令和元）年の「矯正統計年報」（法務省）によると、懲罰事犯で最も件数が多いのは怠役、つまり懲役作業の拒否となっている。

いれば実刑を回避することができる。その一方で、たとえ他人のかばんから空の封筒（時価２円）を抜き取っても、**累犯**（常習累犯窃盗）で引受人もいなければ、懲役３年の実刑判決を受けることになる[4)]。

2 日本の刑事司法の問題

万引きを繰り返す高齢者を大量拘禁するという状態を引き起こした日本の刑事司法の問題点は、大きく次の二つである。一つは、軽微な犯罪を繰り返す高齢者の実刑を回避する仕組みが存在していないこと、もう一つは、累犯化（再犯）を防止する仕組みがとても脆弱(ぜいじゃく)なことである。

日本の刑罰★は、行為責任主義に基づく応報刑を原則とし（第４章第２節参照）、軽微な窃盗であっても累犯化すると常習累犯窃盗罪が適用され、ほぼ自動的に実刑になる。さらに、日本の刑事司法（刑罰）は、自己完結型システムのなかで運用され、ほかの社会資源から完全に独立（孤立）しているため、たとえ刑を言い渡された被告人が高齢のホームレスであっても、刑が確定した段階で司法（特に法曹と呼ばれる人たち）の関与は終わり、どこにも引き継がれない。そのため、判決が執行猶予であったとしても、被告人は法廷からホームレスに戻ることになる。犯罪に至った原因はそのままで、前科者のレッテルだけが貼られることになるため、再犯リスクはさらに高まり、すぐに法廷に戻ってくることが少なくない。1999（平成11）年に刑務所を満期釈放で出所した65歳以上の高齢受刑者の５年以内の再犯率（刑務所への再入所率）が70.3%[5)]と高いのは、それが原因である。

★刑罰
刑罰は、さまざまな問題を背景として発生する問題行動のなかから刑法上の犯罪に当たる行為を抜き出し、その罪責を問うもの、つまり、個人が抱えるあらゆる問題をその人の規範の問題に還元して責任を取らせるものである。

ここで考えなくてはならないことは、残りの３割は更生したのかということである。65歳以上で満期釈放ということは、引受人や帰住地がなかったということであり、路上等で死亡した人が相当数いる可能性がある。つまり、刑務所に戻りたくても戻れなかったのかもしれない。

Active Learning
最新版の「犯罪白書」のデータを使って、最近の刑務所出所者の２年後の再入（所）率を探して、自分でグラフを作ってみましょう。

3 再犯の防止、刑罰後のビジョン

しかし、日本の刑罰は初犯者に対しては比較的寛容なため、執行猶予時に犯罪に至った原因を解決できる社会資源につなぐことができれば、刑務所が現在のように介護施設化することはなかったのである。

ノルウェーでは、高齢者が罪を犯した場合には、できるだけ刑罰の対象とせず、本人の抱える問題性に応じて警察から高齢者福祉サービスに引き継ぐ。そのため、ノルウェーには累犯どころか高齢者犯罪そのものがほとんど存在しない。

日本の刑事司法の最大の問題点は、刑事司法システムが社会から孤立して福祉を含めてどこにもつながっていなかったことにある。ほとんどの裁判官、検察官や弁護士が、刑が確定すればそこから先は自分たちの仕事ではないと考えている[iv]。日本の法曹（刑事司法）には、刑罰後のビジョンがなく、それが、**刑務所の介護施設化**を招いたのである。

4 「司法と福祉の連携」

犯罪の背景には、貧困や差別、社会的孤立が存在するが、日本の刑事司法は、責任能力があると判断した者に対しては、個人がその自由な意思決定によって、違法と知りながら犯罪行為を行ったものとして刑罰を科す。しかし、それでは、犯罪の背景にある問題は何も解決せず、再犯は防げない。反省と更生（再犯しない）はまったくの別物である。裁判官の説示に心を打たれ法廷で涙ながらに反省しても、必要な支援がなければホームレスや薬物依存症から脱却することはできない。

「平成30年版 犯罪白書」によると、2013（平成25）年に65歳以上で刑務所を満期釈放された出所受刑者の5年以内の再入（所）率は44.2%であり、前述の1999（平成11）年の70.3%から大きく減少している。これは、2008（平成20）年に犯罪対策閣僚会議によって策定された「犯罪に強い社会の実現のための行動計画2008」において「高齢・障害等により、自立が困難な刑務所出所者等が出所後直ちに福祉サービスを受けられるようにするため、刑務所等の社会福祉士等を活用した相談支援体制を整備するとともに、『地域生活定着支援センター（仮称）』を都道府県の圏域ごとに1か所設置し、各都道府県の保護観察所と協働して、社会復帰を支援する」という計画が盛り込まれ、2009（平成21）年から実行に移された成果だと考えられる（第12章参照）。

刑事司法と福祉が連携して、犯罪をしなくても生活できる選択肢を提供することができれば、確実に再犯は減少するのである。

5 「遠山の金さん司法」からの脱却

筆者は、これまでの日本の刑事司法を「遠山の金さん司法」と呼んでいる。その理由は、すべての責任を個人に負わせ、判決を言い渡して「こ

---

iv　筆者が行った弁護士調査（回収率8.5%で犯罪者の更生に対して意識の高い弁護士が回答）でも約7割の弁護士がかかわるのは刑の言渡しまたは確定までと回答している（浜井浩一・我藤諭「知的障がい者と刑事弁護——反省ではなく更生を意識した刑事弁護とは」『季刊刑事弁護』第77号，pp.165-171, 2014.）。

れにて一件落着」と幕引きをしてしまうからである。人が罪を犯すさまざまな原因から目をそらし、犯罪行為だけに目を向けて刑罰を科し、あとは自分たちの仕事ではないと切り捨ててきたのがこれまでの刑事司法である。

刑罰が人を更生させることはない。刑の確定は、被告人にとって裁判手続で止まっていた時間が再び動き出したということであり、**社会復帰**に向けたスタート地点に立ったに過ぎない。死刑と仮釈放が許されない無期刑を除き、受刑者は必ず社会に戻ってくる。刑罰を受けたあとに、彼らが再犯することなく生きていくための選択肢がなければ、犯罪は繰り返される。

それは、新たな犯罪被害を生むだけでなく、再び犯罪者を生み出すことで社会が１人の構成員を失うことを意味する。経済的な視点に立てば、過去に懲役刑を受けた人が、数百円の万引きで逮捕され、懲役６か月の刑になった場合のコストは、裁判費用を含めて合計で約130万円である。また、１人の受刑者を１年間収容するのに、人件費も含めると約300万円の税金がかかるのである[6)]。

3 刑務所社会の弊害

1 地域や職場に適応できない刑務所出所者

最近、日本でもようやく再犯防止に対する関心が少しずつ高まり、政府も刑罰を終えた人たちに対し、就労支援などのさまざまな支援策を行うようになった。しかし、現在、こうした取り組みは大きな壁にぶつかっている。それは、刑務所出所者の多くが地域や職場にうまく適応できないことに起因する。というのも、こうした対策は、懲役刑のような刑罰の本質部分には手を加えずに、刑罰の後ろに再犯防止策を追加しているだけで、刑罰のプロセスを通して更生を促すという改革につながっていないからである。

就労支援などの再犯防止策が十分な効果をもち得ない大きな原因は、日本の刑務所が、懲役刑を執行する場所として、社会学者のゴッフマン（Goffman, E.）が**全制的施設**★と呼んだ状態にあるからである。

全制的施設で長期間暮らすことで受刑者はその人らしさや個人としてのアイデンティティを失っていく。刑罰を効率よく執行することだけを考えれば全制的施設は最適な環境であるが、社会復帰や更生を考えるの

★全制的施設
類似の境遇にある個々人が、ともに、相当期間にわたって社会から遮断され、閉鎖的で形式的に管理され、ルーティーン化された日常生活を送る施設。

であれば話は違ってくる。全制的施設である刑務所に長くいることで、受刑者は自分たちのアイデンティティと社会適応能力を失っていく。

2 社会適応能力を失う刑務所社会

日本の刑務所では、喧嘩などの規律違反防止のため、作業中のコミュニケーションは厳しく制限されている。毎日、与えられた服を着て、与えられた食事を食べ、与えられた日課をこなしていく生活が淡々と続く。そこに自律性は存在しない。ひたすら我慢する生活である。しかし、出所後、それとはまったく異なる環境が受刑者を待っている。建築現場でも飲食店でも、わからないことは先輩や上司に聞く、相談するなど、職場でのコミュニケーションは欠かせない。しかし、受刑者の多くは、長期間の刑務所生活でそうした習慣や能力を失ってしまうため、新しい環境に適応することができないのである。

★協力雇用主
犯罪・非行の前歴のために定職に就くことが容易でない刑務所出所者等を、その事情を理解したうえで雇用し、保護観察所に登録して改善更生に協力する民間の事業主。

2011（平成 23）年に、法務省が協力雇用主★に対して「刑務所出所者等を雇用する際、必ず必要とする条件」は何かというアンケート調査を実施したことがある。その結果は、「社会人としての自覚」という回答が約 76% と最も多く、「社会常識」および「普通自動車免許」が半数を超えている半面、「専門的知識」は 11.8%にすぎなかった（「平成 24 年版 犯罪白書」）。

雇用主が求めているのは、特別なスキルではなく普通の社会人としてふるまうことができる能力なのである。しかし、それを刑務所生活が奪ってしまっているのである。就労支援が有効に機能するためには、刑務所の中の環境を変えていく必要がある。

4 エビデンスに基づいた政策

再犯防止を含めて効果的な犯罪対策を立案するためには、犯罪や刑罰を含めたその対策を正しく理解することが不可欠である。どんな犯罪が増えているのか、犯罪動向を正確に把握したうえで、科学的根拠（エビデンス）に基づいた政策（**EBP**：evidence-based policy）を立案しなくては、効果は期待できない。今の時代当たり前であるはずの EBP であるが、残念ながら日本の刑事司法分野ではあまり普及していない。

犯罪対策が議論されるのは重大事件が発生した直後が多い。マスコミを中心に加害者に対する怒りや事件を防げなかった政府等に対する憤りを発端に感情的な議論が巻き起こるため、厳罰や監視の強化、または道徳教育といった常識に基づいた対策が取られがちなのである。

1 常識がエビデンスによって否定された例 ——スケアード・ストレイト

常識がエビデンスによって否定された例を紹介しよう。これは、自らの行いを反省させる処遇プログラムが再犯防止に効果がないどころか、再犯を促進してしまう危険性があることを証明した有名な研究である。この研究を行ったのは、キャンベル共同計画★（Campbell Collaboration）という国際プロジェクトである。

研究が行われたこのプログラムは、スケアード・ストレイト（Scared Straight）と呼ばれている。非行少年を、凶悪犯罪者が収容されている刑務所に連れて行き、受刑者のなかに少年たちを放り出し、非行の先にある具体的な現実（過酷な刑務所生活や未来の自分かもしれない受刑者）に直面させ、自らの行為の問題性に気づかせ、反省させることで更生を促す反面教師プログラムである。

筆者も、少年刑務所の覚せい剤離脱指導でスケアード・ストレイトの手法を使ったことがある。覚せい剤依存を甘く考えている初犯の受刑者に、覚せい剤をやめられず何度も受刑していた累犯受刑者の話を聞かせることで、覚せい剤のもつ恐ろしさを自覚させる試みである。実際にやってみると、初犯受刑者の態度が一変するなど劇的な効果が表れた。

効果検証のための実験は無作為比較対照試験（RCT）によって行われた。非行少年を無作為に実験群と統制群の二つのグループに分けて、実験群にはスケアード・ストレイトを受けさせ、統制群には何もせず、数年後の再犯率を比較したのである。全米各地で実験が行われ、その結果をまとめた系統的レビューが公表された。

実験結果は、常識に反してスケアード・ストレイトは再犯率を悪化させるというエビデンスを示した。エビデンスは、その理由を説明してはくれない。しかし、よく考えてみれば、「あんな風になりたくない」という反面教師には、そうならないための具体的な道筋（選択肢）が何も示されていない。これまでの研究で効果が確認された対策は、犯罪から離脱するための具体的な行動の選択肢が示されていることが多い。

★キャンベル共同計画
キャンベル共同計画とは、社会政策の分野における（政策的）介入の効果に関して、政策立案者を含む人々が科学的に正しい情報（エビデンス）に基づいた判断を行うことができるように援助することを目的として2000年に発足した国際的な非営利団体である。キャンベル共同計画の対象となっている社会政策には、刑事司法のほかに、教育、就労支援を含む社会福祉、国際協力、障害者対策などが含まれる。キャンベル共同計画は、社会政策の分野においてエビデンスをつくり出し、それを広く社会に普及させることを目的とした活動である。

Active Learning
防犯カメラの犯罪抑止効果について調べてみましょう（龍谷大学犯罪学研究センターホームページにあるキャンベル共同計画ライブラリ参照）。

2 人は反省しただけでは更生できない

犯罪学のエビデンスが示していることは、人は反省しただけでは更生できないということである。受刑者が更生するのは、刑務所の中ではなく地域社会のなかである。刑務所を含めて刑事司法をどれだけ改革しても、地域社会が受刑者を受け入れなければ更生も再犯防止もあり得ない。

日本の刑事司法のもう一つの問題点は、実は、刑罰の中身や刑罰のあとの生活に対するマスコミも含めた人々の無関心にある。多くの一般市民は、「犯罪者は自分たちとは異質な存在であり、その処遇は自分たちとは関係のないものだ」と思っている。刑事司法の根幹を変えてしまうおそれのある共謀罪法案★も、大きな反対なく2017（平成29）年に成立した。街中に増殖する監視カメラについても人々は抵抗感をもっていない。「異質な犯罪者から自分たちを守ってくれるなら問題ない、自分たちに害はない」と無関心なのである。

★共謀罪法案
共謀罪を含む組織的な犯罪の処罰及び犯罪収益の規制等に関する法律の改正案。

しかし、受刑者の多くは、もともとは一般市民である。犯罪者は外から侵入してくるのではなく、私たちのなかから生まれるのである。そして、彼らは、刑を終えれば社会に帰ってくる。だから、刑罰には、罪を犯した人にどのようになって地域社会に戻ってきてほしいのか、そのために何が必要なのかという視点が不可欠なのである。

刑罰を科して、反省させただけでは再犯は防げない。反省は１人でもできるが、更生は１人ではできない。受刑者は刑務所に入っておしまいではない。彼らは私たちの街に戻ってくるのである。

◇引用文献

1）法務省矯正局「認知症傾向のある受刑者の概数調査（報告）」2016.
2）法務省『矯正統計年報』各年版
3）前出１）
4）浜井浩一『２円で刑務所、５億で執行猶予』光文社，p.237，2009.
5）法務総合研究所編「高齢犯罪者の実態と意識に関する研究――高齢受刑者及び高齢保護観察対象者の分析」『法務総合研究所研究部報告』第37号，p.151，2007.
6）中島隆信『刑務所の経済学』PHP 研究所，p.256，2011.

◇参考文献

・John, P., *Penal Populism*, Routledge, 2006.
・浜井浩一『実証的刑事政策論』岩波書店，2011.
・Goffman, E., *Asylums : Essays on the Social Situation of Mental Patients and Other Inmates*, Doubleday, 1961.（E. ゴッフマン，石黒毅訳『アサイラム――施設被収容者の日常世界』誠信書房，1984.）

● おすすめ

・F. ダラボン監督『ショーシャンクの空に』（映画），1994.
・浜井浩一『刑務所の風景――社会を見つめる刑務所モノグラフ』日本評論社，2006.

第3章

犯罪原因論と対策

本章では、まず、犯罪原因論の内容と変遷、その意義を確認したうえで、犯罪原因論に基づく犯罪への対応について学び、その限界を把握する。犯罪の原因に関する考え方である犯罪原因論を知ったうえで、それらに基づいた犯罪対策について考えてみよう。

犯罪原因論は、大きく分けて生物学的・心理学的・社会学的という三つのアプローチが存在しており、社会学的アプローチが現代の主流となっている。

犯罪・非行をした人への支援に携わるにあたっては、人と環境との交互作用に着目するソーシャルワークの立場から犯罪原因論と対応について学ぶことに重要な意味がある。

第1節 犯罪原因論の展開

学習のポイント

- 犯罪原因論にはどのようなアプローチがあるかを学ぶ
- 犯罪原因論の展開について、大まかな流れを把握する

1 犯罪の原因に関する考え方——犯罪原因論

なぜ、ある人々は犯罪をしやすいのか、またはしにくいのか。この問いに挑む**犯罪原因論**は、文字どおり、犯罪の原因を科学的・学術的に探求する営みであり、19 世紀に始まったとされる犯罪学★的研究の中核を成してきた。本節では、犯罪原因論の内容とその変遷を把握する。

★犯罪学
犯罪の原因と対策を科学的に探究する学問分野。

犯罪原因論の分類

犯罪学は多くの学問分野がかかわる学際的領域である。それゆえ、犯罪の原因に対しては研究分野によって異なるさまざまなアプローチが存在する。本節では、生物学的アプローチ、心理学的アプローチ、社会学的アプローチに分類し、それらの展開を時系列に沿ってみていく。

生物学的アプローチと心理学的アプローチは、個人のなかに犯罪の原因を見出そうというものであり、互いに重なりあう部分も多いため、まとめて言及する。

つづく社会学的アプローチは、次のように階層的な整理をしておく。まず、社会そのものがもつ力に着目するマクロ視点のアプローチと、個人と社会のつながりに着目するミクロ視点のアプローチに二分する。つづいて、各アプローチの下に属する、同一の概念に基づいたいくつかの主張のかたまりをモデルと呼ぶこととする。さらに、これらの各モデルの下に属する、個別の主張を理論と呼ぶこととする。つまり、アプローチ、モデル、理論と進むにつれ、説明のレベルが細かくなっていく。

また、この階層的構造とは別に、人間や社会、人間行動についての考え方をパラダイムと呼び、各段階での検討を通じて用いることとする。

2 犯罪の原因を探る試みの始まり

1 当時の時代背景

各アプローチの具体的な主張を検討する前に、犯罪学と犯罪原因論が生じた歴史的・学問的背景についてみておく。

犯罪の原因について、かつては心霊論★が用いられていたが、それはきわめて宗教的・抽象的なものであり、現代の基準からは到底科学とは呼べないものであった。

犯罪の原因を科学的に探求しようとする試みが始まったのは18世紀のヨーロッパの啓蒙（けいもう）時代にさかのぼる。当時は、ルネサンス以降の科学技術の急速な発展により、それまで支配的であったキリスト教的価値観が揺らぎ、そこから離れて、論理や合理性、系統性を重視する「理性の時代」になっていた。

★心霊論
罪を犯した人間は悪魔や悪霊に取り憑（つ）かれているという考え方。

2 自由意志パラダイム――古典派

そんななか、ベッカリーア（Beccaria, C.）は、1764年に『犯罪と刑罰』を著し、それまで支配者によって恣意的に行われていた法と刑罰制度のあり方に反対し、罪刑法定主義、適正手続、罪刑均衡といった、現代の刑法学においても根幹となる概念を提示した（第４章・第５章参照）。また、イギリスの法学者で哲学者でもあるベンサム（Bentham, J.）は、1789年の著書『道徳および立法の諸原理序説』のなかで、功利主義★に基づいて犯罪によって得られる快楽を上回る苦痛を刑罰で科せば犯罪は抑止できると主張した。

これらの主張の目的は、よりよい刑罰制度の検討であり、犯罪の原因を解明することではない。しかし、彼らの主張の背後には、「（犯罪を含む）人間の行動は、行為者の自由な意志によって選択された結果である」という共通した考え方がみられる。その点で彼らを**古典派**と呼び、犯罪学の祖として評価する見解がある。

本章では、この見解を踏襲し、さらに、彼らに共通するこの考え方を**自由意志パラダイム**と呼ぶ。古典派は、後述する実証主義的犯罪学にとって代わられるまで、約100年にわたって、犯罪学研究における支配的な考え方であり続けた。

★功利主義
人間は快楽を最大化し、苦痛を最小限にするように行動するという快楽原則による考え方。ある行為が結果として善（社会の幸福）を最大化させるときに、これを正しいと評価する。

3 生物学的・心理学的アプローチの展開

1 決定論パラダイムへの転換

★骨相学
頭蓋骨の形状で人の性格や行動が判断できるとする学説。ガル（Gall, F.）が創始。19世紀に西洋で流行した。

精神医学的研究や骨相学★、さらには当時隆盛をきわめていたダーウィン（Darwin, C.）の進化論などの影響を受け、イタリアの医師ロンブローゾ（Lombroso, C.）は、1876年の著書『犯罪人論』において、生まれながらに犯罪を行いやすいタイプの人間が存在すると仮定し、そういうタイプの人間は進化の過程で先祖返りをしたものであり、身体的特徴が一般人とは異なると主張した[i]。ロンブローゾの弟子であるフェリ（Ferri, E.）は、このタイプの人間に**生来性犯罪者**という名を与えた。

犯罪人類学派またはイタリア実証主義として知られる彼らは、古典派の自由意志に反対して、人間の行動は行為者にはコントロールできない何らかの要因によって決定されているという決定論を唱えた[ii]。ここに、約100年にわたって支配的であり続けた自由意志パラダイムから**決定論パラダイム**への転換をみることができる。

古典派による思弁的な犯罪の考察から抜け出し、犯罪行為者を科学的に調査・研究した点で、ロンブローゾは**実証的犯罪学**の開祖として評価されている。

2 生物学的アプローチ

❶その後の生物学的アプローチの展開

★体型と犯罪の研究
体型の違いによって気質が決定され、それぞれに特徴的な行為につながり、そのなかに犯罪行為も含まれると主張した研究。

★家系研究
犯罪行為者が多く出ている家系を調べ、遺伝の影響を調べる研究。

★双生児研究
一卵性双生児と二卵性双生児の犯罪傾向を比較する研究。

★養子研究
幼い時期に養子縁組をした者を対象にして、実父母と養父母の影響の差異を比較することで遺伝要因と環境要因のどちらが犯罪に影響があるのかを調べる研究。

犯罪行為者のなかに犯罪の生物学的要因を探る試みは、その後も行われ続けた。20世紀初頭のクレッチマー（Kretschmer, E.）やシェルドン（Sheldon, W.）、フートン（Hooton, E.）による体型と犯罪の研究★があり、日本でも吉益脩夫らが同様の調査研究を行っている。

また、家系研究★や双生児研究★、養子研究★、遺伝特性の突然変異に着目した性染色体異常の研究などがあった。しかし、これらの研究は、実証

---

i　ロンブローゾは、この主張を検証するため、兵士や受刑者など数千人の人体を調べたといわれている。

ii　その後、ロンブローゾは、環境要因の重要性を説くラカサーニュ（Lacassagne, A.）らのフランス環境学派から批判を浴びたこともあり、生来性犯罪者という中心概念は維持しつつも、環境要因に対して譲歩を重ね、最終的にはその重要性を大幅に低下させたとされる。また、同様の方法を用いてより厳密に調査した結果、ロンブローゾが主張したような身体的差異は見出せなかったとするイギリスのゴーリング（Goring, C.）による内在的批判（1913年）によって、ロンブローゾの主張は過去のものとされた。

的な証拠の不足や方法論の問題もあって、1960年代から1970年代にかけて急速に衰えた。

❷近年の生物学的アプローチ

生物学的アプローチは、1964年にイギリスの心理学者アイゼンク（Eysenck, H.）が、性格は人が生まれもった神経生物学的要因に影響を受けると主張し、性格と犯罪の関連を唱えたことや、1970年代後半に社会生物学の主張が注目を浴びたことで、再び息を吹き返した。

近年では、セロトニンなどの**神経伝達物質**やテストステロンなどの**ホルモン**と犯罪行為の関連を調べる研究や、**脳科学**や**神経科学**からの犯罪行為へのアプローチがみられる。

これら近年の研究を先行研究と比較すると、❶研究手法が以前より洗練されていること、❷研究関心がかつての心理的状態から脳、神経そして遺伝子へと、よりミクロなものへシフトしていること、❸社会環境との相互作用を説明枠組みに組み込むことで、決定論の緩和が図られていることなどが特徴として挙げられよう。

Active Learning

個人の要素として何が犯罪行為につながる可能性があるか考えてみましょう。

3 心理学的アプローチ

心理学的アプローチは、生物学的アプローチと重複することや、社会学的アプローチ（後述）にも心理学のコンセプトを援用しているものがあることから、ここでは、知能（IQ）と性格に限定して触れておく。

❶知能と犯罪

知能と犯罪の初期的実証研究は、20世紀初頭にゴダード（Goddard, H.）によって行われた。彼は矯正施設の被収容者の知能指数を測定し、ほとんどの犯罪者は精神薄弱★であると結論づけ、犯罪予防を目的として精神薄弱者の施設収容および断種を提言した。しかし、その後の同種の研究では、犯罪をした者としていない者との間の知能指数にあまり差はみられず、このような立場からの研究は20世紀半ばには消滅したと思われていた。

ところが、1977年に、ハーシ（Hirschi, T.）とヒンデラング（Hindelang, M.）が、同じ人種内あるいは同じ社会階層内では知能と犯罪の間に関連性があるとする論文を発表したことで、再び知能に関する研究が増え始め、彼らの知見は支持されるようになった。

ただし、彼らが主張する知能の犯罪への影響は、ゴダードが主張したような直接的なものではなく、学校不適応などの社会的要因を経由した間接的なものである。

★精神薄弱
知能が低い状態のこと。差別的な響きから、現在では「知的障害」に替えられている。ここでは当時の差別的な状況を表現するため、敢えて用いている。当時、精神薄弱はメンデルの法則によって劣性遺伝すると考えられていた。

❷性格と犯罪

性格と犯罪の関連性についての研究は、前述のアイゼンクによるものが有名である。彼の主張は、外向性、神経症傾向、精神病傾向という三つの性格特性が、道徳的・社会的に不十分な条件づけが行われた場合に、犯罪行動に至るとするものである。

最近では、発達心理学や青年心理学で、自尊感情や自己愛といった個人の性格に関する概念が非行や攻撃性と関連するという知見がみられる。

なお、心理学的アプローチからの他の重要な研究としては、フロイト（Freud, S.）らの精神力動論★、バンデューラ（Bandura, A.）らの学習理論★などがある。

★精神力動論
心の動きを解釈する学問体系を指し、精神分析に用いられる理論。

★学習理論
人間は直接的な経験だけでなく、他者の行動を観察し、模倣することによっても学習し、行動していると主張する社会心理学の理論。

4 社会学的アプローチの展開

1 社会学的アプローチの誕生

現代犯罪学の主流といってもよい社会学的アプローチの源流は、19世紀前半のフランスのゲリー（Guerry, A.）やベルギーのケトレー（Quetelet, A.）の研究に求めることができる。彼らは、犯罪に関する公式統計を用いて、犯罪と社会的事象を結びつけようとした。彼らの研究が生まれた背景には、1825年頃からフランス司法省によって「司法行政一般報告」が刊行されるなど、公式統計の整備が進んだことがある。

19世紀末頃には、フランスの社会学者デュルケーム（Durkheim, É.）とタルド（Tarde, G.）がそれぞれの立場から犯罪研究を行い、現在の社会学的アプローチにつながる概念を提唱している。その背景には、19世紀後半にヨーロッパ各国が、産業化による社会変動を経験し、それによって社会のさまざまな部分でひずみが現れ始めていたことがあった。

20世紀以降、社会学的アプローチは、舞台をアメリカに移し、花開いていくことになる。

2 マクロ視点の社会学的アプローチ

❶シカゴ学派と社会解体モデル

20世紀初頭のアメリカも、ヨーロッパ同様の都市化が進み、急激な社会変動を経験していた。ヨ--ロッパからの大量の移民は、経済の発展を支えたと同時に、彼らが流入した都市部にさまざまなひずみを生じさせていた。そんな時代背景のもと、多様な民族、階層が集まっていた都市がシカゴであった。アメリカでの犯罪研究はシカゴで20世紀初頭に始まり、それを牽引（けんいん）したのが**シカゴ学派**と呼ばれるシカゴ大学の社会学者たちであった。

その中心にいたのは、パーク（Park, R. E.）とバージェス（Burgess, E. W.）である。彼らは、動植物の分布を調べる生態学から着想を得て、都市社会の特色や変化に着目する**人間生態学**を提唱した。とりわけ、バージェスが提唱した**同心円地帯理論**は、その後の研究に大きな影響を与えた。この理論では、都市中心部から同心円が描かれ、五つの地域に分けられた。そのうち、都心のすぐ外側に位置し、軽工業の工場街や安価な住居があり、貧しい移民が多く住む、いわゆるスラム街と定義された遷移地帯に、犯罪をはじめとする多くの社会問題が集中するとされた[iii]。

遷移地帯では、社会構造上の問題によってメンバー間の信頼が失われ、社会からの統制が弱化している状態にある。この概念を社会解体といい、本章ではこの立場からの研究を**社会解体モデル**と呼ぶ。

社会解体モデルは、当時のシカゴ学派社会学の中心的な存在となるが、その測定方法のあいまいさや、価値判断の問題などによって批判され、次第に衰退していった。

❷社会解体モデル以降の三つのモデル

地域社会に着目した研究のその後の流れは、線形モデル、システミックモデル、環境犯罪学モデルの三つに分かれたとされる。**線形モデル**は、都市化の進展に伴って地域社会が崩壊する過程を直線的に捉えるもの、**システミックモデル**★は、個人が結ぶ人間関係に焦点を当てたもの、**環境犯罪学モデル**★は、さまざまな環境における犯罪要因を理解したうえで、物理的要素に変化を加えるという環境設計を通じて犯罪予防を達成しようとするもの、とされる。

★システミックモデル
このモデルの流れをくんでいる、サンプソン（Sampson, R. J.）の集団効果理論は、1990年代半ばにシカゴで実施された大規模な調査に基づき、近年多くの著しい研究成果を輩出している。

★環境犯罪学モデル
このモデルは、都市工学や心理学の手法を取り入れながら発展し、さまざまな理論が提唱されたが、人間行動や社会に関する考察は後退していき、最近では具体的な犯罪予防策を科学的に検討する研究が多くなっている。このような動向は、現在、犯罪原因論とは明確に区別され、犯罪予防論と呼ばれている。

3 ミクロ視点の社会学的アプローチ

ミクロ視点の社会学的アプローチは、その背後にある人間観や社会観の違いによって緊張モデル、文化的逸脱モデル、コントロールモデルの三つに分かれる。

iii　のちに、ショー（Shaw, C.）とマッケイ（McKay, H. D.）は、このモデルを用いて、シカゴの非行少年の居住地域の分布を調査し、実際に遷移地帯に非行が集中していることを見出した。さらに、遷移地帯では、犯罪や非行は世代間で継承されるという社会伝播（でんぱ）理論を提唱した。

❶緊張モデル

★緊張モデル
社会構造の影響によって個人のなかに生じたストレスや緊張がその個人を犯罪へ向かわせると仮定する考え方。

★アノミー
19世紀のフランスの社会学者であるデュルケームが唱えた概念であり、人間の欲望に規制が及ばない状態を指す。

緊張モデル★を代表する論者で、20世紀のアメリカ社会学を代表するマートン（Merton, R. K.）の主張はアノミー理論と呼ばれている。

アノミー★について、デュルケームが性悪説に基づいて、規制がなければ人間の欲望は無限に広がると仮定したのに対し、マートンは性善説に基づき、人間は欲望をもつように社会から強制されていると仮定した。ここでは、両者の主張を区別し、マートンの主張を**マートンのアノミー理論**と呼ぶ。

①　マートンのアノミー理論

マートンは、1930年代のアメリカ社会を念頭に置いてこの理論を考案したという。マートンのアノミー理論の内容は、社会に広く共有された文化的目標と、その目標を達成するための制度的な手段との間に不均衡が生じた場合に、個人はストレスや緊張をもち、やがて犯罪を含む**逸脱行動**★に向かうというものである。

★逸脱行動
所属する社会において共有されている規範や常識からはずれた行動。

当時のアメリカ社会を例に言い換えると、経済的成功こそがこの文化的目標であり、それを獲得する手段はすべての人に平等には与えられておらず、とりわけ、学校や労働という制度の面で不利なことが多く、経済的成功への手段が限られている下層階級の人々は、ストレスや緊張を抱えやすく、犯罪などに手を染めやすいということである。つまり、この理論は、下層階級の人々による犯罪の説明に適していることになる。

②　一般的緊張理論と制度的アノミー理論

マートンの考え方は、その後、さまざまな形で修正され発展した。1990年代初頭に提唱された代表的な二つの理論を紹介すると、一つは、アグニュー（Agnew, R.）の**一般的緊張理論**★である。

★一般的緊張理論
マートンが注目した階層要因を排除し、社会生活上のさまざまな状態や出来事によって生じたストレスや緊張があらゆる階層の人々を犯罪へ向かわせると仮定した。

一般的緊張理論では、ストレスや緊張の源泉として、たとえば、複雑な家庭事情や、学校での不適応、いじめ被害などが挙げられており、マートンの主張がもっていたマクロな視点は後退し、よりミクロな視点もしくは社会心理学的視点へとシフトしたといえる。

もう一つは、メスナー（Messner, S. F.）とローゼンフェルド（Rosenfeld, R.）の**制度的アノミー理論**★である。

★制度的アノミー理論
経済制度とそれ以外の社会制度（家庭、教育、政治）の勢力不均衡が犯罪を生むと仮定した。

彼らは、経済が優先される社会情勢が醸成されると、家族制度、教育制度、政治制度では、経済的目標を達成するための犯罪をコントロールできなくなるという。マートンの問題意識やマクロな視点は維持しつつも、必ずしも社会階層によらない緊張の発生プロセスを強調している点に特徴がある。

❷文化的逸脱モデル

文化的逸脱モデル★は、「朱に交われば赤くなる」ということわざを思い浮かべると理解しやすい。犯罪の発生プロセスにおいて、生物学的アプローチが強調する先天的な要素（遺伝）ではなく、後天的な要素（学習）を強調することから、学習モデルとも呼ばれている。

このモデルでは、他者から影響を受けやすい素直な人間像が描かれており、性善説でもなく性悪説でもない立場、白紙説をとっている。また、緊張モデルでは、文化的目標が広く共有されている一元的な社会（合意パラダイム）が描かれているのに対して、このモデルでは、さまざまな価値観が葛藤している多元的な社会（葛藤パラダイム）が描かれている。

①　差異的接触理論

文化的逸脱モデルで最も代表的な論者であるアメリカの犯罪学者サザランド（Sutherland, E. H.）が唱えた**差異的接触理論**の骨子は、人は向社会的価値と反社会的価値の双方に接触しており、その程度に差があり、反社会的価値との接触が向社会的価値との接触を上回ると犯罪行為に至るというものである。学習というアイデアが中心にあり、社会解体モデルの文化伝播理論や、古くはタルドの模倣説にルーツがある。

②　非行サブカルチャー理論と差異的機会構造理論

サザランドの主張もさまざまな形で発展していく。まず、緊張モデルとの接合を試みる形の発展がある。コーエン（Cohen, A.）の**非行サブカルチャー理論**★、クラワード（Cloward, R. A.）とオーリン（Ohlin, L. E.）による**差異的機会構造理論**★がそれに当たる。ただし、これらの主張を緊張モデルに分類する見解もある。

③　社会的学習理論

サザランドの主張に新しい概念を追加する形で発展させたのがエイカーズ（Akers, R.）による**社会的学習理論**である。追加されたのは、差異的報酬と模倣★という概念である。なお模倣は、この理論と同名の理論を唱えた心理学者バンデューラの影響を受けて追加されたものである。

❸コントロールモデル

①　自由意志パラダイムへの回帰――新古典派

コントロールモデルが登場した学問的背景を簡単に説明しておくと、1960 年代半ばからみられるようになった決定論パラダイムへの批判とそれを通じて行われた自由意志パラダイムへの回帰がある。こうした立場からの理論群は**新古典派**と呼ばれており、コントロールモデルもそのなかに含まれる。

★文化的逸脱モデル
さまざまな規範やルールが葛藤している社会のなかで、反社会的な価値観をもつ文化やコミュニティに属する人々の規範やルールを学習してしまうと、その個人は犯罪行為をしやすくなると仮定する考え方。

★非行サブカルチャー理論
社会を支配する中流階級の価値で自尊心が傷つき（たとえば学校での不適応）、その反動として非功利性や破壊志向を特徴とする非行文化のなかで地位を獲得しようとするという主張。

★差異的機会構造理論
個人の社会構造上の位置で決定される、合法的機会と非合法的機会の相対的な利用可能性で逸脱するかが決まるとする主張。

★差異的報酬と模倣
差異的報酬は、犯罪行動から得られる報酬と罰のバランスを意味し、模倣は、文字どおり他人の行動を見聞きしてまねることを指す。

まず、決定論パラダイムへの批判をみていこう。マッツァ（Matza, D.）は、1964年の著作『漂流する少年』のなかで、ロンブローゾから始まる生物学的アプローチだけでなく、サザランドやコーエンの主張に至る社会学的アプローチも実質的には決定論パラダイムであると厳しく批判した。この批判の論点は二つあり、一つは、これらの理論では非行少年が一般の少年とは異質な存在として描かれていること、もう一つは、犯罪につながるとされる原因をもっていれば必ず犯罪・非行を犯すと暗示されていることであった。

② コントロールモデルの特徴

Active Learning

犯罪の発生に影響を与える可能性のある社会的要因を考えてみましょう。

こうしたなかで登場した**コントロールモデル**は、性悪説的人間観に立ち、なぜ人は犯罪をしないのかを説明しようとするモデルであり、個人が社会に対してもっているつながりがその個人を犯罪行為に至らせず社会に引きとめていると仮定する考え方である。多くの検証・追試研究が行われ、理論を支持する結果が多いのも特徴であり、現代の犯罪学では支配的なモデルとして高く評価されている。

③ 社会的ボンド理論

コントロールモデルの代表的な論者であるアメリカの犯罪学者ハーシは、1969年の著者『非行の原因』のなかで、個人が社会に対してもつつながり、つまり犯罪抑止要因を社会的ボンド（社会的絆（きずな））と名づけ、**社会的ボンド理論**（社会的絆理論）を提唱した。社会的ボンドには、「愛着（attachment）」「投資（commitment）」「巻き込み（involvement）」「信念（belief）」の四つの種類があり、「愛着」は、少年が両親・教師・友人などに対して抱く愛情や尊敬の念を、「投資」は、合法的な活動をすることで得られる利益を、「巻き込み」は、合法的な活動に従事している忙しい状態を、「信念」は、社会で共有される規範をどの程度信じているかをそれぞれ示している。

④ セルフコントロール理論

ハーシはその後、ゴットフレッドソン（Gottfredson, M. R.）と**セルフコントロール理論**を1990年に提唱する。犯罪を含む逸脱行為の原因となる個人的要因をセルフコントロールと命名し、その程度は、10歳頃までの家庭や学校でのしつけによって決定され、その後一生にわたって不変であると主張している。

さらに、ハーシはこののち、社会的ボンドを、個人が犯罪を含む逸脱行為を行う際に失う社会的なコストと捉えなおし、セルフコントロールと同じであると主張し、社会的ボンド理論とセルフコントロール理論の二つを統合した。

❹合理的選択モデル

①　刑罰による抑止効果への着目

新古典派のなかでも、古典派の見解をより直接的に洗練させ、刑罰による抑止効果に着目したのが**合理的選択モデル★**である。

前述のように、古典派の主張は、実証主義的犯罪学が登場すると、非科学的というレッテルを貼られ、次第に力を失っていった。しかし、1960年代に入り、ベッカー（Becker, G.）やアーリック（Ehrlich, I.）などの経済学者が計量経済学★の実証的手法を用いて、刑罰の抑止力の研究を行ったことを契機として、この立場の研究は犯罪学研究において再び脚光を浴びることとなった。

当初は、州単位の犯罪率などのデータを用いたマクロレベルの研究のみであったが、徐々に個人を単位とするミクロな視点の研究が登場する。

②　認知的抑止理論

1980年代前半から登場するこの個人単位の研究は**認知的抑止理論**と呼ばれ、刑罰による威嚇力についての個人の認知が犯罪行動に与える影響に着目したものである。具体的には、刑罰の確実さ、厳しさ、迅速さに対する個人の認知が犯罪行動にどれだけ影響を与えるのかを調べるものである。

この理論に関する実証研究によって明らかになったことは、❶損・不快の認知よりも、得・快の認知のほうが犯罪行動への影響が大きい、❷公的な（刑事司法機関による）制裁よりも、非公的（家族・学校・友人といった社会制度による）制裁のほうが犯罪行動の抑止効果が大きい、❸刑罰の厳しさの認知は犯罪行動に影響を与えるとは言い切れないが、刑罰の確実性は犯罪行動の抑止効果が認められる、ということであった。

★合理的選択モデル
犯罪によって得られる利益が犯罪による損失を上回ったとき、人は合理的に犯罪行為を選択すると仮定する理論。

★計量経済学
経済学の理論から導かれる仮説を数学モデルとして構成し、統計学の方法によって実証分析する学問。

◇参考文献
・岡本英生・松原英世・岡邊健『犯罪学リテラシー』法律文化社，2017.
・岡邊健編『犯罪・非行の社会学――常識をとらえなおす視座 補訂版』有斐閣，2020.
・玉井眞理子「米国における子どもの貧困と福祉的支援――クリフォード・R. ショウによる地域福祉の理念と方策」『教育社会学研究』第92巻，pp.65-82，2013.
・吉岡一男『刑事学 新版』青林書院，1996.

第2節 犯罪原因論に基づく犯罪対応とその限界

学習のポイント

- 犯罪原因論に基づく犯罪対応にはどのようなものがあるかを学ぶ
- 犯罪原因論の意義と限界について理解する

1 犯罪原因論に基づく犯罪対応

犯罪原因論の知見を最も有効活用できる犯罪対応は**予防**である。本節では、犯罪行為をまだしていないものを対象とする**事前予防**と、犯罪行為をすでに行ったものを対象とする**再犯予防**に分け、犯罪原因論から、どのような犯罪対応が導かれるのか、介入段階もにらみつつ、アプローチ、モデルごとにみていこう。

1 生物学的アプローチによる対応

まず、生物学的アプローチからは、事前予防・再犯予防を目的とした、犯罪につながるとされる要因の除去・改善・軽減が目指されることになる。つまり、脳や生化学的機能を修正するための医学的・化学的・外科的な対応が想定される。

具体的な実践例としては、ナチスドイツやアメリカなどで実際に行われた優生学的発想である**断種**★が挙げられる。また、修正が不能と判断される場合には、**隔離による無害化**という手段も考えられる。それは、ハンセン病患者を強制的に終身隔離した我が国の歴史的汚点を想像してもらえればよいだろう。

★断種
手術などによって生殖能力を失わせること。優生保護法下では、遺伝性疾患や精神疾患のある者に対して断種が行われた。日本やドイツ、アメリカのように、かつては法制化されていた国もあったが、現在では強制することは禁止され、「人道に対する罪」とされている。

以上のような生物学的アプローチからの犯罪対応は、現代の価値観では否定されており、実現不可能と考えておくのがよいだろう。

2 心理学的アプローチによる対応

心理学的アプローチからは、生物学的アプローチと同様に、関連する要因の除去・改善・軽減が目指されることになるが、それはよりマイルドかつ現実的なものになる。

具体的には、**カウンセリング**や**セラピー**を通してのものになるが、そもそも心理学は実践的・臨床的性格が強く、そのような方法論について非常に多くの知見が蓄積されている。同じ問題を有する人たちが集まって、相互に助けあいながら問題解決を目指す**治療共同体**★、認知の修正を通した行動変容を目的とする**認知行動療法**、問題行動のある少年の家族や学校、コミュニティなどに働きかける**マルチシステミック療法**★などが再犯防止に効果があるプログラムとして知られている。

★**治療共同体**
Therapeutic community：TC．詳しくは、第15章第3節参照。

★**マルチシステミック療法**
Multisystemic Therapy：MST．社会的、情緒的、行動的な問題をもつ少年の家族等に焦点を当てた心理療法的な介入方法。

3 社会学的アプローチによる対応

では、社会学的アプローチはどうだろうか。まず、マクロ視点の社会学的アプローチからは、事前予防・再犯予防を目的として、社会解体★が進んだ**地域社会の安定化**や**再組織化**が目指されることになる。

★**社会解体**
社会構造が崩壊し、伝統的な価値や規範が不安定になり、社会による統制が不可能になる過程またはその状態のこと。

❶マクロ視点による対応

ショー（Shaw, C.）とマッケイ（McKay, H. D.）の主張に基づき、1932年から1957年まで実施された児童福祉事業であるシカゴ・エリア・プロジェクト★は、支援者と支援対象者との協働を通して、地域の問題に対する住民のセルフヘルプを促進するものであり、まさにマクロ視点の社会学的アプローチの具体的実践例といえよう。

★**シカゴ・エリア・プロジェクト**
ショーらが「非行予防と逸脱者の処遇」を目標に掲げ、スラムの非行地域改良を目指して実施した福祉計画。

また、社会解体モデルから派生した環境犯罪学モデルからは、犯罪機会の減少を目指す犯罪多発地域のパトロールや、防犯を目的とした物理的環境設計などが導かれ得る。

❷ミクロ視点による対応

ミクロ視点の社会学的アプローチはさまざまな対応が提案可能である。

①　緊張モデルによる対応

緊張モデルからは、事前予防・再犯予防を目的として、ストレスや緊張の除去・軽減を可能にする社会福祉的政策が提言できよう。とりわけ、マートン（Merton, R. K.）のアノミー理論からは、下層階級をターゲットとした、**広範囲な社会福祉的政策**が導かれる。実際、マートンのアノミー理論は、アメリカのジョンソン大統領が1964年の一般教書演説で述べたスローガン「貧困との戦い」の根拠の一部となったといわれる。

また、制度的アノミー理論では、市場経済を規制することで他の社会制度との不均衡を是正するという、マートンのアノミー理論にはない政策的アイデアが導かれる。社会心理学的性格の強い一般的緊張理論は、提唱者であるアグニュー（Agnew, R.）がいくつかの政策的提言を行っているが、事前予防として家族や学校に介入するものが多い。これらは、文化的逸脱モデルとコントロールモデルでも同様である。

②　文化的逸脱モデルによる対応

文化的逸脱モデルは、事前予防・再犯予防を目的として、反社会的な文化やコミュニティの人々との接触を避けさせつつ、向社会的なルールを学習させることを目指すことになる。たとえば、刑務所における受刑者の**悪風感染**★の防止を目的として、犯罪傾向の進度によって受刑者を分類する制度はこの考えを表したものである。また、予防策としては家族や学校への介入がある。

★悪風感染
刑務所内で受刑者同士が交流することで、新たな犯罪の手口を学ぶなどして犯罪性が増してしまうこと。

③　コントロールモデルによる対応

コントロールモデルから導かれる犯罪対策は、事前予防を目指した個人のセルフコントロールの強化、社会的ボンドの強化であろう。具体的には、子どもがいる家庭にできるだけ早期に介入し、家族への社会的支援と幼年期の教育支援を行うことが推奨されている。こういった介入は**早期介入プログラム**といわれている[i]。

犯罪原因論が犯罪予防・再犯防止につながる例を挙げてみましょう。

ただし、これらは、社会階層に基づく犯罪リスクの高いグループへの介入であり、文化的逸脱モデルや一般的緊張理論からも導かれる対応である。その違いは、再犯予防に現れる。コントロールモデルは再犯防止策をもたない。これは、セルフコントロールの程度は一生にわたって変化しないという主張や、自由意志パラダイムを根拠としている。

④　合理的選択モデルによる対応

合理的選択モデルの認知的抑止理論からは、刑罰の威嚇力の認知を高める戦略が導かれる。しかし、これを支持する実証的な証拠は少ない。また、同じ自由意志パラダイムに属するコントロールモデルと同様に、再犯防止策はもたない。

2　犯罪原因論の意義と限界

1　犯罪原因論の意義

❶人間行動のメカニズム解明

何のために犯罪原因論を研究するのか。どのようなアプローチであれ、立場であれ、犯罪原因論研究の最大の学術的意義は、人間行動のメ

i　低収入のアフリカ系アメリカ人家族を対象とするペリー就学前プロジェクト、低収入のメキシコ系アメリカ人家庭を対象とするヒューストン親子開発センターのプロジェクト、高校教育を受けていない低収入の母親を対象とするシラキュース大学家族開発調査プロジェクトなどのプログラムが、効果があるとされている。

カニズム解明という点にあることに異論はない。現時点での人間行動科学の知見レベルでは、さまざまな要因が複雑に絡みあって生じる犯罪行動、ひいては人間行動全体の完全な解明は不可能であるが、それに向かって試行錯誤を重ね、地道に研究成果を蓄積することが求められる。

❷犯罪および犯罪行為者の理解

また、犯罪原因論は、犯罪やその行為者を理解することにも役立つだろう。犯罪は、多くの場合、被害者やその関係者だけでなく、それを見聞きする人々にも動揺を与える。そして、その動揺は、被害者に非がない場合や、被害者が死亡するなど取り返しのつかない結果を生んだ場合は、強い憤りとなって、犯罪行為者への強い処罰感情を生むことがある。しかし、責任以上の刑罰を犯罪行為者に科すことは現代の法理念では許されていない。

そんな場合に、犯罪原因論を用いると、犯罪行為者がどうしてもその犯罪をせざるを得なかった状況や環境にいたことを理解・納得できたり、自分も行為者と同じ状況であれば同様の行為をしていたかもしれないなどと考えることが可能となる。

❸刑事政策の動向把握

さらに、犯罪原因論は、政策やその背景にある考え方や思想と結びつくことがある。各理論から導出される政策や提言の具体的内容は前述したので、ここでは犯罪行為者の処遇を取り上げる。

犯罪行為者の処遇のあり方をめぐる考え方は二つある（第７章第２節参照）。一つは、**医療モデル**と呼ばれるもので、犯罪を何らかの疾患や不適応の現れであると捉え、犯罪行為者を病人に見立て、処遇を治療行為とみなす考え方である。1930年代以降のアメリカで強い影響力をもつようになったといわれている。

もう一つが、この医療モデルへの批判として1960年代に登場した**公正モデル**である。公正モデルは、刑罰の応報や抑止を強調し、より厳格で正義にかなう処罰を必要とする立場で、それは犯罪行為者への処遇の理念を否定するものであった。

犯罪行為者を病人に見立てる医療モデルは明らかに決定論パラダイムと親和性があり、逆に、公正モデルは自由意志パラダイムと関連性がある。また、これらの関連性は、それぞれが社会的に影響力をもった時期とも符合している。このように、政策に関連する思想にも犯罪原因論は深くかかわっており、刑事政策の動向を把握するのにも有用である。

2 犯罪原因論の限界

❶すべての犯罪現象を説明できるモデルや理論の不存在

しかし、犯罪原因論に欠点がないわけではない。まず、すべての犯罪現象を説明できる単一のモデルや理論は存在しないという限界がある。

犯罪原因論の妥当性は、究極的には実証に委ねられるが、その実証によって仮説とまったく反対の結果が出る場合は別として、大半の実証では一定程度の説明力が見出される。というのも、ある犯罪原因論を提唱するにあたっては、何らかのデータ分析や観察によって、主張が当てはまるケースを見たり、聞いたりしているはずだからである。

このことは、各々の理論が当てはまる行為や現象が異なるということも意味しており、モデルや理論を適用する場面を適切に選択することが求められることにもなる。

❷複数のモデルや理論を統合する試み

リスクファクター論★のように、複数のモデルや理論を統合しようとする試みもみられる。古くは、サザランド（Sutherland, E. H.）が激しく批判した多元因子論と呼ばれているものと同じ試みとみてよいだろう。

★リスクファクター論
公衆衛生学の考え方を援用し、犯罪の危険性を高める危険因子（リスクファクター）と逆に弱める保護因子（プロテクティブファクター）の複合的な作用で犯罪は起きると主張する立場。

複数のモデルや理論の統合は、実践現場の要請に応えようとするなかで生まれた考え方で、犯罪対応において多くのケースを整理するには役に立つ。しかし、学問的観点からは、単に複数の内容を並べただけではないのか、前提とする概念が異なるものをまとめてよいのかといった疑問が残る。

❸犯罪対応においてとるべきスタンス

このような状況で、犯罪対応に携わる者が、犯罪や非行につながるとされる要因の除去や改善を目指す場合、科学や立場、理念を掲げるなどして、その働きかけを強制的・一方的に犯罪行為者に押し付けることは決してあってはならない。

犯罪行為者自身がそういった要因の存在を解決すべき問題として理解・納得し、その要因の除去や改善を自ら望む場合にのみ、介入が正当化されることを常に心にとめておく必要がある。当事者の目線に立ち、寄り添い、福祉的な援助をするというスタンスが常に求められる。

◇参考文献

・岡本英生・松原英世・岡邊健『犯罪学リテラシー』法律文化社，2017.
・藤岡淳子編『犯罪・非行の心理学』有斐閣，2007.
・守山正・小林寿一編著『ビギナーズ犯罪学』成文堂，2016.

●おすすめ

・J. R. リリー・F. T. カレン・R. A. ボール，影山任佐監訳『犯罪学――理論的背景と帰結 第5版』金剛出版，2013.

第4章

刑罰とは何か

日本には、犯罪をした者に制裁を科す刑罰制度がある。日本以外にも刑罰制度のある国は多数あり、現在の刑罰に類する制度は、世界のいたるところで、しかも時代を超えて用いられてきたため、刑罰制度は文明社会に共通の普遍的な制度と受けとめられるかもしれない。しかし、その発展の経緯をみると、犯罪をした者に刑罰が科されることは、決して当たり前のことではないことがわかる。

本章では、歴史を遡り、刑罰制度がどのように成立し、どのような形態で執行されてきたかを概観することで、社会において刑罰がもつ意義について考える。ソーシャルワーカーには、刑罰の本質と機能を知り、刑罰の適用状況を把握しておくことが求められる。

第1節 刑罰制度の歴史

学習のポイント

- 制度としての刑罰がどのように成立してきたかを学ぶ
- 日本の刑罰制度に影響を与えた外国の刑罰について知る
- 人為的な刑罰制度を規定、運用するうえで何が重要かを理解する

1 刑罰制度

刑罰という言葉から、真っ先に死刑や残虐な拷問を思い浮かべる人もいるだろう。悪い行いに制裁を加えることの歴史は古いが、そのすべてを「刑罰」と呼ぶことは適切でない。公的な制度としての刑罰は、他の制裁措置と異なり、執行の方法、担い手が定められ、しかも特定の手続を経て初めて執行される。不平等、不公正な処罰や、犯した行為に比べて重すぎる刑罰は、正義に反し、制度への信頼を損なうからである。

人が試行錯誤を経て、刑罰制度を確立した歴史をみておこう。

1 刑罰以前の制裁

原初的な制裁は、復讐（ふくしゅう）の形をとる場合もあった。しかし、それはまだ刑罰ではなく、**同害報復**★でもなかった。

★同害報復
他者に攻撃して加えたものと同じ害を行為者に与えること。バビロニアのハムラビ（ハンムラビともいう）法典等の規定がその例である。

血縁関係によって結ばれた部族の一員が、部族の外から攻撃を受けたときには、部族の結束を固めるために復讐は正当化された。しかし、部族社会から国家への統一の過程で、社会のなかでの制裁の意味は変化した。復讐を許せば、力のある者のみが幅を利かせるようになり、他方で加害の連鎖が止まらず、治安の維持にとってはかえって有害となるため、報復は、合理的な選択ではなくなった。

古い時代でも、制裁として生命や身体に害を加えることは、決して一般的ではなかった。古代ゲルマン時代には金銭による贖罪（しょくざい）の制度があり、フランク時代、重い犯罪の現行犯人を即時殺害することは許されていたが、その他の犯罪については、「多くの場合『人命金★』によって罪を贖（あがな）う方法がとられた」のである[1)]。

★人命金
贖罪のために支払われる金。身分に応じて定められており、これを支払えば処罰を免れた。

図4-1　刑事制裁制度の意味の変容

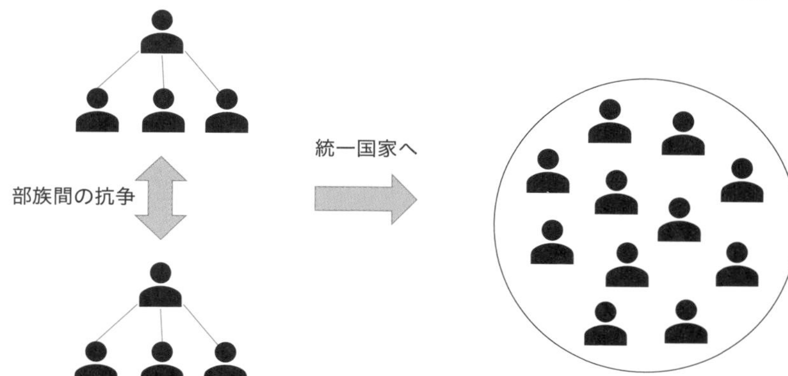

2 制裁のルール化

刑罰制度は、社会の構成員が、生活に必要な利益を守るために、互いの侵害を防ごうと、特定の行為に制裁を科すことをルールとして確立することから始まった。

制度として組み立てられた刑罰は、人々の共同生活基盤の維持を目指す、人為的で人工的なものである。それぞれの社会で何を第一に守るべきか、その優先順位により、刑罰の対象や重さが異なる。内部の結束を固めなければ生き残るのが難しい環境の下では、仲間を危険にさらす利己的な行為が重く罰せられる。また、子孫を残すことが最重要課題となる社会では、繁殖につながらない同性愛等の行為が禁じられ、その効果を確実にするために罰が科されることもある。

このように、刑罰制度は、社会を映し出す鏡のような面があり、時代に応じて変化してきた（**図 4-1**）。

2 刑罰の理論

1 刑罰の意義

ベッカリーア★（Beccaria, C.）は、❶社会の構成員が犯罪に対する刑罰を、法律によってのみ定めることができる、❷このように定められた決まりには、その構成員全員が（為政者であろうとも）拘束される、❸刑罰が残虐であること自体が不正である、と刑罰の原理を示した。

ベッカリーアは、❸の刑罰の不正性について、「不必要だというだけで十分である」とする。刑罰が必要な場合とは、相応の刑罰を科すこと

★ベッカリーア
刑罰に関する理論を明らかにして世に問うたイタリアの思想家。1764 年に著書『犯罪と刑罰』のなかで、刑罰に関する原理を説明した。

で、人に他者の利益の侵害を思いとどまらせる目的を果たせるときであるとしたうえで、この社会に共通の目的のためでも刑罰は残虐であってはならないというのである。

2 刑罰の条件としての犯罪

人類は、共同生活を営む基盤を維持し、互いの利益を尊重するという共通の目的のために私的な「復讐」でなく公的な「刑」として罰を加える制度を考案し、この罰を科すための条件として**犯罪**を定めた。

もちろん、平穏な社会生活を害するさまざまな不当な行為（殺人、窃盗等）は、法律ができる以前にも犯され、それを思いとどまらせる必要は、どんな社会でも共通にあったであろう。しかし、刑罰制度をつくる際、まず犯罪があり、その解決のために刑罰を設けたというのは、正確ではない。共同生活を維持する必要から、刑罰を科す対象としての行為を「犯罪」と定めたことに留意する必要がある。

3 刑罰の種類と発展

では、古い時代にさまざまな態様で行われていた生命や身体への加虐は刑罰ではなかったのだろうか。これらもまた、当時の社会で守るべき利益の保護のために法律で定められ、決まった方式で執行される限りでは刑罰であった[i]。

1 近代以前の日本の刑罰

人の身体を切断し破壊する刑罰の執行方法は、諸外国のみならず日本にもあった。近代以前、日本で運用されていたのは、律令から学んだ古代の刑罰である。江戸時代に定められていた刑罰の種類には、五刑★と呼ばれる刑があった。死刑の執行方法の苛烈さは罪の重さに左右されることを、江戸時代につくられた公事方御定書（くじがたおさだめがき）★が定めている。

他方、日本の近代以前に存在していたのは重い刑罰ばかりではない。反社会的な行為を放置しては治安を守ることができない一方で、社会の

★五刑
軽い順に笞（ち）、杖（じょう）、徒（ず）、流（る）、死（し）である。「笞」「杖」はむちや杖で打たれる、身体に加えられる刑罰、「徒」は強制的に労働をさせる労役刑、「流」は追放刑、「死」は生命を奪う刑罰、死刑である。身体に加えられる刑罰や労役刑のほかに追放刑が科されていたのは、定住が当時の社会で前提とされていたことによる。

★公事方御定書
江戸時代、徳川吉宗のもとで作成され、1742（寛保2）年に仮に完成した法典で、幕府管轄の司法機関ではこれに基づき裁判が行われた。死刑の種類として、鋸挽（のこぎりびき）、磔（はりつけ）、獄門、火刑等も規定されていた。

i　ベッカリーアの主張にもかかわらず、刑罰の残虐性がエスカレートし、しかも公共の場所で執行されることもあったのは、刑罰権が、しばしば権力者の力を誇示するために行使されたからである。権力者は、他者への懲らしめを多数の者への見せしめとして行うことで、自己の権威を恐怖や感銘によって強く印象づけた。

構成員が刑罰によって失われることは経済的損失も意味する。犯罪をした者を居住場所から追放し、働き手がなくなることは社会の不利益であり、無宿の人が増えることはかえって治安に悪影響を及ぼす。極刑を定める公事方御定書は、この状況に対して無力であったため、すでに江戸時代に減刑の処分や**拘禁刑**が存在していたのである。

2 近代化に伴うヨーロッパでの刑罰の発展

時代が下り、近代化が進むにつれ、死刑や残虐な刑罰の執行は減少した。啓蒙(けいもう)思想の広がりにより、国家が人の自由を制限して刑罰を科す根拠を、より精密に説明する必要が強調されるとともに、刑罰を用いるには相応の合理性が求められるようになったのである。

刑罰の執行方法も変わった。ヨーロッパ列強諸国においては、植民地政策の進展とともに受刑者の労働力としての有用性が着目されるようになった。こうした時代背景から、刑罰は、ただ肉体に苦痛を与えることを目的とするのではなく、労役刑や労役に伴う自由のはく奪といった方法が次第に多用されるようになり、これに伴い、刑罰の教育的側面にも注目が集まり、処遇方法にも工夫がされるようになった。

刑罰に一定の目的を求め、それを規則に従って体系的に執行することが、近代化に伴う関心事となった。人を懲治場等の拘禁施設に集団で収容して統制を加えるには、用地、設備、人員はもちろんであるが、犯罪行為者をどのように導くかに関する思想が必要であった。

かくして、刑罰は、人の移動の自由を奪う**自由刑**が主流になっていった（**自由刑中心主義**）。

3 近代化における刑罰（自由刑）の課題

刑罰の近代化において、自由刑を科された受刑者は、最初から人権が保障されていたわけではなかった。監獄の惨状を目の当たりにして「この悲惨な状況は、何とか改善しなければならない」というイギリスのハワード（Howard, J.）らの監獄改革の訴え[2)]により、諸国の拘禁施設の現状が詳しく報告され、衛生面や処遇面の改革の必要性が認識されるに至った。

施設に横行する閉鎖性や暴力、疫病や悪風の感染の問題は、その後も改革課題として取り上げられた。フーコー（Foucault, M.）が紹介したように、功利主義を唱えたことで有名なベンサム（Bentham, J.）もまた、監獄の改革に取り組み、パノプティコンや、公開性、虐待防止、

★極刑
刑罰のなかで最も重いもの。日本では、死刑が極刑に当たる。

★拘禁刑
身分や男女を区分したうえで身体を拘禁し自由を奪う刑。

★啓蒙思想
人間性を重んじる合理的見地から、旧来の考え方を批判する思想。

★懲治場
16世紀頃につくられた拘禁労役のための施設。監獄制度の前身とされるが、当初は浮浪者も収容の対象であった。ロンドンのブライドウェル（1557年）、オランダのアムステルダム（1596年）に設立された。犯罪行為者のみならず浮浪者等をも収容して労役に就かせた懲治場は、設備の規模はもとより、運営の精神（アムステルダム懲治場の表門に掲げられた刑罰の精神、「復讐にあらず、むしろ善に導かんとする」という文言が象徴的であった）もまた近隣諸国の注目を集め、近代自由刑の発祥とされた。

★悪風
悪い習慣。

★パノプティコン
360度全方位を監視できる構造。

監察制度等の導入を訴えた。

4 日本の近代的刑罰の始まり

日本では、明治維新を契機として、ヨーロッパに学んだ近代的刑罰制度が導入された。

★監獄法
刑事施設に関する基本事項を定めていた法律。現・刑事収容施設法の前身。監獄を懲役監、禁錮監、拘留場、拘置監の4種類と定め、また、労役場を敷設した。

1908（明治 41）年に制定された監獄法★により、自由刑を執行するための法制度の枠組みが整えられた。

自由刑は、歴史的経緯や導入の推移からみると、労働の側面が重視されたといえる。しかし、刑罰のもつ意義の観点からは、必ずしもそうではない。人力の要請に受刑者の労働力が充てられる時代があったとしても、自由刑が労働を伴うものであると決めつけることはできない。むしろ、強制労働を伴っていた「自由刑と近代的な自由刑との間には歴史的な連続性や直接の連続性はないとされるのが一般的である[3)]」。

Active Learning
日本の刑罰の種類にはどのようなものがあるか、またどのように執行されるのか、説明してみましょう。

日本の現行の自由刑のなかには、所定の労働を刑罰内容とする懲役と、労働が義務でない禁錮とがあることからもわかるように、自由刑とは、拘禁されて移動の自由を奪われることが本来的な内容であり、それ以上でもそれ以下でもないのである。

やみくもに苦痛を与えるのが刑罰でない。また強制労働を科すことが刑罰というわけでもない。

◇引用文献

1）森義信「一枚の貸付証書から――フランク時代の『人命金』考」『大妻女子大学紀要 社会情報系 社会情報学研究』第10号，p.11，2001.
2）J. ハワード，川北稔・森本真美訳『十八世紀ヨーロッパ監獄事情』岩波書店，p.14，1994.
3）中山研一「自由刑（一）」宮澤浩一・西原春夫・中山研一・藤木英雄編『刑事政策講座 第２巻（刑罰）』成文堂，p.58，1972.

◇参考文献

・C. ベッカリーア，風早八十二・風早二葉訳『犯罪と刑罰』岩波書店，1959.
・Mommsen, T., *Römisches Strafrecht*, Duncker und Humblot, 1899.
・v. Hippel, R., *Deutsches Strafrecht I*, Julius Springer, 1925.
・M. フーコー，田村俶訳『監獄の誕生――監視と処罰』新潮社，2020.

● おすすめ

・村井敏邦『民衆から見た罪と罰――民間学としての刑事法学の試み』花伝社，2005.
・浜本隆志『拷問と処刑の西洋史』新潮社，2007.

第2節 刑罰の本質と機能

学習のポイント

- 刑罰の目的をめぐる議論の状況を把握する
- 自由刑が刑事政策の中心を占めるにあたり、重要な理論的発展を理解する

1 刑罰制度の発展と理論の深化

時代が下るにつれて、しだいに刑罰の種類は縮減★された。1907（明治40）年の現行刑法の制定時には、刑罰が整理されて、現在の枠組みが完成した。

★**刑罰の種類の縮減**
1870（明治3）年、五刑のうち、追放刑である「流（る）」は廃止され、「徒（ず）」に、さらには懲役刑に代えられた。その後、身体への罰である「笞（ち）」「杖（じょう）」も懲役刑へと代えられた。

形は変われども、刑罰は、人の大切な利益を奪う制裁であり、誰しもが避けたいものである。生命はもとより、自由も財産も人の社会生活の根幹を支える利益であり、それを奪われることは苦痛にほかならない。

1 刑罰の本質と機能をめぐる議論

社会にとって害をなす行為（犯罪）をすれば、苦痛を受けなければならないという刑罰制度の仕組みを、特に刑罰を拒否しようとする者にも理解させるために、刑罰の本質をめぐる議論が戦わされた。

❶応報刑論と目的刑論（一般予防、特別予防）

刑罰制度がなぜ設けられているか、その本質をめぐっては、二つの異なる考え方がある。一つは**応報刑論**、もう一つが**目的刑論**である。

応報刑論は、刑罰を犯罪に対する報い、反作用と解する。「犯罪には必ず報いがある」とする絶対的応報の考えによれば、犯した罪に見合った刑罰が科されるということ自体に意義があり、刑罰がどのように執行されるか、刑罰が受刑者をどう変えるかは重要でない。しかし、「刑罰は他の目的の達成のためである」とする目的刑論によれば、刑罰の執行方法にも合理性が求められる。

目的刑論の考え方によれば、目的を達成しない刑罰には意味がないことになる。たとえば、手段として刑罰を用いることができても、犯罪を防ぐこと（予防）、社会の治安を守ること（保安）、あるいは、犯罪をすでに犯した人を教化（改善・教育）すること等の効果が期待できなければ刑罰を科す意味がない。このように、刑罰の目的を何に求めるか、どのような機能を期待するか、考え方はさまざまである。

当初、ベッカリーア（Beccaria, C.）が唱えた刑罰論（前節参照）では、共同体の構成員の利益を守ることが目的とされ、その視点は構成員一般に向けられていた（**一般予防**）。ところが、人間諸科学の進化、発展により、刑罰が個人に及ぼす影響が解明されるようになると、個別の犯罪者の再犯予防（**特別予防**）も刑罰の目的に含まれるようになった。こうして、刑罰の本質とともに、その作用に注目する機能論が盛んに戦わされるようになった。

Active Learning

身体を切り刻んだりする残虐な方法で死刑を行うことは、人を犯罪から遠ざけるために有効か、考えてみましょう。

❷自由刑の執行における特別予防の意義

19 世紀末、刑罰に関する議論が激しく対立していた時代、刑法学者のリスト（v. Liszt, F.）は、「刑法における目的思想」という演説で、刑罰が「目的思想によって完全に制約されていること[1)]」が正義の理想と説いた。リストが唱えたのは、犯罪者の人格に見合った働きかけを行うことで、危険な性格を備えた犯罪者から社会を防衛しようとする、社会防衛目的の刑罰構想である。リストは、目的という観念を強調し、反社会的危険性の程度に応じて、出来心で偶然に犯罪を犯してしまった者と犯罪が習慣化した者を分け、さらに犯罪習慣のある者のうち、改善の可能な者とそうでない者とを区分し、それぞれに見合った改善・教育の機能を果たす刑罰を科すことが目的にかなっていると主張した。

個別的な事情に応じた、この特別予防の考え方は、刑罰をどのように科すか、特に執行の方法に目を向ける契機となった。刑罰の目的を改善・教育に見出す特別予防の理論は、特に、自由刑を執行する行刑の場面で重要な意義をもつ。自由刑を科す目的が、受刑者を単に閉じ込めるためではなく、再犯防止を意図した処遇（改善・教育）のためであるなら、刑罰の執行に意義があるからである。こうして、自由刑に主眼を置く行刑制度のもとでは、特別予防の考え方が広く受け入れられた。

❸相対的応報刑論

もっとも、刑罰の目的は、必ずしも特別予防に限らない。また、刑罰の目的と行刑[★]の目的とは別に考えられるものである。

★行刑
この文脈では、自由刑の執行。

リストは受刑者に働きかける特別予防を重視したが、同時に犯罪者からの社会防衛の目的を強調する刑罰論も唱えていた。社会防衛論によれば、害悪をもたらす危険性を根拠に刑罰の適用範囲を際限なく認めることになりかねない。それゆえ、この考え方はしだいに支持を失った。

現在は、応報刑論と目的刑論（一般予防、特別予防）は真っ向から対

図4–2　刑罰理論の発展

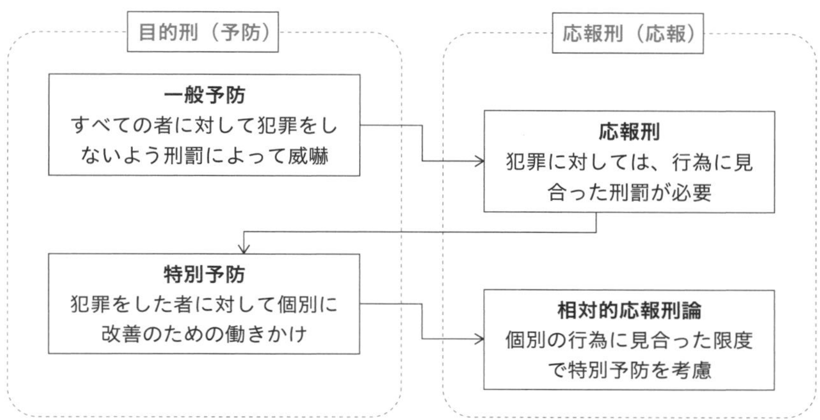

立するのではなく、それぞれ説得力をもつ場面があるとして、両者を総合する相対的な理解（**相対的応報刑論**）が支配的になっている。

応報刑の考え方を貫く刑罰の本質は、**罪刑均衡**★である。行為の悪さに応じて刑罰の重さが決められるのは応報刑の利点であるが、犯罪をした者の個別の事情が考慮されにくい面がある。応報と一般予防の考え方を組み合わせても同様である。また、応報刑は、刑を決める根拠を示せても、刑罰執行の場面で十分な根拠を提供できない。

★罪刑均衡
行為（犯罪）とそれに対する報い（刑罰）との間の釣り合い。

これに対して、特別予防の考え方は、個人の性質や環境に着目し、その改善・教育のための刑罰執行の場面でも、必要な処遇の基準を提示できるという利点がある。しかし他方で、犯した行為が軽くても、必要とあれば重い刑罰を科すことができてしまう点で問題がある。

相対的応報刑論は、前述したような各説の利点、難点を考慮し、犯罪とこれに科される刑罰の均衡を求めつつ、刑罰目的としての改善・教育の効果にも意義を認めようとする考え方である（**図4–2**）。

2　刑罰の特徴と機能

相対的応報刑論が支持されているのは、他の制度とは異なる刑罰の特徴を描写できる点が評価されているためと考えられる。相対的応報刑論は、刑罰と民事法上の賠償責任との違いはもちろん、行政法上の制裁との違い、さらには**保安処分**★との違いを明らかにすることができる。

★保安処分
犯した犯罪ではなく、将来の危険性を理由として科される処分。

1 刑罰と民事法上の賠償責任、行政法上の制裁との違い

たとえば、民事法上は、約束（当事者間のルール）を破って迷惑をかけると、これを償う責任が生じる。しかし、ただ単に借金を返さないというだけでは刑罰を加えられない。

これに対して、行政法上の制裁は、罰（過料★）を含む点で刑罰との相違が微妙である。伝統的な考え方によれば、共同生活に害を及ぼす犯罪に科される刑法上の刑罰とは異なり、行政法上の制裁は、行政運営の便宜や秩序維持の観点で、法規の有効性を保持するために用いられる。

★過料
金銭を支払わせる制裁の一種であるが、刑罰ではなく、罰金、科料とは区別される。

たとえば、自動車運転の際、携帯すべき運転免許証を忘れて運転しても、安全性が変わるわけではない。このような単純な行政法規の違反は、必ずしも悪質とは評価されないが、免許制度上の処分の対象となる。ルール違反という点で褒められたものではないかもしれないが、共同生活に支障をきたすような、重大な権利の侵害とはいえない。

借金を何度も踏み倒す人にはお金を貸してくれる相手が少なくなるし、違反行為を繰り返すことで免許は停止になるが、その行為者に直接罰を与える根拠にはならない。また、社会生活上の反則行為に反則金や資格停止・制限等の制裁、不利益が（場合によっては刑罰に加えて）科せられることがあるが、これらも刑罰ではない。

2 刑罰と保安処分との違い

刑罰と保安処分とは、上記の民事法上の賠償責任、行政法上の制裁とは異なる局面で区別される。

刑罰は、社会に害をなさないよう理性ある人の意思に働きかけ、実際に害があった場合に限って発動される。自分の行為の帰結を予測して自分の行動をコントロールすることができる理性や能力をもった人にしか向けられず、実際に犯罪という結果が生じて初めて科されるものである。

これに対して、保安処分は、社会に害をなす危険な行動をするおそれのある者、たとえば放置すると自分や他人を傷つけるおそれのある者への強制的な処分である。刑罰が自分の行動をコントロールすることができる人を対象とするのに対し、保安処分は、理性的に行動できる能力があるかどうかを問題とせず、実際の行為の悪さや程度に見合った処分が科されるとも限らない。

保安処分は、犯行がなくても、そのおそれがあれば処分の対象となり得る点で刑罰と大きく異なる。危険性が除去されない限り、身体拘束等の処分が続くこともあり得ることから、刑罰の本質をなす罪刑の均衡が

満たされない。日本では、保安処分と刑罰とを厳密に区別している。

3 刑罰が有する予防機能

共同生活を脅かす行動をしないよう、理性に基づいて行動をコントロールできる個人に働きかける刑罰の予防の機能を十分に果たすために、どのような行為に、どのような罰が科されるか、事前に明らかにしておく必要がある。また、自分たちの権利を守るために、さらに、相互に納得して罰を受け入れるために、国民の多数の賛成を得て成立した法律によって、処罰対象の行為と刑罰の内容を定めておかなければならない。このように、犯罪と刑罰とを事前に法律で定めることを**罪刑法定主義**という（第５章第３節参照）。国家が独占して国民に科す刑罰は、法律で定められている限りで正当なものとして受け入れられる。

こうして、18 世紀にベッカリーアが唱えた刑罰に関する理論は、現在の制度のなかに投影されているのである。

4 刑罰の正当化と限界

刑罰に関する理論の発展は、人権保障のために刑罰が科される範囲を限定するという点で重要な働きをした。

刑罰は、法律上の要件に当てはまる特定の行為に対し、できる限り公平な扱いをするために精緻化された反面、法理論の領域では、刑罰を科されるべき犯罪の特徴に焦点が合わせられ、行為者の個別的事情は、限られた場面でしか考慮されなくなった。

窃盗や傷害など、法律に定められた類型に当てはまる行為があれば、裁判の結果、所定の刑が一律に科される。他方、刑罰の執行の場面では、特別予防の思想の下、自由刑を科された者には、円満な社会復帰を目指して個別性を考慮した処遇が施される。

◇**引用文献**

1）西村克彦「フランツ・フォン・リスト『刑法における目的思想』（２）」『青山法学論集』第14巻第４号，p.89，1973.

◇**参考文献**

・v. Liszt, F., ‘Der Zweckgedanke im Strafrecht’, *ZStW* 3, p.1, 1883.
・Schmidt, E., *Einführung in die Geschichte der Deutschen Strafrechtspflege* 3. Aufl., Vandenhoeck & Ruprecht, 1995.
・横山実「自由刑執行の場所としての刑務所の展開」『犯罪社会学研究』第37号，p.59，2012.

● **おすすめ**

・高塩博『近世刑罰制度論考――社会復帰をめざす自由刑』成文堂，2013.
・高塩博編『刑罰をめぐる法文化』国際書院，2018.
・飯島暢『自由の普遍的保障と哲学的刑法理論』成文堂，2016.

第3節 刑罰の種類と適用の状況

学習のポイント

- 日本の現行の刑罰について把握する
- 刑の執行猶予制度について学ぶ
- 再犯防止推進法と刑罰制度との関係について理解する

1 刑罰の種類

1 刑罰の種類と概要

日本の現行の刑罰は、刑法に規定される死刑、懲役、禁錮、罰金、拘留、科料、没収の７種である。主刑は、最高刑の死刑から最も軽い科料まで、刑の重い順番に並べられている（**表 4-1**）。自由を奪う懲役・禁錮は、さらに無期と有期とに分かれる。なお、無期刑は、終身刑を意味するのではない。期間が定められておらず、10 年経過後には、仮釈放も可能とされている。

懲役・禁錮は、有期の場合いずれも１月以上 20 年以下と期間が定められている。１日以上 30 日未満の場合が拘留である。罰金は、１万円以上と定められている。1000 円以上１万円未満の財産刑が科料である。裁判の結果「有罪」が言い渡され、**表 4-1** の主刑が科される場合に限り、付加刑として没収が科されることがある。

表4-1　現行刑法上の刑罰

種類	主刑	条数（刑法）
生命刑	死刑	第11条
自由刑	懲役（定役：無期および１月以上20年以下の有期）	第12条
	禁錮（拘禁：無期および１月以上20年以下の有期）	第13条
財産刑	罰金（１万円以上）	第15条
自由刑	拘留（１日以上30日未満）	第16条
財産刑	科料（1,000円以上１万円未満）	第17条

2 懲役と禁錮の違い

懲役と**禁錮**とは、所定の作業が定められているか否かで区分される。かつては、破廉恥であると非難されるような行為を対象とするかどうかにより分けられ、政治犯等、特定の思想のもとで行った行為に関しては、禁錮が言い渡された。

近代以降、経済的観点から、受刑者の労働力が注目され、犯罪をした者を社会から抹殺、追放し、もしくは傷つけるよりも、労働させるほうが有用とされた。さらに、刑罰に改善・教育の目的を見出す特別予防の見解により、作業を通じ円満な社会復帰を遂げる矯正処遇が重要視されるようになった。作業には賃金はないが、作業報奨金が支払われる。

作業に就くのが義務である懲役に対して、禁錮は労働を強制されない。ただ拘禁され、自由を奪われることが刑の内容である。もっとも、実際には希望して作業に就き、作業報奨金を得る者が少なくない。

自由刑とは、本来、移動の自由のみが制限されることを意味するという**自由刑純化論**によれば、禁錮刑が本来的な自由刑となる。しかし、近年の立法提案では、むしろ作業に一定の効果があることを根拠に、禁錮を廃し、懲役に単一化する主張がなされている。

3 適用数の多い罰金刑

刑事政策上は、自由刑が刑罰の中心と位置づけられる。しかし、実際の適用数を見ると、圧倒的に財産刑である罰金（第15条）が多い。

自由刑の執行は、刑を受ける者への直接的働きかけが改善に結びつき、社会復帰を遂げて更生に至る重要な実践と考えられてきた。しかし、いかに優れた処遇であっても、ごく短期に、しかも今までの生活環境から切り離され拘禁生活を強いられる自由刑の執行は、得るものより失うものが大きいことが明らかである（**短期自由刑の弊害**★）。実際に刑を受けると、自由を失うのみならず、職や社会的評価等、多種多様な付随する不利益を負うこととなる。そうなると、社会復帰を目指すという点からみて、自由刑の執行は必ずしも最高の選択肢でない。

刑法上の犯罪に罰金が規定されていること、実際の運用において罰金が多く選択されていることには、この点で意味がある。

★短期自由刑の弊害
受刑者の改善を目指しても、効果が上がらず、むしろ社会復帰を困難にするなどとして、短期自由刑に向けられた批判。

2 刑の執行と執行猶予

1 刑の執行

刑の執行[i]は検察官の指揮によるが、実際の自由刑の執行にあたるのは、刑務官である。自由刑を科された受刑者への処遇を定めるのは、刑事収容施設法★である（第7章第1節参照）。

★刑事収容施設法
刑事収容施設及び被収容者等の処遇に関する法律。

2 刑の執行猶予

❶刑の執行猶予と刑罰の考え方

裁判で有罪が言い渡されても、刑罰の執行が猶予されることがある。日本には、刑の全部の執行を猶予する場合と一部の執行を猶予する場合の2種類がある。行為の責任に見合った刑罰を猶予することは、絶対的応報とは矛盾するが、それ以外の考え方とは整合的である。

たとえば、犯罪を行ったことがたしかであっても、刑の言渡し時点で刑罰を科す意味がもはやない場合、あるいはほかに改善・教育の選択肢がある場合、刑の執行を猶予することに意味がある。また、一般予防の考え方をとっても、行為に対して有罪の宣告がなされたことで一般予防の機能が十分果たされたと解するならば、刑を科す理由はなくなる。

Active Learning
どのような理由で刑の執行が猶予されるのか、考えてみましょう。

❷刑の執行猶予の内容

刑の**全部執行猶予**には、初度の場合（刑法第25条第1項）と再度の場合（第25条第2項）がある。

初度の場合、❶現在の裁判の判決言渡しより以前に禁錮以上の刑に処せられたことがない者か、❷以前に禁錮以上の刑に処せられたことがあっても、その執行を終わった日またはその執行の免除を得た日から5年以内に禁錮以上の刑に処せられたことがない者を対象に、対象者が3年以下の懲役もしくは禁錮または50万円以下の罰金の言渡しを受けたときに、情状により認められる。

これに対し、再度の場合には、以前に禁錮以上の刑に処せられたことがあっても、その刑の全部の執行を猶予された者を対象に、対象者が1年以下の懲役または禁錮の言渡しを受けた場合に限り、認められる。再度の場合には、情状が特に酌量すべきものであるということが必要で、要件が厳格になっている。全部執行猶予の場合には、裁判確定の日

i　運用状況は「検察統計」を参照されたい。また、刑事司法全体を俯瞰（ふかん）しながら、執行数を一目で把握するには、『犯罪白書』に掲載された図表等を参照されたい。

から１年以上５年以下の範囲内で具体的な猶予期間が定められ、言い渡される。言い渡される刑期よりも執行猶予期間が長い場合もあるが、執行猶予期間内に再度犯罪を犯さず、無事に期間を経過すれば、刑の言渡しが無効になる。

初度の場合は任意的に、再度の場合は必要的に保護観察（第９章・第10章参照）に付される（第25条の２第１項）。なお、初度の場合に保護観察を付してしまうと、再度の全部執行猶予が制度上不可能となるため（第25条第２項ただし書き）、初度の全部執行猶予判決に保護観察が付される比率は低い。

刑の全部執行猶予に対し、刑の**一部執行猶予**は、刑の終了前の一定期間の執行を猶予するにとどまるものである。刑の全部執行猶予が、個別の事情を考慮して、実際に刑に服する必要があるかどうかを判断することができる点、短期自由刑の弊害を避けられる点、また、無事に猶予期間を過ごせば無用なスティグマ★を避けられる点で優れているのに対し、刑の一部執行猶予は、その利点を欠く。

★スティグマ
ある属性をもつ者に対して多数者の属する集団によって押しつけられるネガティブな烙(らく)印(いん)、レッテル。

3 再犯防止推進施策の意義

1 刑罰とは異なる犯罪予防

近年、犯罪対策への取り組みとして**再犯防止**施策が進められている。2016（平成28）年、再犯防止推進法★が制定された。

★再犯防止推進法
再犯の防止等の推進に関する法律。

高齢または障害のある者等が再犯を繰り返したり、刑事施設への出入所を繰り返したりする状況を解決するために、国および地方公共団体が連携し、就労や住居の確保の支援、保健医療・福祉サービスの提供等を通じて、犯罪をした者等が社会で孤立することなく、切れ目なく必要な指導および支援を受けられることをねらいとする。

一人ひとりに寄り添って立ち直りを支援するという基本的認識は重要であり、「司法と福祉の連携」の動きが各地域、領域で進んでいる。

2 再犯防止推進法と刑罰の関係性

しかし、刑罰において個別の事情や背景が考慮されてきたわけではないことを考えると、再犯の防止を法の目的に掲げるだけでは、支援を要する者に十分なサービスを届けることができるか、検討の余地がある。

むしろ「再犯の防止」に重点を置き、社会防衛を過度に重視すると、一人ひとりのニーズを満たす支援が難しくなる局面も生じる。

社会全般の秩序や利益を維持するためにつくられ、犯罪をした人をできる限り公平に取り扱う刑罰制度と、個人の尊厳や自律性を尊ぶ福祉との間には、優先すべき事柄に相違が生じ得ることにも気づかなければならない。

◇**参考文献**

・法務省法務総合研究所編『令和元年版 犯罪白書』2019.
・川出敏裕「自由刑の単一化」『刑法雑誌』第57巻第３号，pp.441-451，2018.
・金澤真理「執行猶予」『法学教室』第454号，pp.115-120，2018.

● **おすすめ**

・佐伯仁志『制裁論』有斐閣，2009.
・本庄武・武内謙治編著『刑罰制度改革の前に考えておくべきこと』日本評論社，2017.

第5章

刑事司法

ドラマや映画で見る刑事手続には決まったシナリオと結末がある。しかし、実際の刑事事件では、「神の目」をもたない我々は、起こったことのすべてを正確に把握できるわけではない。だからこそ誤って罰することがないよう、刑事手続には多くの原則が設けられている。

しかし実際は、悲惨な事件を目の前に正義感にかられた社会は、「犯人」を明らかにすることや厳罰を科すことに意識を向け、結論ありきの捜査や裁判を求める。

本章では、刑事手続の概要と重要な原則、犯罪の成立要件などについて学ぶ。ソーシャルワーカーは、刑事手続の実態と、刑事手続におけるクライエントの扱われ方を知ったうえで、本人と向きあうことが求められる。

第1節 刑事手続の概要

学習のポイント

- 刑事手続について、一連の流れを学ぶ
- 刑事手続の内容を目的と結びつけて理解する

犯罪が起こったときに行われる、捜査から起訴、刑事裁判に至る一連の手続の進め方は、刑事訴訟法で定められている。テレビドラマ等を通じて描かれる捜査や刑事裁判は、実際の刑事手続から甚だしく乖離していることが多い。それゆえ、まずは、成人の刑事手続について、刑事訴訟法の条文に従った正確な知識を学ぶ必要がある。

本節では、成人の刑事手続の一連の流れ（**図 5–1**）について概観する。

1 捜査

1 捜査の目的

捜査とは、犯罪の嫌疑が認められる場合に、のちに行われるであろう刑事裁判の準備として、犯罪を行った疑いのある人の身体を確保し、証拠を収集・保全する目的で捜査機関が行う諸活動である。

犯罪を行った疑いがあるとして捜査の対象となっている人のことを**被疑者**という。被疑者は起訴されると**被告人**と呼ばれる。

2 捜査における基本原則

捜査の目的を達成するために、捜査機関には、さまざまな捜査権限が与えられているが、これらの捜査権限は、強制処分と任意処分とに分けられる。聞き込みなど、対象者の人権をそれほど強く制約することのない活動は、**任意処分**に分類される[i]。これに対して、逮捕など、対象者の基本的人権を強制的に制約する活動は**強制処分**に分類される。このうち、特に強制処分は、捜査機関が自由に行使できることにしてしまうと、恣意的な行使や権限濫用を招く危険がある。

i 任意処分は、重大な法益侵害までは至らないが、法益侵害は生じ得るので、無制約に許されるわけではない。

★捜査機関
犯罪捜査の権限が認められている国家機関（司法警察職員、検察官、検察事務官）。

★被疑者
捜査機関に嫌疑をかけられている（段階にとどまる）人という意味。マスメディアでは「容疑者」という呼称が使われているが法律用語ではない。

★被告人
検察官によって裁判所に告発されている（段階にとどまる）人という意味。マスメディアでは「被告」という呼称が使われているが、法律上は「被告人」が正しい。

★強制処分
重大な法益侵害があり、対象者の意思（黙示的意思を含む）に反する処分。有形力行使に限らない（例：通信傍受）が、逆に、有形力を行使しても軽度であれば、強制処分とはならない。

図5-1　刑事手続（成人）の流れ

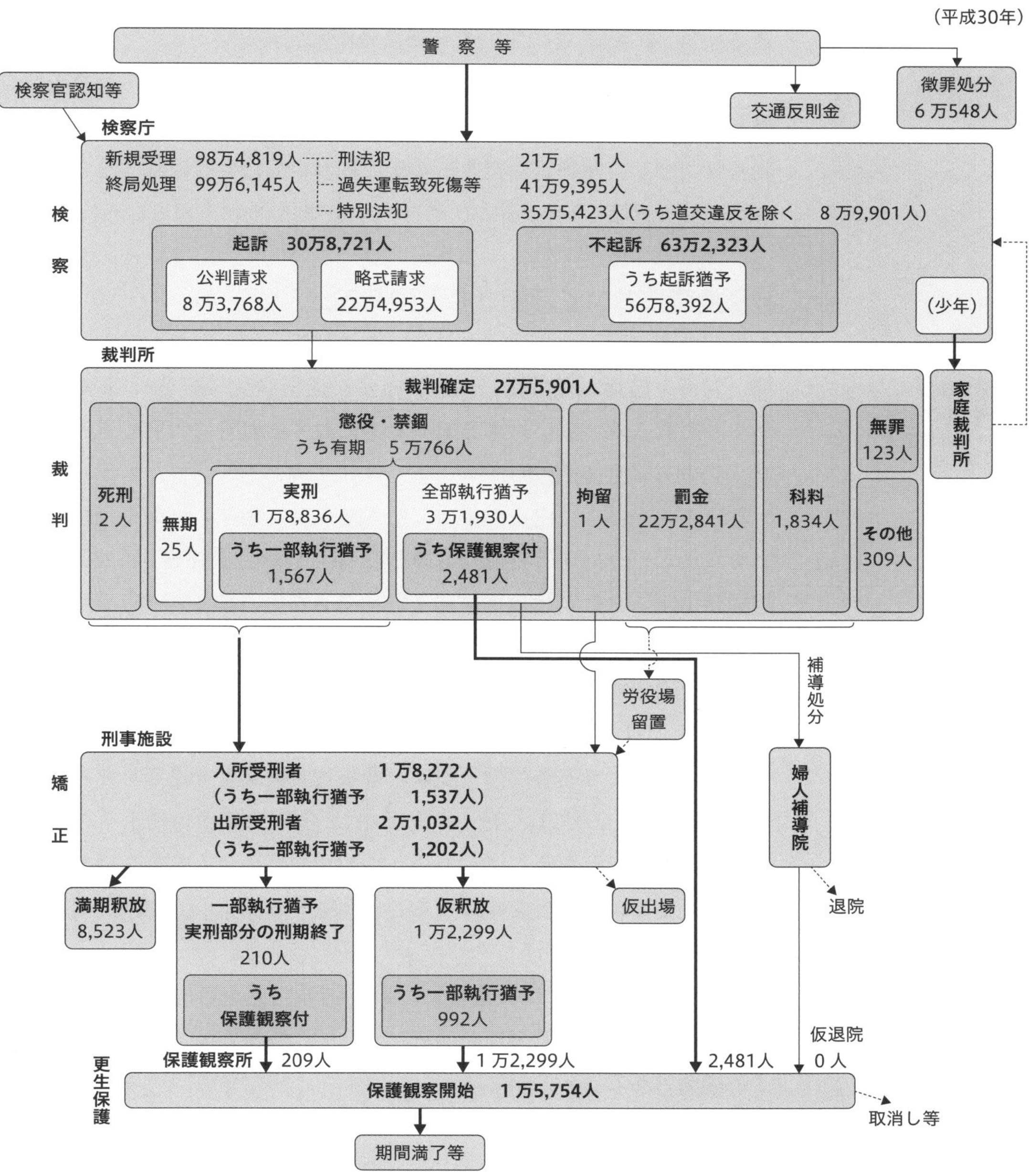

注　1　警察庁の統計、検察統計年報、矯正統計年報、保護統計年報及び法務省保護局の資料による。
2　各人員は平成30年の人員であり、少年を含む。
3　「微罪処分」とは、刑事訴訟法246条ただし書に基づき、検察官があらかじめ指定した犯情の特に軽微な窃盗、暴行、横領（遺失物等横領を含む。）等の成人による事件について、司法警察員が、検察官に送致しない手続を執ることをいう。
4　「検察庁」の人員は、事件単位の延べ人員である。例えば、1人が2回送致された場合には、2人として計上している。
5　「出所受刑者」の人員は、出所事由が仮釈放、一部執行猶予実刑部分の刑期終了又は満期釈放の者に限る。
6　「保護観察開始」の人員は、仮釈放者、保護観察付一部執行猶予者、保護観察付全部執行猶予者及び婦人補導院仮退院者に限り、事件単位の延べ人員である。そのため、各類型の合計人員とは必ずしも一致しない。
7　「裁判確定」の「その他」は、免訴、公訴棄却、管轄違い及び刑の免除である。

出典：法務省法務総合研究所編『令和元年版 犯罪白書』p.106，2019.

そこで、強制処分の行使については、日本国憲法で厳格なルールが定められている。第一に、国会が具体的要件を明示した法律を制定し、法律で定められた要件を満たしている場合に限って行使できることとしている（第31条）。この原則を**強制処分法定主義**という。

第二に、原則として、具体的な事件において法律で定められた要件を満たしているかの判断を現場の捜査官に委ねず、中立公正な立場から裁判官が判断し、裁判官が発する令状に基づいて行わなければならないとされている（第33条、第35条）。この原則を**令状主義**という。

3 捜査において行使される強制処分

現在の刑事訴訟法で規定されている強制処分は、主なものとして、逮捕、勾留、捜索、差押え、検証、鑑定、通信傍受★（第222条の2）がある。これらは、人に対する処分と物に対する処分に大別できる。

★通信傍受
私人間の電話、メールなどを秘かに傍受すること。プライバシーを非常に強度に侵害するため、犯罪捜査のための通信傍受に関する法律（通信傍受法）に基づいた特別の要件（補充性、傍受期間の限定、傍受記録を裁判所が保管など）が満たされた場合に限って、傍受令状に基づき許される。

❶人に対する強制処分

被疑者の身体の自由を拘束し、引き続き短時間その拘束を継続することを**逮捕**という。現行犯逮捕（第212条）の場合を除き、原則として、逮捕状によらなければ逮捕することはできない（第199条）。ただし、重大な犯罪について十分な嫌疑がある場合には、先に逮捕してあとから逮捕状を取得するという方法が認められている。この場合の逮捕を緊急逮捕（第210条）という[ii]。

逮捕を継続できる時間の上限は、警察官が被疑者を逮捕した場合には72時間である（第203条、第205条）。被疑者の身体拘束をさらに継続する必要がある場合には、あらためて裁判所による審査を経て勾留状の発付を受け、被疑者を**勾留**★することができる[iii]（第207条）。

★勾留
被疑者もしくは被告人を刑事施設や代用刑事施設で拘束すること。

❷物に対する強制処分

捜索（第218条）は、身体について物の発見を目的とする活動、あるいは物または住居その他の場所について、物または人の発見を目的とする活動である。

差押え（第218条）は、捜索等で発見した証拠物や没収すべき物について、捜査機関が強制的に占有を取得する処分をいい、日本国憲法第35条の押収は刑事訴訟法上の差押えを意味する。

---

ii　令状を取得できなかった場合には、被疑者を直ちに釈放しなければならない。

iii　被疑者を起訴する前の勾留期間は原則10日間と定められている。ただし、例外的に1回だけ10日を超えない範囲で延長することができる（刑事訴訟法第208条）。したがって、被疑者が起訴される前の身体拘束期間の上限は、逮捕3日間＋勾留10日間＋勾留延長10日間の合計23日間ということになる。

また、**検証**（第218条）とは、捜査官が、場所・物・人について、五感の作用によりその形状や性質等を認識する捜査活動である。たとえば、強盗に荒らされた部屋の様子（窓ガラスが割られた形状、金庫に開けられた穴の形状など）を認識する場合のように、住居内に立ち入って行われることが想定されるので、検証も強制処分に分類される[iv]。

鑑定（第223条）とは、特別の知識・経験によってのみ知り得る法則の報告またはその法則を具体的事案に適用して得た意見・判断の報告のことである。捜査機関は、捜査のため必要があるときは、専門家に鑑定を嘱託★することができる。また、被疑者の心神または身体に関する鑑定をする場合に必要があるときは、令状に基づき、被疑者を病院等に留置することもできる（鑑定留置）（第224条）。典型例として、精神鑑定を思い浮かべるとわかりやすいだろう。鑑定も、身体を検査し、死体を解剖し、墳墓を発掘し、または物を破壊するなどの行為を伴うことが予定されているので、強制処分に分類される。

★鑑定の嘱託
鑑定を実施するのは捜査機関ではなく、鑑定の嘱託を受けた専門家（鑑定受託者という）である。

4 逮捕・勾留と取調べ

❶逮捕・勾留の目的

社会一般では、逮捕・勾留された被疑者は**取調べ**を受けるのが当たり前と認識されているだろう。たしかに、被疑者から事件に関する事情を聴き、事件に関する供述を得ることは、証拠収集の重要な一手段として認められている（第198条）。しかし、逮捕・勾留された被疑者を取り調べるということと、被疑者を取り調べるために逮捕・勾留するということとは別問題である。

実は、刑事訴訟法に基づく逮捕・勾留は、被疑者を取り調べるために行う処分ではない。刑事訴訟法が定める逮捕・勾留の目的は、被疑者・被告人の逃亡を防止して、のちに行われる裁判への確実な出席を担保することと、被疑者・被告人による証拠の隠滅を防止することにある。つまり、被疑者の取調べを目的に逮捕・勾留することは許されないのである（第60条）。

取調べは、被疑者の身体を拘束しなければ実施できないものではなく、実際に、逮捕・勾留されていない被疑者に対する取調べも日常的に行われている。それゆえ、逮捕・勾留と取調べとを結びつけて考える必

---

iv　ただし、権利者の承諾を得て行う場合や、公道等の公の場所を対象に行う場合は、任意処分として、令状を取得せずに行うことができる。任意処分として検証的な行為を行う場合を実況見分という。

要はなく、むしろ両者を結びつけて理解することは逮捕・勾留の目的を誤って理解することになりかねないため、注意が必要である。

❷取調べの法的性質

取調べが任意処分か強制処分かという点についても、いささか複雑な関係を理解する必要がある。

まず、逮捕・勾留されている被疑者に取調べを受ける義務があるか否かについては、見解が対立しているが、実務上は、逮捕・勾留されている被疑者には取調べを受ける義務があるという立場で運用されている。ただしその場合も、取調べのなかで被疑者に供述を義務づけることが許されない点には異論がない。

その結果、現在の実務運用では、逮捕・勾留されている被疑者は、捜査官の尋問に応じて答える（供述する）義務はないが、取調べ室に滞留して、捜査官からの尋問を受け続ける義務はあるという、非常に微妙な立場に置かれている。そして、被疑者は、逮捕・勾留されている間、連日、時には1日8時間を超えるような長時間の取調べを受け続けなければならないという現実がある。このような状況は、はたして被疑者が自由に供述するかしないかを選択できる環境といえるだろうか。

Active Learning
被疑者の取調べで得られた供述が本当の意味で被疑者の自由な意思に基づいたものといえるか考えてみましょう。

一方、逮捕・勾留されていない被疑者に対する取調べは、完全な任意処分としてのみ許される（第198条）。したがって、逮捕・勾留されていない被疑者に取調べを受けるよう義務づけたり、強制したりすることはできない。しかし、実務運用上は、取調べ室から退出して帰宅等をしようとする被疑者に対して、取調べ官が取調べに応じるように説得することは許されると解されているため、取調べ室に滞留したまま、長時間にわたって供述するよう説得を受け続ける場合も少なくない。

5 被疑者・被告人の防御権

❶防御活動の意義

被疑者が、捜査機関によって、身体の自由を拘束されたり、所有物を差し押さえられたりした場合に、捜査機関の行った処分を取り消してほしいと主張したいときもある。また、後々行われる裁判では、被告人として、検察官の有罪立証に対抗する主張を行うために、被疑者も自己に有利な証拠や捜査機関が収集する証拠に反論するための証拠を収集し、裁判の準備を進めなければならない。

そのため、被疑者・被告人には、防御活動★を行う権利、すなわち**防御権**が保障されている。勾留中の被告人には保釈★も認められる。

★防御活動
被疑者・被告人が手続において当事者として、捜査機関・検察官に対抗して行う活動。

★保釈
保釈保証金を納付させ、不出頭の場合にはその金銭を没収するという条件で威嚇しつつ、被告人の身体を釈放する制度。現在の制度では、起訴後の被告人に限り認められる。

❷弁護人の援助を受ける権利

日本国憲法第34条、第37条は、被疑者・被告人が実効的な防御活動ができるよう保障するために、被疑者・被告人に**弁護人**★を依頼する権利（**弁護人依頼権**）を付与している。捜査のプロでも、法律の専門家でもない被疑者・被告人が、単独で有効な防御活動を行うことなど到底不可能だからである。

さらに、国選弁護制度★が設けられており、すべての被告人および勾留されている被疑者は、一定の経済的要件を満たせば国選弁護人を請求する権利が保障されている（刑事訴訟法第36条、第37条の2）。

また、逮捕・勾留されている被疑者・被告人は、原則として、弁護人と自由に面会し、事件や手続について相談する権利が保障されている（第39条）。この権利を**接見交通権**という。

自由な接見交通権が認められなければ、いくら弁護人を依頼しても、実効的な裁判の準備や防御活動をすることはできないため、接見交通権は、判例においても、日本国憲法第34条が保障する弁護人依頼権に由来する重要な権利と位置づけられている。

★弁護人
日本国憲法第37条第3項が「資格を有する弁護人」依頼権を保障しており、原則として、弁護士のなかから選任しなければならない。

★国選弁護制度
自費で弁護人を雇うことができない被疑者・被告人にも弁護人依頼権を保障する制度。国が弁護人を選任し、その費用も負担する。

2 公訴

1 起訴／不起訴の判断

捜査において証拠を収集し、被疑者を起訴できるだけの嫌疑が固まったら、原則として、検察官が被疑者を裁判所に起訴する。しかし、検察官は、起訴すれば有罪を立証でき、刑罰を科すことができると見込まれる被疑者であっても、「犯人の性格、年齢及び境遇、犯罪の軽重及び情状並びに犯罪後の情況により訴追を必要としないときは、公訴を提起しないことができる」（刑事訴訟法第248条）。

このように、被疑者に十分な嫌疑があっても、起訴して裁判にかけ、刑罰を科すよりも、早期に刑事手続から解放して、社会に復帰させるほうが、本人の更生に資すると考えられ、被害者を含む社会からの納得も得られる場合に、不起訴にすることを許す考え方を**起訴便宜主義**といい、その場合の不起訴処分のことを**起訴猶予処分**という。

2 検察官の訴追裁量の問題点

刑事訴訟法上は、被疑者が否認・黙秘している場合にも起訴猶予処分にすることは禁止されていないが、情状面が重視されるため、実際に起訴猶予処分にするのは、被疑者が自白している場合がほとんどである。

罪を認めた被疑者が起訴猶予処分の対象となること自体は何ら問題ではない。しかし、検察官が権限の行使の仕方を一歩誤ると、被疑者を不起訴という利益で誘導し、犯罪をしていない人から虚偽の自白を引き出したり、被疑者に自白を強要したりすることになりかねない。

現在、各地の検察庁が積極的に推進している**入口支援**と呼ばれる仕組みにおいても、同様の問題が生じ得る。典型的な入口支援では、検察官は、起訴するか起訴猶予処分にするかの判断をいったん留保して、被疑者に対して一定の処遇プログラムを受講させ、その成否も考慮して、起訴するか、起訴猶予処分にするかを決めている[v]。

プログラムを問題なくこなせば不起訴になり、プログラムで検察官が望む成果を上げられなければ起訴されるという状況の下で行われる被疑者へのプログラム提供が、はたして処遇の強制にならないのかという点は、特に慎重に判断する必要があろう。

3 公判手続

1 冒頭手続

裁判所の法廷において、裁判官・裁判員、検察官、被告人および弁護人が一堂に会し、傍聴する一般市民に公開しながら進める裁判手続のことを**公判**という。

公判手続は、第1回公判期日の最初に、裁判長が、被告人が人違いでないことを確認する人定質問をするところから始まる。次に、検察官が起訴状を朗読する。起訴状には、公訴事実[★]が記載されており、検察官が起訴状を朗読することによって、その裁判において審理すべき事実の範囲、すなわち審判対象が明らかにされるのである。

★公訴事実
検察官が裁判において立証を試みようとする事実。

その後、裁判長が被告人に、被告人の権利を告知する。具体的には、被告人は終始沈黙し、または個々の質問に対して陳述を拒むことができること（黙秘権）、逆に、陳述することもできること、陳述した場合に、

v　プログラムは、被疑者から同意を得たうえで行うとされており、福祉的な観点からみると、被疑者に援助を提供し、更生を手助けする効果的で有意義な取り組みと評価されるかもしれない。しかし、被疑者は「プログラム受講に同意すれば、不起訴になる可能性が高くなる」という理由で、不起訴という利益に誘導されて、本当は受講したくないプログラムを受講することに同意しているかもしれない。

その陳述は自己に利益な証拠にも不利益な証拠にもなり得ることが説明される。次いで、裁判長は、被告人および弁護人に、事件について陳述する機会を与える。

ここまでの手続を**冒頭手続**という（刑事訴訟法第 291 条）。

2 証拠調べ手続

冒頭手続が終了すると、証拠調べ手続に進む[vi]。

証拠調べでは、初めに、検察官が**冒頭陳述**★を行う（第 296 条）。検察官に続いて被告人側も冒頭陳述を行うことができる。そのうえで、両当事者が請求し、裁判所が調べることを決定した証拠の取調べを行う。

★**冒頭陳述**
検察官が証明すべき事実を明らかにする手続。起訴状の朗読によって、すでに検察官の主張の骨格は述べられているが、冒頭陳述では、証拠調べによって証明しようとする事実を、いっそう具体的かつ詳細に明らかにする。検察官には冒頭陳述が義務づけられている。裁判員裁判では被告人側にも義務づけられている。

●証人尋問における反対尋問の意義と重要性

証拠調べの方法は、証拠の種類によって異なる。

証人に対しては、尋問（具体的には、**交互尋問**★）という方法で証拠調べが行われる。証人尋問を交互尋問で行うことには、非常に重要な意味がある。なぜ反対尋問が必要なのか、ということを考えると、その重要性を理解することができる。

★**交互尋問**
まず証人を請求した側の当事者が主尋問を行い、次に、反対当事者が反対尋問を行い、最後に裁判所が補充尋問を行うというやり方。

反対尋問は、法廷ドラマで盛り上がる場面を演出するために行うのではない。供述というのは、見間違い、記憶違い、言い間違い、嘘などさまざまな誤りを含んでいる。そこで、反対尋問によって、主尋問で表れた供述のあやふやな点や不正確な点を徹底的に明らかにして取り除き、事実を正しく認定できるようにしているのである。つまり、反対尋問の目的の一つは、事実認定の正確性を保証し、誤判を防止するところにある。

反対尋問には、さらに、被告人に対して日本国憲法で定められた**証人審問権**★を保障するという重要な目的もある（第 37 条第 2 項）。もしあなたが「悪い奴」と一方的に言い立てられ、間違いを指摘することも許されず、反論する機会も与えられずに、言い立てられた内容を前提に断罪されたとしたら、納得できるだろうか。反対に、一方的な証言に対して、十分に反論する機会を与えられたならば、仮に反論に失敗して、当初の証言どおりの事実が認定されたとしても、やるだけのことはやったと納得することもできるのではないだろうか。

★**証人審問権**
被告人が、自己に不利な証言をする証人に対して被告人に対面して証言することを求め、その証言に対して反対尋問を行う権利。

一方的な断罪は、被告人を人として尊重していないということである。したがって、正確な事実認定に役立つかどうかにかかわらず、被告

vi　証拠調べは、公判におけるメインイベントである。なぜなら、事実は証拠によってしか証明できないからである。

人には、基本的人権として反対尋問の機会が保障されなければならない。証人審問権は憲法上の権利として保障されているのである。

3 被害者等心情意見陳述の意義と問題点

証拠調べが終わると、犯罪被害者や遺族からの申出に基づいて**被害者等心情意見陳述**★が行われることがある（刑事訴訟法第292条の2）。

★被害者等心情意見陳述
被害者や遺族が、被害に遭った事件の刑事手続の結果に多大な関心を有していることから、被害者・遺族の立場に配慮して、犯罪で被ったさまざまな苦痛や苦境、現在の心情などを公判手続の場で主体的に訴訟関係者に訴えかける機会を設けたもの。裁判所は、陳述内容が適切でない場合には、意見陳述をさせないこともできる。

本制度は、犯罪被害者保護施策の一環を成すもので、被害者保護という観点からは重要な意義を有する（第14章第1節参照）が、被告人の証人審問権保障との間では、緊張・対立関係に立つ側面がある。

なぜなら、第一に、被害者等心情意見陳述に対して、被告人は反対尋問を行うことを許されていないにもかかわらず、陳述内容を量刑の資料とすることが許されているからである。第二に、陳述内容を犯罪事実の認定に用いることは規定上は禁止されているが、陳述を聞いた裁判員や裁判官が犯罪事実の認定の部分に限って、陳述内容を排除することが人間の心理として現実に可能なのか、疑問が残るからである。

4 結審と判決

証拠調べおよび被害者等心情意見陳述が終わると、検察官が論告★を行う（第293条）。検察官は、論告に際して求刑も行うのが実務上の通例であるが、求刑は、刑事訴訟法上の義務ではない。

★論告
検察官が、それまでに行われた証拠調べの結果を踏まえて、事実および法律の適用について意見を陳述する手続。

検察官の論告求刑ののち、弁護人および被告人も意見を陳述することができる。この被告人側の最後の意見陳述のことを最終弁論または最終陳述という。

最終陳述が終わると、審理が終結し、判決が下される。

◇**参考文献**
・白取祐司『刑事訴訟法 第9版』日本評論社，2017.
・宇藤崇・松田岳士・堀江慎司『刑事訴訟法 第2版』有斐閣，2018.

● **おすすめ**
・木谷明『刑事裁判のいのち』法律文化社，2013.
・伊東裕司『裁判員の判断の心理――心理学実験から迫る』慶應義塾大学三田哲学会，2019.
・周防正行監督「それでもボクはやってない」(映画)，2007.

第2節　刑事手続と重要な原則

学習のポイント

- 刑事手続上の基本権と基本原則の内容について学ぶ
- 刑事手続上の基本原則が守ろうとしている価値について理解する

刑事手続を進めるうえで、いくつかの重要な原則がある。本節では、各原則が守られなければならない理由とともに、その内容を概観する。

1 無罪推定法理と「疑わしきは被告人の利益に」原則

1 無罪推定法理

刑事手続を支える鉄則といってもよい最も重要なルールが、被疑者・被告人は有罪判決が確定するまで無罪であるものとして扱われなければならないという原則、つまり**無罪推定法理**である。

無罪推定法理から導かれる原則として、異論なく認められているのが、「疑わしきは被告人の利益に」原則である。なお、無罪推定法理から導かれる原則をこの範囲に限定する考え方もある一方で、無罪推定法理の射程をさらに広げて捉える考え方もある[i]。

2 「疑わしきは被告人の利益に」の意味

刑事裁判は、**「疑わしきは被告人の利益に」原則**に従って判断されなければならない。

この原則は、刑事裁判では検察官が、被告人の有罪を全面的に立証しなければならないということ（検察官の挙証責任）を意味する。逆にいえば、被告人側は、自らの無罪を立証する責任はなく、検察官が有罪を立証しない限り、処罰されることはない。つまり、検察官が立証を尽くしたにもかかわらず、被告人が犯罪を行ったかどうかが最後まで不明の

---

i　たとえば、被疑者・被告人に処遇プログラムを課し、プログラムの達成を条件に起訴猶予処分にしたり、執行猶予を付けたりすることも、事実上、有罪判決確定前に不利益な処分を課すことになっているから、無罪推定法理に反すると解される。また、刑事手続進行中、被疑者・被告人の身体を拘束しないことを原則とし（身体不拘束原則）、やむを得ず逮捕・勾留する場合も、原則として保釈が認められなければならないという帰結が導かれるとする意見もある。

ままに終わったときには、被告人に利益な判断をしなければならないのである。

「疑わしきは被告人の利益に」原則は、一般社会では必ずしも正確に理解されていない。刑事裁判において疑われているのは、検察官の主張である。検察官こそが、自らの主張に投げかけられている疑いを証拠によって完全に払拭することが求められているのであり、「検察官の主張・立証に疑いが残る場合には被告人を処罰してはならない」というのがこの原則の正しい理解である。「被告人が疑わしいだけでは罰しない」という意味ではない。

3 合理的な疑いを超える証明

検察官に求められる立証の程度は非常に高く、合理的な疑いを超える証明★をしなければならない。

★合理的な疑いを超える証明
俗な言い方をすれば、被告人が有罪であることに1点の疑問も残らない、100％に限りなく近い証明を意味する。

判例では、「被告人が犯人でないとしたならば合理的に説明することができない（あるいは、少なくとも説明がきわめて困難である）事実関係が含まれていること[1)]」が必要であるとされている。つまり、「犯人は被告人でしかあり得ない」というレベルの立証が求められており、「被告人が犯人であるとすれば矛盾なく説明できる」というレベルの立証では足りないということである。なぜなら、被告人が犯人であるとすれば矛盾なく説明できるとしても、別の第三者が犯人であるとしても同様に矛盾なく説明できるならば、被告人が犯人であることを疑う余地なく証明できたことにはならないからである。

刑事手続において、以上のような厳しい立証が検察官に求められている理由は、えん罪★が、万が一にも生じないようにするためである。

★えん罪
無実の者を間違って処罰すること。

2 黙秘権

1 黙秘権の保障

被疑者・被告人には、憲法上、**黙秘権**が保障されている（日本国憲法第38条第1項）。したがって、被疑者・被告人は、捜査官による取調べにおいても、法廷においても、黙秘権を行使して一切の供述を拒むことができる。また、ある質問には答える、別の質問には答えないという形で黙秘権を行使することもできる。黙秘権は、被疑者・被告人が刑事手続において自らを防御するための、最も有効で重要な権利である。

ところが黙秘権は、憲法上認められた基本的人権でありながら、社会的には容易に受け入れられない。黙秘権を攻撃する人は、「犯人ならば潔く告白すべきだ。犯人でないなら、堂々と否認すればよい。黙っているのは一番卑怯（ひきょう）だ」と、黙秘する被疑者・被告人を非難する。

しかし、果たして黙秘権は本当に忌むべき権利なのだろうか。

Active Learning

刑事手続において、黙秘権が保障される理由を説明してみましょう。

2 黙秘権が保障されるべき理由

❶人間の尊厳

黙秘権が基本的人権として保障されなければならない理由は、第一に、黙秘が、自己防衛本能ともいうべき、人間の、というより生物の本質に根ざしたものだということにある。

刑事手続において自分の犯罪を語るという行為は、自らの死や拘禁という自己の重大な不利益に直結する行為である。自分の自由や身体、生命に重大な不利益が及ぶような行為を生物が本質的に回避するのは、自然の摂理である。「自ら進んで死ね」あるいは「自ら進んで自分の自由を束縛しろ」と迫ること、つまり自己を破壊するような行動を強要することは、人間の尊厳を踏みにじる行為である。

だからこそ、供述の提供を拒否できる権利を保障する必要がある。

❷無罪推定法理からの帰結

第二に、被疑者・被告人には無罪推定が働く。つまり、挙証責任は全面的に検察官が負っている。

だとすれば、被疑者・被告人側には、訴追★側の立証に協力したり、あるいは積極的に反論したり、無罪を立証したりする義務はないはずである。そのため、被疑者・被告人が犯人である場合に捜査側に協力する必要がないように、犯人でない場合にも自分から積極的に疑いを晴らす必要はないのである。

★**訴追**
検察官が、刑事事件について公訴を提起し、それを遂行すること。

実際、否認であろうと捜査官や検察官の発問に答えることは、捜査官・検察官に攻撃の糸口を与えることになりかねない。人は、過去のすべてを正確に記憶しているわけではないから、個々の質問に答えるうちに、記憶のあやふやな部分が出てきたり、矛盾した答えになってしまったりすることはよくある。そうすると、そのあいまいさや矛盾を突かれ、さらに追及的に尋問され、結局、虚偽自白や自分の意図しなかった供述をとられてしまうという結果を招きかねない。無実の場合でも、積極的に供述をすることにはリスクがあることを否定できないのである。

3 当事者主義

現行の刑事訴訟法は、**当事者主義**を採用しているといわれる。そして、一般に、当事者主義には、当事者追行主義と当事者対等主義の二つの意味が含まれていると解されている。

1 当事者追行主義

当事者追行主義とは、訴訟手続において、検察官および被告人側（以下、当事者）が主導権をもって手続を進めていくという原理である。

❶戦前の職権主義

★職権主義
当事者追行主義に対して、裁判所が主導権をもって手続を進める原理のこと。

戦前の刑事裁判は、基本的に**職権主義**★に基づいて手続が進められていた。職権主義のもとでは、裁判所が裁判を主導するため、起訴と同時に捜査記録はすべて裁判所に引き継がれ、裁判官は捜査記録を読み込んだうえで裁判を行っていた。その結果、裁判官はあらかじめ一応の有罪心証をもったうえで裁判を始めることになり、刑事裁判は、裁判官があらかじめ抱いた有罪の心証を確かめる場になってしまっていた。

❷当事者追行主義の採用

そこで、現行の刑事訴訟法は、当事者追行主義を採用した。当事者追行主義のもとでは、起訴と同時に捜査記録が裁判所に引き継がれるようなことはなく、裁判所は、原則として、当事者から請求された証拠のみを取り調べることとなる。また、捜査と公判は手続的に分離され、捜査段階で作成された調書を裁判で証拠として用いることは例外的にのみ許される。

このように、当事者追行主義のもとでは、裁判所は、当事者が取調べを請求した証拠に基づき、両者の攻撃・防御活動を踏まえて、検察官の主張が合理的疑いを超えて証明されたかを中立的に判断するという役割に徹することができる。つまり、当事者追行主義の意義は、裁判所を公平中立な判断者に純化するところにある。

2 当事者対等主義

当事者対等主義とは、当事者が訴訟上の武器を対等に与えられて、対等な立場で攻撃・防御しあうようにさせるべきであり、その結果、検察官の主張・立証とそれに対する被告人側の有効な反論とが積み重ねられることが、結局、事案の真相解明にも役立つとする考え方である。

裁判という場で、当事者が対等に主張しあうのは、一見すると当然のことのようだが、刑事訴訟では当然のことではない。

なぜなら、一方の当事者である検察官は、強大な捜査権限と組織力を背景に、豊富な証拠、資料を集めることができ、準備万端の状態で訴訟に臨むことができるのに対して、被告人側は、弁護人がついていたとしても、権限、組織力とも検察の証拠収集能力にははるかに及ばないからである。そして、この格差は、弁護人や被告人の努力で挽回(ばんかい)できるものではなく、刑事手続のシステム上、必然的に生じてしまう構造的な問題である。

したがって、そのような前提のもとで当事者の対等を図るというのは、黙秘権を保障することにより、被疑者・被告人が捜査機関から供述という証拠を一方的に収集されることを防いで、被疑者・被告人を供述の証拠化について主体的にコントロールできる地位に置くこと、弁護人依頼権を中核として、被告人側の防御権を実質的に保障すること、また捜査機関の捜査権限を抑制することなどによって、検察官と被告人側が実質的に対等になるようにすることを意味する。

現在、裁判員裁判★対象事件など一部の事件について、**取調べの可視化★**が導入されたが、果たしてこれで被疑者に黙秘権や防御権を十分に保障した取調べになっているのか、いっそうの検討が必要となろう。また、当事者の対等化のためにとりわけ重要なのが、証拠格差の是正である。

そこで、刑事手続においては、当事者の証拠格差を是正するために、**証拠開示★**という仕組みを設けている。

ただし、現在の刑事裁判実務は、調書を証拠として採用する例外が幅広く認められる一方、被疑者が捜査機関と対等な立場に立って、供述するかしないかを主体的に決めることができるような取調べ環境は実現していなかったり、証拠開示の範囲が限定的であるなど、当事者対等主義が徹底されていない部分を残している。

★裁判員裁判
裁判員裁判では、原則として、一般市民から無作為に選ばれた裁判員6人と職業裁判官3人とで合議体をつくり、被告人が有罪か無罪かという点および、有罪である場合の量刑について決定する。

★取調べの可視化
逮捕・勾留中の被疑者取調べの全過程を録音・録画する制度。取調べの可視化を全事件に拡大すべきではないか、取調べへの弁護人の立会いを認める必要があるのではないか、そもそも逮捕・勾留されている被疑者に取調べを受ける義務を負わせること自体が許されるのか、といった課題が挙げられている。

★証拠開示
捜査機関が収集し検察官のもとに集められた証拠を被告人側に開示して、被告人側も検察官手持ち証拠を利用できるようにする仕組み。検察官手持ち証拠のうちどの範囲までを被告人側に開示するべきかという点については見解の対立がある。検察官手持ち証拠の全面一括開示を求める考え方もあるが、現在の制度では、一定の要件を満たした範囲の証拠が個別に開示される方式となっている。

◇引用文献

1）最判平成22年4月27日刑集第64巻第3号 p.233（最高裁判所ホームページ）

◇参考文献

・白取祐司『刑事訴訟法 第9版』日本評論社，2017.
・宇藤崇・松田岳士・堀江慎司『刑事訴訟法 第2版』有斐閣，2018.
・川崎英明・白取祐司編著『刑事訴訟法理論の探究』日本評論社，2015.

● おすすめ

・浅見理都『イチケイのカラス』＜モーニングコミックス＞講談社.

第3節 犯罪の成立要件と責任能力判断

学習のポイント

- 刑法上の基本原則について理解する
- 犯罪が成立する要件について学ぶ

人の行った行為が犯罪として成立し、処罰に至るには、いくつか満たすべき条件がある。この条件を定めているのが、刑罰法規であり、特に、基本となる条件は**刑法**で定められている。本節では、刑法の基本原則および刑法で定められている犯罪の成立要件について概観する。

1 罪刑法定主義

1 罪と刑の明確化の必要

まず、どのような行為が犯罪となり、その犯罪に対してどのような刑罰が科されるのかは、あらかじめ法律で規定されていなければならない、という基本原則がある。この基本原則を**罪刑法定主義**という。

ただし、法律で定めてさえいればよいわけではない。「悪いことをした者は刑罰に処す」と規定してよいかといえば、そうではない。なぜなら、処罰されるほど「悪い」行為か否かの判断は人によって異なるし、そもそも「悪い行為」に当たるか否かの判断さえ、人によって異なるからである。

たとえば、電車での飲酒を「悪い行為」と捉える人もいるだろうし、別段問題ないと考える人もいるだろう。また、通勤電車での飲酒は「悪い行為」だが、新幹線や行楽列車での飲酒は問題ないと考える人もいるだろう。さらに、「悪い行為」だが処罰するほどではないと考えるか、厳重に処罰すべきと考えるかも意見が分かれ得る。

処罰の対象を「悪いこと」と定めるだけでは、どこまで自由に行動してよいのか、どこからが禁止される行為なのかの境界が全然わからない。このような規定はルールとして欠陥であるし、境界がわからないということは、どんな行為も犯罪にされてしまうかもしれないということであるから、私たちはどんどん萎縮して自由に行動できなくなる。つまり、罪刑法定主義のもとでは、私たちがある行為をしてもよいのか、いけないのかを混乱せずに見分けられる程度まで犯罪行為を具体的に条文に書き込まなければならないのである。

また、「他人の財物を窃取した者は処罰する」というように、犯罪だけを具体的に規定することも許されない。なぜなら、このような規定では、10円のガムを万引きした者を死刑にするといった恣意的な処罰を防げないからである。

さらに、犯罪行為を具体的に定めるとしても、警察官や行政官庁や内閣が気まぐれに決めてよいことにはならない。それを許すと、時の政権や権力機関に都合の悪い行為を恣意的に処罰することを認めることになる。したがって、罪刑は、国民の代表からなる議会の審議に基づき、法律で定めなければならないのである。

2 遡及処罰の禁止

犯罪と刑罰は「あらかじめ」規定されていなければならない。社会的に許しがたいと思われるような事件が発生したからといって、処罰したいがために、行為の時点で犯罪と定めていなかった行為を事後的に犯罪として規定して処罰することを許してしまうと、「気にいらないから罰する」という恣意的な処罰を認めてしまうことになる。しかも多くの場合、権力者が気にいらないときに、気にいらない人を処罰するという使われ方をしてしまう。

そのため、日本国憲法第39条で「何人も、実行の時に適法であった行為（中略）については、刑事上の責任を問はれない」と憲法上の人権として遡及処罰を禁止することが定められている。この基本原則を**遡及処罰の禁止**という。

2 犯罪の成立要件

1 構成要件

犯罪として成立するためには、まず、被告人の行った行為が**構成要件**★に該当しなければならない。たとえば、他人の答案を盗み見るカンニングという行為は、他人の「物」を盗んだ行為ではないから、窃盗罪の構成要件を充足しない。

★構成要件
刑罰法規において犯罪と定められた行為のこと。たとえば、「人を殺した者」（刑法第199条）、「他人の財物を窃取した者」（第235条）が構成要件に当たる部分である。

2 違法性

構成要件に該当する行為であっても、違法な行為でなければ犯罪にはならない。違法な行為とは、法が保護しようと考えている利益（これを**法益**という）を侵害し、あるいは、法益侵害の危険をもたらすがゆえに、なすべきではなかったと評価される行為である。

違法でなくなる理由のことを**違法阻却事由**という。違法が阻却される主なものとして、法令行為★または正当業務行為★、被害者の同意★、正当防衛★、緊急避難★がある。

★法令行為
捜査機関が刑事訴訟法に基づいて行う逮捕、捜索、差押えなど。

★正当業務行為
弁護士、医師などの証言拒絶など。

★被害者の同意
ボクシング等の危険なスポーツにおける危険の引受けの場合も、被害者の同意があるものとして違法性が阻却される。他方で、人の死や重大な身体傷害を生じさせる行為は、たとえ被害者の真摯な同意があったとしても、違法性を阻却しない。

★正当防衛
急迫不正の侵害に対して、自己または他人の権利を防衛するために、やむを得ずにした行為。

★緊急避難
自己または他人の生命、身体、自由または財産に対する現在の危難を避けるため、やむを得ずにした行為。ただし、やむを得ずにした行為によって生じた害が避けようとした害の程度を超えなかった場合に限る。

3 責任

❶責任の意義

ある人の行為が犯罪として成立するための第三の要件が、責任である。つまり、構成要件に該当する違法な行為であっても、責任がなければ処罰されない。責任とは、行為のもたらす結果と行為の違法性を認識し、法の期待に従ってその行為を「やめようと思えばやめることができた」という心理状態のことをいう。

❷責任能力

「やめようと思えばやめることができた」という心理状態に達することができる能力のことを**責任能力**という。したがって、責任無能力である者の行為は処罰されない。

①　刑事未成年

刑法は、心神喪失者および14歳に満たない者を責任無能力と定めている（第39条、第41条）。このうち14歳に満たない者のことを刑事未成年という。

刑事未成年のなかには、個別にみれば、責任能力をもつ者もいるだろうが、どこかで線を引かざるを得ないし、併せて、年少者に対して刑罰を科すことの効果や弊害といった刑事政策的な点など、さまざまな点を考慮して刑事未成年を14歳未満と刑法で定めている。このような定め方は決して不合理ではない。

また、14歳未満で刑罰法令に触れる行為をした者には、少年法上の保護処分を課し得るため、何も改善更生の働きかけが行われないわけではない。

②　心神喪失が責任無能力である理由

心神喪失とは、精神の障害により、事物の是非善悪を弁識する能力（**弁識能力**）がないか、あるいは事物の是非善悪に対する弁識に従って行動する能力（**制御能力**）がない状態をいう。また、心神耗弱とは、精神の障害により、弁識能力または制御能力が著しく減退した状態をいう。心神喪失者の行為は処罰されない。また、心神耗弱者の行為は、刑が減軽される。

弁識能力がないとは、自分の行っている行為が、悪いこと、やってはいけないことだとわからないということを意味する。制御能力がないとは、自分の行っている行為が悪いこと、やってはいけないことだとはわかっているにもかかわらず、たとえば妄想などに支配されて、自らの意思では止めることができないということを意味する。

悪いことだと認識することができていない状態で行ったこと、自らの意思では止めることができない状態で行ったことに対して、「なんでそんなことやったんだ」と責めても、本人にもどうしようもない。行為者を非難するのは、不可能を強いるものであって、不合理である。それゆえ、心神喪失者の行為は、責任無能力として、犯罪の成立要件を満たさないのである。

世間では、「人を殺しておきながら、心神喪失を理由に罪を逃れるのは許せない」などと被告人を非難したり、刑法の責任能力規定を批判したりする意見が時折みられるが、それは、刑法上の責任能力という考え方に基づけば、暗黙のうちに「行為者は行為の瞬間に殺さないという選択肢を選び取ることができた」という誤った前提に立ってしまっていることになるのである。

なお、心神喪失者および心神耗弱者が重大な他害行為を行った場合には、医療観察法★に従った審判に基づき、入院等の決定を経て、医療および処遇が行われるため、何も措置がとられないわけではない（第11章第1節参照）。

③ 心神喪失の判断基準および判断方法

責任能力には、精神の障害という生物学的要素と弁識・制御能力という心理学的要素とが混合している。

精神の障害の有無および程度ならびに精神の障害が弁識・制御能力にどのように影響を与えているか、という機序については、医学的な知識を持ち合わせない裁判官・裁判員では判断できないため、責任能力の判定には精神科医による**精神鑑定**が欠かせない。

しかし、被告人の精神状態が心神喪失または心神耗弱に該当するか否かは、鑑定結果を踏まえた法的評価の問題なので、最終的な判断は裁判官・裁判員に委ねられる。ただ、判例上、「鑑定人の公正さや能力に疑

Active Learning
責任能力が無いと判断される例を挙げてみましょう。

★医療観察法
心神喪失等の状態で重大な他害行為を行った者の医療及び観察等に関する法律。

いが生じたり、鑑定の前提条件に問題があったりするなど、これを採用し得ない合理的な事情が認められるのでない限り、その意見を十分に尊重して認定すべき[1]」とされている。

したがって、鑑定結果を採用し得ない合理的な事情が具体的に示されない限り、**完全責任能力**★と判断した鑑定が一つも存在しないのに裁判官・裁判員が完全責任能力を認めることは許されないと考えるべきであろう。

★完全責任能力
「心神喪失」「心神耗弱」のいずれでもない場合のこと。つまり、弁識能力や制御能力が著しく減退していない状態をいう。

Active Learning
複数の被害者が殺された事件で、被告人の心神喪失を認める鑑定が出され、その鑑定が不合理とはいえないとき、生じた被害の重大性を考慮して、被告人を処罰してもよいか考えてみましょう。

❸故意・過失

①　故意または過失の必要性

責任能力のある者の行為に責任が認められ、最終的に犯罪として成立するためには、行為者に故意または過失がなければならない。

②　故意

故意は、「殺そうと思って被害者の胸をナイフで刺した」といった確定的な故意だけでない。構成要件に該当する結果が生じるかもしれないと認識し、かつ、その結果の発生を避けたいとは思いつつも、仮に結果が生ずるのであればそれでもかまわないと思いながら行為を行った場合にも故意が認められる。その場合の故意を未必の故意という。

③　過失

過失とは、社会生活上必要な注意を払えば、構成要件に該当する結果が発生することを予見でき、その予見に基づいて結果が生じないように回避する行為をとることができたにもかかわらず、そうしなかったことによって結果が発生した場合をいう。

行為者に不注意があって初めて、行為者を非難することができる。反対に、行為者が相当の注意を払っていても、結果の発生を阻止できなかった場合には、行為者を非難することは行為者に不可能を強いることになるので許されない。

◇引用文献

1）最判平成20年４月25日刑集第62巻第５号 p.1559（最高裁判所ホームページ）

◇参考文献

・松宮孝明『刑法総論講義 第５版補訂版』成文堂，2018.

・浅田和茂『刑法総論 第２版』成文堂，2019.

第6章

少年司法

社会的に耳目を集める少年事件が起こるたび「少年法はいらない」「少年に甘い」といった世論が巻き起こる。大人と区別して少年を処分する少年司法制度は、その意義を社会に認められにくいといえよう。しかし、我々は「少年を健やかに育てることが、我々自身にとって重要である」ということを、歴史のなかで徐々に学んできた。

本章では、少年法の目的や機能を確認し、成人の刑事手続とは異なる少年保護手続の流れを概観したうえで、少年司法制度上の処分とその適用状況を学ぶ。

ソーシャルワーカーは、少年による非行・犯罪がさまざまな社会課題や少年自身のニーズと切り離せないものであることを知ったうえで、少年に向きあうことが求められる。

第1節 少年法は何のためにあるのか

学習のポイント

- 少年という存在を社会がどのように扱おうとしているのかを理解する
- 少年司法の機能について把握する
- 犯罪学理論を通じて、少年の犯罪・非行の原因を社会はどのように考え、どう対応してきたのかを理解する

1 社会における「少年」という存在

1 子どもと大人の区別

我々が暮らす現代社会では、さまざまな制度で子どもが大人と区別して扱われている。たとえば、民法は、満20歳以上の者を「成年」、それ未満の者を「未成年」としている[i]。児童福祉法は満18歳未満の者を、母子及び父子並びに寡婦福祉法は20歳未満の者を「児童」としている。さらに、未成年者飲酒禁止法や未成年者喫煙禁止法は、満20歳に満たざる者の飲酒や喫煙を禁止している[ii]。公職選挙法は、選挙権年齢を満18歳以上としている。

国際的には、児童の権利に関する条約が、18歳未満を児童と定義し、「児童」がもつ権利やそれに見合ったふさわしい扱いを定めている。

犯罪や刑罰に関する事柄も、その例外ではない。少年法は、満20歳以上の者を「成人」、それ未満の者を「少年」として、非行に及んだ少年について特別な手続や処分のあり方を規定している。

2 子どもと大人の区別の必要性

もっとも、アリエス（Ariès, P.）が『〈子供〉の誕生』で描いたように、子どもと大人との区別は歴史を通して自明のことであったわけではない。近代的な学校教育制度が現れたのが17世紀に入ってからであった

i　2022（令和４）年４月１日からは、民法は、満18歳以上の者を「成年」、それ未満の者を「未成年」とすることとなっている。
ii　2022（令和４）年４月１日からは、「未成年者飲酒禁止法」は「二十歳未満ノ者ノ飲酒ノ禁止ニ関スル法律」と、「未成年者喫煙禁止法」は「二十歳未満ノ者ノ喫煙ノ禁止ニ関スル法律」と件名が変わることとなっている。

ように、その区別が明確化されてきたのは比較的最近である。

多くの社会制度において子どもが大人と異なる存在として扱われるようになったのは、❶子どもは大人ほど社会経験をもっておらず、成熟もしていないために、物事を的確に判断したりその判断に従って行動したりする能力が十分でないこと、そして、❷子どもが身体的、精神的にみて成長発達の途上にあることから、各種の刺激や働きかけに対して敏感に反応しやすく、変わりやすい存在でもあることが、歴史のなかで「発見」されてきたからである。

犯罪や非行の現象に引きつけていえば、子どもは刑罰を科す前提になる**責任能力**★が十分に備わっていない。また、子どもは害を与えることを内容としている刑罰の影響を受けやすく、その副作用として立ち直りが大人以上に難しくなることも考えられる。周囲の環境の影響を受けやすく成長発達の途上にあることから、**可塑性**★も高く、そもそも刑罰を科す必要がなかったり、あえて刑罰を科さないほうがよかったりする場合も多い。こうしたことから、大人に対する刑事司法とは別に、子どもに対する少年司法が制度化されている。

★責任能力
物事が正しいかどうかを判断する能力（弁識能力）と、その判断に従って自分をコントロールして行動する能力（制御能力）。

★可塑性
柔軟に変化しやすいこと。

3 少年司法制度の成立

少年事件を扱う**少年司法制度**は、19世紀の終わりから、司法と福祉が重なりあい、特別な審判機関や刑罰ではない処分を新たにつくる形で整備が進み、今日に至っている。

Active Learning
少年司法がなぜ大人を扱う刑事司法と区別されているのか、理由を整理してみましょう。

社会の近代化や急激な工業化、都市化を背景に、犯罪や非行が爆発的に増加したために、社会防衛や社会秩序の維持を効果的に行うための新たな方策が求められるようになった一方で、不平等の拡大などの近代化に伴う社会矛盾を国家の手によって是正することが求められるようになった（社会国家思想の興隆）。ちょうど、人道主義的な社会改革や児童救済運動などの社会運動が盛り上がりをみせた時代でもあった。

少年法が憲法上の社会権規定の登場と同時期に、そして多くの国において児童福祉法とほぼ同時に成立したことは、それを反映している。

日本でも、世界の動きに歩調を合わせ、第一次世界大戦後の1922（大正11）年に初めて旧・少年法が制定された[iii]。

iii　現行の少年法は、第二次世界大戦後の1948（昭和23）年に制定されている。

2 少年司法の機能

歴史にも示されているように、**少年**による非行や犯罪への対応には、困難に直面した人を支援するという福祉的な関心だけでなく、刑事政策的な関心、特に犯罪予防や社会防衛という関心が向けられる。

法に触れる行為の背後にある困難や生きづらさへの着眼から福祉的対応の必要性が生じる。法に触れる行為やその危険性への着目から刑事的対応の必要性が出てくる。しかし、個人の支援を軸に据える福祉的関心と、社会の利益を考える刑事政策的関心とは、時として矛盾する。とりわけ大きな問題になるのは、福祉と社会防衛との関係である。

司法的機能と福祉的機能

少年司法は、**司法的機能**と**福祉的機能**という二つの機能をもつ。少年の事件が司法機関により扱われることから司法的機能が生じる。司法機関は公正さを旨とするから、**適正手続保障**★が司法的機能に含まれることに争いはない。しかし、社会防衛をもこの機能の中身に加えるのかどうかには争いがある。

★適正手続保障
法に従い適正な手続を踏んだ裁判を行うこと。デュー・プロセス保障ともいう。

福祉的機能は、教育機能、（ソーシャル）ケースワーク機能とも言い換えられる。少年司法におけるケースワークとは、社会病理問題に直面して苦悩する人を対象として専門家が科学的技術と方法をもって問題解決を支援する個別的処遇の過程のことをいう。非行の原因となる生きづらさを個別的に取り除くことで非行から離れることを支援するのが、その中身である。

少年司法の機能と社会防衛との関係については、公正な手続を踏みつつ（司法的機能）、非行からの立ち直りを個別に支援し（福祉的機能）、本人が立ち直り、犯罪に及ばない生活を送ることができるようになった結果として、**社会防衛**が達成されると考えるべきであろう。社会福祉士や精神保健福祉士が少年司法に関与する意義も、ここにある。

3 少年による非行・犯罪の原因

1 犯罪の原因に関する多様な考え方

非行や犯罪の原因については、多様な見解がある（第３章第１節参照）。

大まかにみるだけでも、❶個人の人格的特性や資質（たとえば、染色体や性ホルモン、神経生理（脳波の異常・脳障害））に着目する見解、❷環境的特性が個人に影響を与え、犯罪は学習される（「朱に交われば赤くなる」）という見解、❸社会的な絆（きずな）（心理的情緒的愛着、合理的な損得感情、打込み、信念）が非行を防ぐよう作用していると考える見解、❹均等に開放された目標とその合法的な達成機会の不均衡な分布に目を向け、合法的な機会に恵まれない層に無規範状態（アノミー）がもたらされると考える見解、❺下流階級の少年非行は、「経済的成功」といった目標ではなく、伝統的な文化への敵対感情から生じる非行サブカルチャーのなかで非行集団内での地位を向上させることが目標として設定されると考える見解、❻レッテル貼りが犯罪や非行に陥りやすい環境に追い込むことになると考える見解、❼人間は合理的で自由な意思に基づいて犯罪を選択しており、ふさわしいターゲット、動機づけられた違反者、有能な監視者の不在が犯罪の要素であると考える見解などがある。

しかし、必ず犯罪を引き起こすような単一の原因があるのか、疑問が呈されるようになってきた。

2 発達犯罪学、ライフコース論

近時は、従前の犯罪原因に関する議論を踏まえながら、人生のなかで犯罪や非行の現象を捉え、犯罪経歴の継続と離脱の要因を見出すアプローチ（縦断的分析）をとる考え方も示されている。**発達犯罪学**、ライフコース論と呼ばれる考え方である。発達犯罪学は、反社会的行動は児童期から成人後まで継続することが多いことを示す一方で、過去の犯罪経歴にかかわらず、職業への愛着や結婚など、成人期における重要なできごとやそれに伴う**社会的絆**が形成されれば、成人後でも犯罪経歴からの離脱が促進されることを実証的に示している。

◇参考文献
・A. M. プラット，藤本哲也・河合清子訳『児童救済運動――少年裁判所の起源』中央大学出版部，1989.

● おすすめ
・竹原幸太『失敗してもいいんだよ――子ども文化と少年司法』本の泉社，2017.

第2節 少年保護手続の流れ

学習のポイント

- 少年保護手続が、成人の刑事手続とどのように異なるのかを理解する
- 少年保護手続にかかわる専門職等の役割とその意義を理解する

1 少年司法制度の目的

少年司法の目的は、「**少年の健全な育成**を期し、非行のある少年に対して性格の矯正及び環境の調整に関する保護処分を行うとともに、少年の刑事事件について特別の措置を講ずること」にある（少年法第1条）。刑事訴訟法が事案の真相解明と適正な刑罰の実現を目的としていることとは大きく違っている。

2 少年保護手続の対象

少年法で「少年」とされるのは、20歳未満の者である。満20歳以上の者は「成人」とされ、刑事司法制度の対象になる[i]。実務運用では、少年事件として家庭裁判所に事件が係属★したのちに20歳に達した場合、成人になったことを理由として刑事手続で事件を処理するために、家庭裁判所は検察官に事件を送致する。

★事件の係属
裁判所が訴訟法に従って当該事件を審理する権限を有し、かつその義務を負う状態になること。

★少年保護手続
成人の刑事司法手続との対比で、少年の事件に関する手続を指す。狭義では、事件が家庭裁判所に係属したあとの手続を意味する。

少年保護手続★の対象になるのは、**❶犯罪少年**、**❷触法少年**、**❸ぐ犯少年**の事件である。刑法は、14歳未満の者の行為は罰しないと規定している（第41条）。そのため、14歳が刑事責任を負うべき年齢（**刑事責任年齢**）ということになる。❶犯罪少年と❷触法少年の区別は、刑事責任年齢である14歳に達しているか否かという形式的な事柄でなされる。❶犯罪少年および❷触法少年と❸ぐ犯少年との区別は、過去に犯罪や刑罰法令に触れる行為に及んでいるのか、将来その危険性があるのかという違いである。❶犯罪少年および❷触法少年が過去に行われた行為に着

i　なお、少年と成人を線引きする年齢を20歳から18歳に引き下げるべきか、2020（令和2）年現在議論が行われている。

図6-1　非行少年

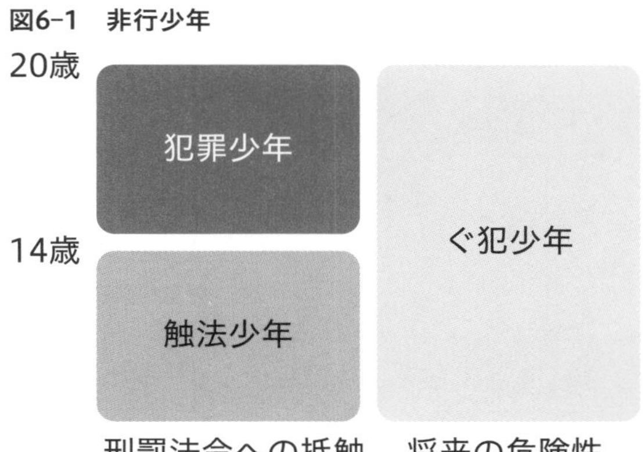

目しているのに対し、❸ぐ犯少年は将来の危険性があるという行状や状態に着目している（図6-1）。

少年事件では、**非行事実**★と**要保護性**★が審判の対象になる。要保護性は、少年がどのような困難や問題を背負っているのか、それが非行とどのように結びついているのか、少年司法制度はそれにどう対応できるのかということが問題となる。

> **★非行事実**
> 非行に及んだことを裏づける事実のこと。
>
> **★要保護性**
> 要保護性の中心的な要素は、❶将来非行を繰り返す危険性（犯罪危険性）、❷少年司法上の措置で矯正できること（矯正可能性）である。これに、❸少年司法上その措置で対応するのがふさわしいかどうか（保護相当性）を加える考えもあるが、見解は対立している。

3　少年保護手続の流れと原則

1　14歳以上の少年の場合

少年の年齢が14歳以上である場合を念頭に置き、少年事件がどのように扱われるか、手続と原則を、大まかにみておこう（図6-2）。

❶捜査と全件送致主義

少年事件の捜査でも、14歳以上の犯罪少年については、身体を拘束する逮捕や勾留が行われることがある[ii]。ただし、少年法により、勾留は「やむを得ない」場合に限るものとされている（第43条第3項、第48条第1項）。

成人の事件を扱う刑事手続では、通常、警察による捜査が終了したのち、事件は検察官に送致される。検察官はすべての事件を刑事裁判所に起訴しなければならないわけではなく、**起訴便宜主義**（起訴裁量主義）により、半数以上の事件が起訴されていない（第5章第1節参照）。

---

ii　ぐ犯少年は犯罪行為に及んでいるわけではないので14歳以上であっても逮捕や勾留はされない。

図6-2　少年保護手続の流れ

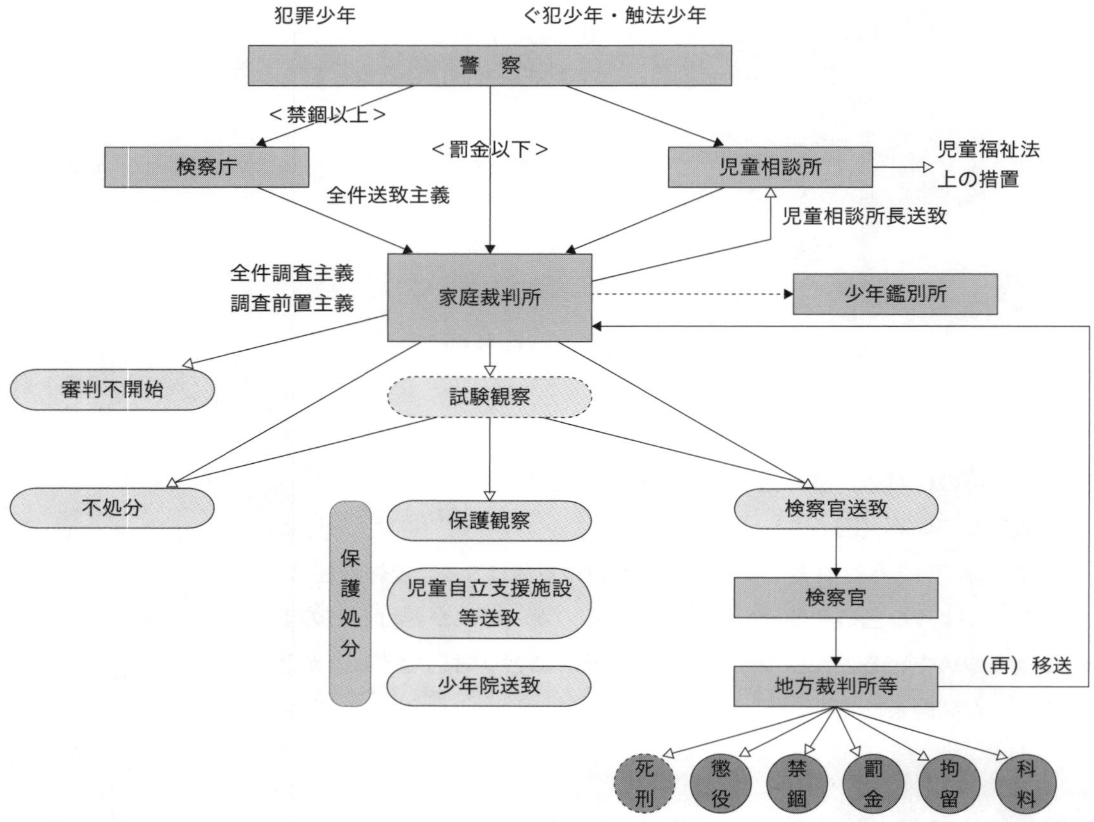

少年事件では、警察や検察は、犯罪の嫌疑があるかまたはぐ犯として審判に付すべき事情がある限り、事件を家庭裁判所に送致しなければならず（第41条、第42条）、成人の刑事事件のように裁判所の判断を経ることなしに事件を処理することができない。司法機関である家庭裁判所にすべての事件を送致しなければならないこの原則のことを、**全件送致主義**という。この原則があるのは、刑事司法制度のように犯罪の重さを重視した画一的な対応をするのではなく、対象となる少年が抱える個別的な事情を考慮し、それを解決するにふさわしい対応をとる必要があるためである（**個別処遇の原則**）。

❷調査・審判と非公開原則

家庭裁判所では、調査と審判が行われる。家庭裁判所が事件を受理すると、要保護性を調べるために、少年鑑別所による鑑別や、家庭裁判所調査官により、人間行動科学の専門的な観点から社会調査が行われる。審判では、非行事実とともに、鑑別や社会調査の結果を踏まえて要保護性が認定され、処分が選択される。

要保護性に関する調査やその認定では、少年の生まれや育ち、人間関係などプライバシーにかかわる情報が扱われることになる。また、少年と家族との人間関係の調整なども同時に必要になる。さらに、少年自身が他人の目を気にすることなく萎縮せずに調査や審判に参加する必要もある。こうしたことから、調査や審判は非公開で行われる（**非公開原則**）。

❸処分と家庭裁判所先議主義・保護処分優先主義

家庭裁判所が処分を選択する際、要保護性は、非行事実と同様あるいはそれ以上に重要な役割を果たしている。要保護性を重視しているからこそ、少年法は、人間行動科学の専門家を手続に関与させ、その専門家を擁する家庭裁判所へすべての事件を送致しなければならないという全件送致主義をとっている。

家庭裁判所が刑罰を科すことはない。少年に刑罰を科す場合、家庭裁判所が検察官送致の決定（第20条）を行い、それを受けて検察官が事件を起訴し、刑事事件を扱う裁判所（以下、刑事裁判所）が刑罰を科すことを相当であると判断しなければならない。このように、少年にふさわしい処分の判断は、検察官ではなく、まずは家庭裁判所で行われる（**家庭裁判所先議主義**）。

刑事裁判所は、審理の結果、保護処分が相当と考える場合には、再び事件を家庭裁判所に戻すことができる（家庭裁判所移送★（第55条））。

そうすると、少年に対して刑事処分が科されるのは、刑事処分が相当であるということが家庭裁判所と刑事裁判所により二重に肯定された場合に限られることになる[iii]。刑罰よりも保護処分を優先するこの仕組みは、**保護処分優先主義**と呼ばれている。

Active Learning

少年保護手続にはどのような原則があるか確認し、その原則がどのような考えに基づいているか調べてみましょう。

★家庭裁判所移送
再移送、55条移送ともいわれる。

2 14歳未満の少年の場合

特に少年が14歳未満である場合、児童福祉法との関係が問題になる。児童福祉法でいう「児童」とは、満18歳に満たない者である。児童福祉法は、そのうち「保護者のない児童又は保護者に監護させることが不適当であると認められる児童」（第6条の3第8項）を**要保護児童**とし、福祉的対応をとることを規定している。

そのため、18歳未満の非行がある子どもが、少年法からみれば審判に付すべき少年であり、児童福祉法からみれば要保護児童であるという

iii なお、ぐ犯少年は、犯罪に及んでいるわけではないため、刑罰の対象にはならない。また、触法少年も、刑事責任年齢に達していない14歳未満の者であるため、刑罰の対象とはならない。

ことが起こり得る。

●児童福祉法における措置と児童福祉機関先議主義

現在の制度は、14歳以上の者については少年法による対応を、14歳未満の者に関しては児童福祉法の対応（措置）を優先させている（少年法第3条第2項）。14歳を区切りとしているのは、この年齢が刑法で定められる刑事責任年齢であり、この年齢に達していない子どもには児童福祉法上の対応をまず考えるのがふさわしいとされているからである。

そこで、14歳未満の少年の事件については、**児童福祉機関先議主義**★がとられている。児童福祉機関（児童相談所）は、家庭裁判所の審判に付すことが適当であると認める場合には、家庭裁判所に事件を送致することもできる。しかし、必ず送致しなければならないのではなく、児童相談所の裁量に基づいている。また、家庭裁判所への送致は、あくまで児童福祉法上に規定されている多様な措置★のうちの一つである。

もっとも、2007（平成19）年の少年法改正により、結果が重大な一定の事件については、児童相談所は原則的に事件を家庭裁判所に送致しなければならない制度がつくられた（第6条の7）。

★児童福祉機関先議主義
家庭裁判所よりも先に児童福祉機関（児童相談所）が判断を行う仕組み。児童福祉機関先議主義は、刑事責任年齢に達していない14歳未満の者には相応の配慮が必要であり、児童の扱いに専門性をもつ児童福祉機関による措置を優先させるべきという考えに基づく。

★児童福祉法上の措置
❶訓戒、誓約書の提出、❷児童福祉司等による指導、委託指導、❸小規模住居型児童養育事業を行う者または里親への委託、乳児院、児童養護施設、児童自立支援施設等への入所、❹家庭裁判所への送致（児童福祉法第27条第1項第1号～第4号）。

4 少年事件処理の段階

以上にみた事柄を、少年事件処理の段階に分けて、やや細かくみてみよう。

1 家庭裁判所による事件の受理

家庭裁判所が事件を受理する方法には、❶警察からの送致（少年法第41条）、❷検察官からの送致（第42条）、❸児童相談所からの送致（第6条の7、児童福祉法第27条第1項第4号）のほか、❹家庭裁判所調査官の報告（少年法第7条第1項）、❺一般人からの通告（第6条第1項）がある。

14歳以上の少年の事件に関する全件送致主義は❶❷に、14歳未満の少年による事件に関する児童福祉機関先議主義は❸にかかわる。

2 観護措置

少年保護手続でも、勾留★と似た**観護措置**の制度がある。観護措置には、❶家庭裁判所調査官の観護に付する措置（少年法第17条第1項第1号）と、❷**少年鑑別所送致**★の措置（第17条第1項第2号）があるが、❶は

★勾留
刑事司法手続において、起訴された者の逃亡や罪証の隠滅を防ぎ裁判を円滑に進めることを目的として身体を拘束する制度。

★少年鑑別所送致
観護措置としての少年鑑別所送致は、調査や審判を円滑に進めるために、逃亡や罪証の隠滅を防止するという勾留に似た目的だけでなく、心身の状況を人間行動科学の知見を用いて詳しく調べる（鑑別を行う）という目的ももっている。

実際にはほとんど使われておらず、「観護措置」という場合、❷を指すのが一般的である。

心理学等の専門的知見を有する鑑別技官による少年鑑別所での鑑別等の結果は、鑑別結果通知書としてまとめられ、家庭裁判所に提出される。

少年鑑別所への収容期間は、原則2週間であるが、特に継続の必要がある場合に1回更新できる（第17条第3項）。実際には更新されることが普通になっている。ただし、観護措置の期間は、通じて4週間を超えることができない[iv]。

3 調査

家庭裁判所が事件を受理すると、審判の前に調査が行われる（**調査前置主義**）（第8条第1項）。審判では、非行事実だけでなく要保護性を踏まえて処分が決定されるため、そこでの判断材料を整えることが、審判より前の段階で調査として必要になるのである。

調査には、捜査機関から送付されてきた書類などを裁判官が検討する法的調査と、要保護性を**家庭裁判所調査官**★が調査する社会調査（第8条第2項、第9条）がある。

社会調査★は、少年や保護者等との面接、学校等への照会、家庭・学校等への訪問のほか、心理的・医学的な検査等を用いて行われる。その調査自体が教育的な作用をもっており、その過程で要保護性が解消されることも少なくない。

社会調査の結果は、鑑別結果通知書等とともに**少年調査記録**（社会記録）に綴（つづ）られ、家庭裁判所の処分決定の判断資料となる。また、保護処分の決定がなされた場合、保護処分の執行機関にも送付され、処遇の参考とされる。

4 審判

調査で非行事実があると判断され、要保護性もある場合に、審判が開かれる。審判は、事実を認定し、法令を適用し、処分を決定するという点で司法的な過程であると同時に、教育的な過程でもある。そのため、審判は「懇切を旨として、和やかに行うとともに、非行のある少年に対

★家庭裁判所調査官
家庭裁判所に所属する公務員であり、人間行動科学の専門性をもっている。

★社会調査
社会調査は、少年、保護者または関係人の行状、経歴、素質、環境等について、医学、心理学、教育学、社会学その他の専門的智識、特に少年鑑別所の鑑別の結果を活用して行うように努めなければならないものとされている（科学主義）（少年法第9条）。

iv 非行事実を正確に認定するために証人尋問、鑑定もしくは検証を行う必要がある場合、審判の期間が長くなることがある。この場合のために、さらに2回（合計3回）までの更新を認める制度が2000（平成12）年の法改正で導入されている（少年法第17条第4項）。この場合の期間の上限は、通じて8週間である（第17条第9項）。

し自己の非行について内省を促すものとしなければならない」とされている（第22条第1項）。審判は、非公開で行われる（第22条第2項）。

審判は、教育的な要素を重視するために、1人の裁判官で行うことを基本としている（**単独制**）。しかし、否認事件など判断が難しい事件では、裁判所の裁量により3人の裁判官が審判を行うことがある（**裁定合議制**）。少年司法制度では、刑事裁判のような法定合議制★はとられていない。

★法定合議制
一定の事件では必ず3人の裁判官で裁判を行わなければならない制度。

審判には、裁判官、家庭裁判所調査官、裁判所書記官のほか、保護者が関与する。また、学校の教師や雇い主などが審判に出席することがある。その意見等は、要保護性にかかわる事情として処遇を決定する際に考慮される。少年を支援する**付添人**（第10条）も審判に関与する。

弁護士は、刑事手続のように弁護人としてではなく、付添人として関与する[v]。現在は、一定範囲の事件について国費で弁護士である付添人を選任する国選付添人制度もある（第22条の3）。

検察官は、死刑または無期もしくは長期3年を超える懲役もしくは禁錮に当たる罪を犯した少年の事件については、非行事実を正確に認定するために、家庭裁判所の決定に基づき、家庭裁判所の協力者として審判に関与する（第22条の2）。

なお、被害者等は、一定の重大な事件において、家庭裁判所の判断に基づき、審判を傍聴することができる（第22条の4）。

◇参考文献

・澤登俊雄『少年法入門 第6版』有斐閣，2015.
・武内謙治『少年法講義』日本評論社，2015.

● おすすめ

・清永聡『家庭裁判所物語』日本評論社，2018.

---

v　事件が家庭裁判所に係属する前の段階は、少年によるものであっても形式的には刑事事件であるので、弁護士は弁護人として活動を行う。

第3節 少年司法制度上の処分

学習のポイント

- 少年に対する処分の種類と概要を理解する
- 少年に対する処分の適用状況について把握する

1 少年司法における処分

少年司法における終局的な処分は、まず、❶家庭裁判所が最終的な処分を判断するものと、❷最終的な判断を他の機関に委ね、家庭裁判所は他機関に事件を送致するにすぎないものとに分けることができる（**表 6–1**）。

❶家庭裁判所が最終的な処分を判断するものは、さらに、①決まった形での処分を行わないもの（審判不開始と不処分）と、②決まった形での処分を行うもの（保護処分）とに区別できる。

❷家庭裁判所が他の機関に事件を送致するものは、検察官に送致するものと、都道府県知事または児童相談所長に送致するものがある。

1 審判不開始

調査の結果、非行を裏づける事実がないことがわかった場合や、非行を裏づける事実があったとしても調査の過程で家庭裁判所調査官等から

表6–1　少年に対する処分の種類

処分の種類				少年法
❶家庭裁判所が最終的な処分を判断するもの	①決まった形での処分を行わないもの	審判不開始		第19条第１項
		不処分		第23条第２項
	②決まった形での処分を行うもの	保護処分	保護観察	第24条第１項第１号
			児童自立支援施設または児童養護施設送致	第24条第１項第２号
			少年院送致	第24条第１項第３号
❷家庭裁判所が他の機関に事件を送致するもの（最終的な判断は他機関が行う）		検察官送致 （→検察官が刑事裁判所に事件を起訴、刑事裁判所が刑事処分）		第19条 第２項、第20条、第23条
		都道府県知事、児童相談所長送致 （→児童福祉法上の措置）		第18条第１項

少年自身や環境に教育的な働きかけが行われた結果、少年の要保護性が解消し、それ以上の処分を課する必要がない場合がある。

このように、審判を開くことができなかったり、審判を開くことが相当でなかったりする場合に、**審判不開始**★の決定が行われる。審判不開始となる事件では、事実上の教育的な働きかけが行われていることが大半で、これは**教育的措置（保護的措置）**と呼ばれている。

★審判不開始
調査ののち、そもそも審判を開かずに事件を終結させる処分。

2 不処分

審判不開始と同様に、非行を裏づける事実がない（保護処分などの処分を課すことができない）場合と、非行を裏づける事実はあるものの、審判で教育的な働きかけが行われているためにそれ以上の処分を課すのが相当ではない場合に、**不処分**★の決定が行われる。ここでも、教育的措置（保護的措置）が行われることが多い。

★不処分
審判を開いたのちに、決まった形での処分（定式的な処分）を課さずに事件を終わらせる処分。

3 保護処分

家庭裁判所が審判で非行があったことを確かめ、決まった形での処分（定式的な処分）が相当であると判断した場合に**保護処分**が課される。

❶保護処分の種類

保護処分には、①**保護観察**、②**児童自立支援施設または児童養護施設送致**、③**少年院送致**の３種類がある。二つ以上を併せて課すことはできない。

保護処分である三つの処分は、処遇を行う場所で区別することができる。保護観察（①）が社会のなかで通常の生活を送りながら定期的に処遇を受ける**社会内処遇**であるのに対し、児童自立支援施設または児童養護施設送致（②）と少年院送致（③）は施設の中で生活を丸抱えしながら処遇を受ける**施設内処遇**により非行の克服を目指す。児童自立支援施設または児童養護施設送致（②）は厚生労働省の、少年院送致（③）は法務省の所轄である点でも異なる。

①　保護観察

保護観察は、社会のなかで通常の生活を送りながら、保護観察官や保護司による指導監督や補導援護を受ける社会内処遇である。それを通して、職場や家庭の環境の調整、改善が図られる。

②　児童自立支援施設または児童養護施設送致

児童自立支援施設または児童養護施設への送致は、児童福祉法上の施設での施設内処遇である。この処分は、法律上は、児童福祉法でいう「児童」である18歳未満の少年を対象にするものの、実際は、中学に在学できる年齢をめどにして運用されている。家庭的な雰囲気のなかで「育てなおし」の処遇が行われることが、これらの施設における処遇の特徴である。

③　少年院送致

少年院送致は、少年院での施設内処遇である。少年院の種類は、少年院法により第一種から第四種まで整理されている（第４条）。

❶第一種少年院は、保護処分の執行を受ける者であって、心身に著しい障害がないおおむね12歳以上23歳未満のもの、❷第二種少年院は、保護処分の執行を受ける者であって、心身に著しい障害がない犯罪的傾向が進んだおおむね16歳以上23歳未満のもの、❸第三種少年院は、保護処分の執行を受ける者であって、心身に著しい障害があるおおむね12歳以上26歳未満のもの、❹第四種少年院は、少年院において刑の執行を受ける者をそれぞれ収容するものとされている。

少年院における処遇は、集団のダイナミズムを活かしながら少年の個別的な問題に対応する点に特徴をもつ。児童自立支援施設や児童養護施設が家庭にたとえられるのに対して、少年院は学校にたとえられる。少年院では、法務省に所属する公務員である**法務教官**が少年の処遇にあたる（第８章参照）。

❷保護処分の期間

保護処分の期間は、原則として、少年が成人に達するまでである。しかし、成長を促すことで非行を克服することができる見通しが立つ状態となり保護処分を継続する必要がなくなった場合には、成人に達する前に処分をやめることができる。そのための方法として、保護観察には、保護観察所の長による解除と一時的な解除がある（更生保護法第69条、第70条第１項）。また、少年院の場合、退院と仮退院がある（少年院法第135条、第136条、更生保護法第41条）。

反対に、少年が成人に達したのちも保護処分が継続されることがある。保護観察の場合、処分の決定時から少年が20歳に達するまで２年に満たない場合、期間は２年とされる（更生保護法第66条）。また、少年院の場合、決定時に少年が19歳を超えている場合、送致時から１年間在院させることができる（収容継続）（少年院法第137条）。

その他、少年の心身に著しい障害があり、または犯罪的傾向がまだ矯正されていないため少年院から退院させることが不適当である場合には、23歳を超えない期間の範囲内で、在院させることができる（少年

Active Learning
三つの保護処分には、どのような特徴があるか確認してみましょう。

院法第138条）。また、在院者の精神に著しい障害があり、医療上の専門的知識および技術を踏まえて矯正教育の継続が特に必要なときは、26歳を超えない期間の範囲内で在院させることができる（第139条）。この二つの場合には、家庭裁判所の決定が必要である。

4 検察官送致

★罪質
犯した罪の中身や度合い。

罪質★および情状に照らして刑事処分を相当と認めるときに、検察官に事件を送る。その対象は、死刑、懲役または禁錮に当たる罪の事件である（少年法第20条第1項）。もっとも、実際の運用では、道路交通事件などにおいて罰金や執行猶予を科すことを見込んで検察官に事件が送致されることも多い。

検察官送致の対象は、かつては16歳以上の少年とされていたが、2000（平成12）年の法改正により、14歳にまで引き下げられた（第20条第1項）。また、行為時16歳以上の少年による、故意の犯罪行為により被害者を死亡させた罪の事件を対象とする「原則逆送★」と呼ばれる制度も導入された（第20条第2項）。

★逆送
検察官送致は「逆送」といわれることがある。この言葉は全件送致主義のもと検察官から送致された事件を家庭裁判所が検察官に送致する形になることに由来する。

家庭裁判所から事件の送致を受けた検察官は、成人事件とは違って、自らの判断で起訴猶予を行うことはできず、原則として公訴提起しなければならないものとされている（**起訴強制**）（第45条第5号）。

5 都道府県知事または児童相談所長送致

児童福祉司による指導や児童福祉施設への入所など、児童福祉法上の措置がふさわしいと考えられる場合に、事件を都道府県知事または児童相談所長に送る。

どのような処分がふさわしいかは、送致を受けた都道府県知事または児童相談所長が決定を行うことになる。

6 試験観察

★試験観察
家庭裁判所としての最終的な判断を出す前に、手続の途中で行われる中間処分。適当な期間、家庭裁判所調査官の観察に付すもの。

少年法には、**試験観察★**という処分もある（第25条）。

少年は、可塑性が高く、働きかけや周囲の環境によって変化しやすい存在である。その一方で、少年審判を行う家庭裁判所は司法機関であるため、最終決定を取り消したり変更したりすることは、望ましくない。司法判断は強制力をもっているため、それを簡単に取り消したり変更したりできることになると、それを言い渡された者は非常に不安定な状態に置かれることになるからである。

そこで、終局処分を留保して、少年の特性に対応するために、手続の途中で環境や働きかけを柔軟に変えることができる試験観察の制度がつくられた。試験観察は「試薬を与えて反応をみる」ことを可能にする制度である。

なお、家庭裁判所は、試験観察と併せて、遵守事項を定めてその履行を命ずる措置のほか、条件を附けて保護者に引き渡す措置、適当な施設・団体・個人への補導委託の措置をとることができる（第25条第2項）。

2 処分の適用状況

1 不処分と審判不開始

少年保護事件の終局処分の多くは、不処分と審判不開始となっている（**表6-2**）。その理由は、調査や審判の過程において教育的措置（保護的措置）が行われることにより少年の要保護性が解消・軽減したことで、わざわざ保護処分という形の決まった処分を行う必要がなかったり、そうすることがふさわしくないことが多いためである。

2 保護観察と少年院送致

保護処分のなかでは、社会内処遇である保護観察の割合が高い一方で、施設内処遇である少年院送致の割合が低い。これは、どちらも少年の健全な育成を目的とした教育的な処分であるものの、保護観察のほう

表6-2　少年に対する処分の適用状況

少年保護事件の終局処分（人員）										
	検察官送致			保護処分				知事・児童相談所長送致	不処分	審判不開始
総数	総数	刑事処分相当	年齢超過	総数	保護観察	児童自立支援施設・児童養護施設送致	少年院送致			
21,625	461	108	353	8,523	6,409	153	1,961	132	4,503	8,006
総数中の割合	2.1%	0.5%	1.6%	39.4%	29.6%	0.7%	9.1%	0.6%	20.8%	37.0%

出典：最高裁判所事務総局編『司法統計年報 平成30年 4（少年編）』pp.14-15, 2019.

が少年院送致よりも自由を制限する割合が小さく、社会生活を継続させることができるからであると考えられる。

反対に、少年院送致は、少年の教育のためにとられる処分ではあるものの、少年の自由を制約する度合いが強く、家族や学校、仕事といった社会環境との断絶も生みやすい。そのため、就学や就労など、退院後の社会復帰を手厚く支援することが重要になる。

◇**参考文献**

・裁判所職員総合研修所監『少年法入門 七訂第二補訂版』司法協会，2018.

・河原俊也編著『ケースから読み解く少年事件――実務の技』青林書院，2017.

● **おすすめ**

・毛利甚八『少年院のかたち』現代人文社，2008.

第7章

施設内処遇①

成人

刑務所をはじめとする刑事施設での生活体験や「ムショ帰り」といったレッテルは、本人のその後の人生に多大な影響を与える。出所後の就職や居住の確保が困難になるだけでなく、日常において、自分が何をしたいか、何をすべきかがわからなくなったり、常に相手の顔色が気になったり、ストレートな感情表現が難しくなったりする。

本章では、刑事施設における処遇のあり方、現状および課題について学び、刑事施設における福祉専門職の業務内容とその様態を把握することを通して、地域生活に向けた支援のあり方、対人援助職の連携のあり方を考える。

ソーシャルワーカーには、刑務所の生活の枠組みを知り、受刑生活の本人への影響を考える想像力が求められる。

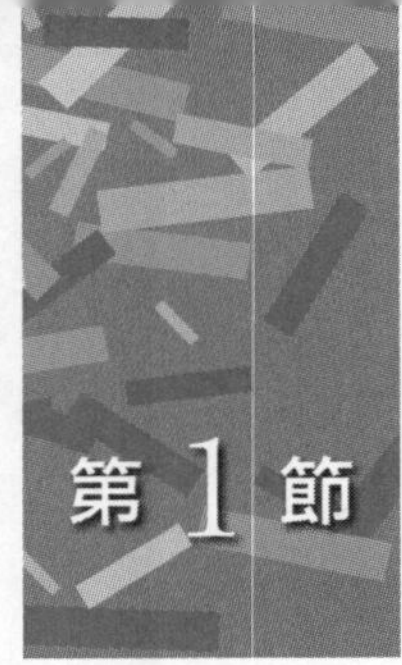

第1節 日本の施設内処遇の歴史と制度

学習のポイント

- 日本の施設内処遇のあり方と関連する法令の変遷について学ぶ
- 日本の施設内処遇の特徴と問題点を把握する

1 施設内処遇と刑事施設

施設内処遇とは、広い意味では、犯罪および非行に関与したことで刑罰ないし保護処分等の言渡しを受け、施設に収容された成人や少年に対する取扱いを意味する。そして、この場合の施設とは、矯正施設★を意味する。そのなかで、本章で扱うのは、成人の刑事施設、つまり刑務所、少年刑務所および拘置所（以下、刑務所等）における処遇★である。[i]

★矯正施設
刑務所、少年刑務所、拘置所、少年院、少年鑑別所および婦人補導院のこと。このうち主として刑務所と少年刑務所は行刑施設とも呼ばれる。なお、拘置所は未決拘禁者および死刑確定者を収容する施設であるが、受刑者を収容することもあり、広い意味では行刑施設に含むことがある。

★処遇
この場合の処遇とは、単に施設内での取扱い一般ではなく、主として本人の改善や更生、社会復帰等を目指して行われる一定の働きかけを指している。おおむね、受刑者として刑務所等に入っている人たちへの専門的な処遇や指導、社会復帰のための援助をイメージしてもらえればよい。

近年では、刑事施設に社会福祉士や精神保健福祉士の配置が進んでおり、福祉職が施設内処遇に関与する機会も多くなっている。とはいえ、刑事施設は、通常の社会福祉施設とは異なった文化や目的をもっており、対人援助は未開拓の分野でもある。

本章では、施設内処遇の現状や課題、関連する学説などを検討することを通じて、この領域における適切な対人援助のあり方を考える。

2 法令の沿革

1 監獄則から監獄法へ

明治初期の日本は、欧米諸国との間に締結された不平等条約の改正を目指し、国内法の整備を進めていた。そのなかで1872（明治５）年、当時イギリスの植民地であった香港やシンガポールでの視察結果をもとに監獄則・監獄則図式が起草され、全国に頒布された。日本における最

i　2019（平成31）年４月１日現在、刑事施設の数は、全国で、刑務所61施設（社会復帰促進センター４施設含む）、少年刑務所６施設、拘置所８施設、刑務支所８施設、拘置支所101施設である（法務省「令和元年版 犯罪白書」第３編第１章第４節１）。

初の刑務所（監獄）に関する規則であったが、主に財政的な面から施行には至らなかった。1882（明治15）年には、フランス法を模範とした旧・刑法が施行され、その刑罰体系に合わせた監獄則が同年施行された。しかし、期待された成果を上げなかったこともあり、1889(明治22)年、ドイツ（プロシヤ）を模範とした新しい監獄則が制定された。

1908（明治41）年、現行の刑法と同時に**監獄法**が施行された。当時、刑罰執行を法律で規定する国は世界的に少なく、これは画期的なものであった。しかし、監獄法は刑罰執行の大枠を定めるにすぎず、具体的な施行の細部は省令に委ねられた。

2 監獄法施行下における処遇改良の動き

1922（大正11）年に設置された行刑制度調査委員会は、すでに監獄法の改正を視野に入れていたが、当面の調査項目として「監獄」の名称変更と「牢獄（ろうごく）思想」の除去を挙げた。その調査結果に基づき「監獄」は「刑務所」★に、「監獄局」は「行刑局」に改称された。これは「刑の執行(Strafvollstreckung)」に対して、教育や改善を目的とした「行刑(Strafvollzug)」という観念を置く、ドイツ刑事学思想の影響を受けたものであった。1930年代には仮釈放審査規程や行刑累進処遇令が制定され、省令・訓令による処遇の改良が進んでいった。

★「刑務所」
「刑務所」は、ドイツ語のStrafanstaltに由来し、単なる拘禁場所ではなく、官庁であって行政を行うところであることを表したものであるとされる。

3 第二次世界大戦後の監獄法改正の動き

第二次世界大戦後、日本国憲法の掲げる基本的人権の尊重は犯罪者の処遇にも及ぶべきものと考えられたこともあり、監獄法は、よりいっそう改正の必要性に迫られた。また1955年には、第1回国連犯罪防止犯罪者処遇会議（現・国連犯罪防止刑事司法会議）において**国連被拘禁者処遇最低基準規則**が決議され、受刑者等の人権に対する国際的な関心は高まりをみせた。この時期、日本国内でも監獄法改正は検討されたが、立法化には至らなかった[ii]。

1976（昭和51）年、法務大臣が法制審議会に対し監獄法改正を諮問したことで、監獄法改正が本格化した。1980（昭和55）年、法制審議会による「監獄法改正の骨子となる要綱」が法務大臣に答申され、

ii 刑法も1956（昭和31）年に刑法改正準備会が法務省に設置されて以来、全面改正に向けた草案の作成が行われたが、こちらも改正は実現しなかった。結局、現在に至るまで刑法の全面改正はなされていないが、当時議論された改正草案の内容は、のちの一部改正によって実現されることになる。

1982（昭和 57）年に「刑事施設法案」として国会に上程された。ところが、併せて提出された「留置施設法案」がいわゆる**代用監獄**★を恒久化するものであったことなどから、日本弁護士連合会を中心に大きな反対運動が展開された。結局、両法案は翌年の衆議院解散に伴い廃案となった。この後、1987（昭和 62）年、1991（平成３）年にも法案の提出が行われたが、いずれも廃案となった。行刑の「近代化」「国際化」「法律化」をスローガンに掲げた監獄法の全面改正は頓挫したかにみえた。

2002（平成 14）年に発覚した**名古屋刑務所事件**★が、日本の受刑者処遇のあり方、とりわけ日本型行刑と呼ばれる処遇体制のあり方に疑問を投げかけた。加えて発覚後の当局の対応にも批判が集まり、その隠蔽体質は行刑密行主義として批判された。

事件を受けて法務省は、調査検討委員会を設置し、さらに民間有識者による行刑改革会議を発足させた。同会議は、2003（平成 15）年 12月に「行刑改革会議提言――国民に理解され、支えられる刑務所へ」を公表し、国民に開かれた行刑を実現するための改革の方向性と監獄法の改正を提案した。これを受けて 2005（平成 17）年には、刑事施設及び受刑者の処遇等に関する法律が成立し、翌年施行された。しかし、この法律には、別に議論がなされていた未決拘禁者★等の処遇に関する部分が含まれていなかった。そのため 2006（平成 18）年にこれを加える法改正がなされ、**刑事収容施設法**★が成立し、翌年から施行された。

およそ 100 年を経て、監獄法の全面改正がここに実現した。

刑事収容施設法は、監獄法下ではあいまいであった被収容者の権利義務関係と職員の権限を明確化し、**刑事施設視察委員会**★による外部視察を取り入れるなどさまざまな改革を実現した。しかし、刑事施設長の裁量がいまだ広く認められていることなどの問題も指摘されている。

★代用監獄
拘置所（監獄）の代用として警察の留置場に被疑者等を勾留する制度。長期間、警察のもとにとどめ置かれることで、自白の強要や防御権の侵害が生じやすくなるとの批判があった。刑事収容施設法では、代用刑事施設として残された。

★名古屋刑務所事件
2002（平成 14）年 10月、名古屋刑務所において、刑務官によって行われた革手錠の締め上げによる受刑者１名の死亡と１名の重症、そして消火用ホースの高圧放水による裂傷を原因とした１名の死亡が公表された。

★未決拘禁者
刑事裁判の判決が確定しておらず、拘置所や警察の留置場に身体を拘束されている被疑者・被告人。

★刑事収容施設法
刑事収容施設及び被収容者等の処遇に関する法律。

★刑事施設視察委員会
刑事施設の運営が適切になされているかを監視するための第三者機関。全国の刑事施設それぞれに委員会が設けられており、委員は、施設規模に応じて４～10 人程度となっている。

3 日本の施設内処遇の特徴
――これまでの処遇体制と新たな処遇体制の模索

日本の施設内処遇の特徴は、しばしば**日本型行刑**と表現されてきた。その中核にあったのは**担当制**★と呼ばれる処遇体制である。

担当制のもとで、受刑者は担当刑務官に生活面を依存し、担当刑務官は広く裁量を行使することで、受刑者の行動を管理していた。この関係は家父長的な支配服従関係と呼ばれることもあり、受刑者が担当刑務官を「オヤジ」等と呼ぶところに、その様子を伺うことができる。こうした日本型行刑は、日本の刑務所における暴動等の保安上の問題の少なさを支えるものとして、実務を中心に肯定的に評価されていた。しかし、特殊な人間関係と広範な裁量に基づいた日本型行刑は、人権侵害をもたらすおそれがあるものとして批判も多かった。

名古屋刑務所事件を契機に設置された行刑改革会議も、担当制による「血の通った処遇」を一定程度評価しつつも、その裁量の大きさと恣意的な運用のおそれを指摘していた。

このような状況で、もはや受刑者の権利義務の明確化は必須であり、担当刑務官の広範な裁量は認められなくなっている。また、日本型行刑を支えてきたベテラン刑務官の退職や勤務体制の変化は、刑務官と受刑者がかつてのような濃密な人間関係を築くことを難しくしている。さらに外国人や障害者等の増加による受刑者の質的変化は、より専門性の高い処遇の導入を不可欠とした。

社会福祉士や精神保健福祉士が処遇にかかわることによって、刑務官の役割は相対的に低下していくことになる。担当制そのものは刑事収容施設法下でも残されているが、福祉専門職との適切な連携を通じた新たな処遇体制が模索される時期にきている。

★担当制
ここでの担当とは、受刑者が刑務作業を行う工場を担当する刑務官のこと。担当刑務官は、工場における作業の管理のみならず、配属された受刑者と日常的にかかわりをもち、生活の相談事など幅広く面倒をみることによってある種の信頼関係を形成する。それと同時に、担当刑務官は受刑者に対して幅広い裁量も有し、懲罰を背景に厳格な管理と統制を行う。たとえば、工場での作業中のよそ見に懲罰が科されることさえある。

Active Learning
日本の施設内処遇の特徴を挙げてみましょう。

4 受刑者の法的地位 ——特別権力関係論から自由刑純化論へ

日本の施設内処遇において、処遇体制とともに論じられてきたのは、受刑者の法的地位、つまり自由刑★の執行を受ける受刑者は、施設当局(国)といかなる権利義務関係にあるのかという問題である。刑法では、懲役刑は「刑事施設に拘置して所定の作業を行わせる」(第 12 条第 2 項)こと、禁錮刑と拘留刑は「刑事施設に拘置する」(第 13 条第 2 項、第 16 条) ことしか定めておらず、自由刑の執行に伴うさまざまな制約が、どの程度許容されるのかを明確にしていないからである。

★自由刑
受刑者を拘禁してその自由を奪うことを内容とする刑罰。刑法では、懲役、禁錮、拘留の 3 種が定められている。

1 特別権力関係論と自由刑純化論

日本では伝統的に、**特別権力関係論**★が有力であった。すなわち、受刑者は刑務所の中では「弱められた自由」と「強められた義務」に服するとされてきた。日本では監獄法の規定が不十分なものであったことから、行刑に伴う自由制約を正当化する目的でこの理論が用いられた。

しかし、特別権力関係論は、受刑者の人権を広く制約するものであっ

★特別権力関係論
受刑者は国との間で特別な権力関係に服するという考え。特別権力関係のもとで受刑者は、刑務所という施設の設置目的、つまり拘禁や隔離、改善などの目的の範囲内であれば、法律によらずともその自由を制約され得ると考えられてきた。

たため、学者や裁判所から、しばしば問題が指摘されてきた。

★自由刑純化論
自由刑の内容は「移動の自由のはく奪」のみであり、それ以外の制約は自由刑の弊害であって、可能な限り除去されなければならないとする考え方。

そこで主張されたのが**自由刑純化論**★であった。この理論によれば、受刑者は、刑罰として移動の自由を制限されるが、それ以外の面では市民としての権利義務の主体と考えられた。

今日、自由刑純化論の発想は、国連被拘禁者処遇最低基準規則やヨーロッパ刑事施設規則などの国際準則にもみられるものとなっている[iii]。

2 自由刑純化論の観点による施設内処遇における対人援助

自由刑純化論の観点から、施設内処遇における対人援助はどのように理解されるだろうか。まず、受刑者に対する社会福祉士や精神保健福祉士による援助は、一般市民に対するそれと同じものとなり、その関係性も一般社会における援助者とクライエントの関係と変わりはないものとなる。

受刑者は、社会に出る段階で一般市民として生活を開始しなければならず、受刑者に対する援助は、刑終了後の円滑な社会復帰を実現するために、入所から出所まで（場合によっては刑事司法に関与した最初から最後まで）一貫したものでなければならなくなる。仮に適切な社会復帰ができなければ、それは自由刑を終えたのちにも刑罰を受け続けていることを意味する。

刑事司法に関与することになった者に対する「一貫した社会的援助」の必要性は、以前より主張されてきたが、施設内処遇に対人援助職が関与し始めた現在、ようやくその準備が整ったことになる。

◇参考文献

・小野義秀『監獄（刑務所）運営120年の歴史――明治・大正・昭和の行刑』矯正協会，2009.
・刑事立法研究会編『刑務所改革のゆくえ――監獄法改正をめぐって』現代人文社，2005.
・武内謙治・本庄武『刑事政策学』日本評論社，2019.
・本庄武「名古屋刑務所暴行事件――刑務所，受刑者，公務員犯罪 2002年10月発覚」『法学セミナー』第48巻第６号（通号第582号），pp.34-37，2003.

iii　国連被拘禁者処遇最低基準規則の規則３では「犯罪者を外界から隔離する拘禁刑その他の処分は、自由のはく奪によって自己決定の権利を奪うものであり、まさにこの事実のゆえに、犯罪者に苦痛を与えるものである。それゆえ、正当な分離または規律維持に付随する場合を除いては、拘禁制度は、そのような状況に固有の苦痛を増大させてはならない」と示されている。ヨーロッパ刑事施設規則の第102の２では「拘禁刑は、自由のはく奪それ自体が刑罰である。それゆえ、行刑は拘禁刑に本来備わっている苦痛を増大させてはならない」と示されている。

第2節 矯正処遇の現状と課題

学習のポイント

- 刑事施設における受刑者処遇の現状について把握する
- 処遇モデル論とソーシャルワークの関連について考える

1 処遇原則と矯正処遇

1 処遇原則の明確化と矯正処遇の概念

刑事収容施設法★は、受刑者の処遇を「その者の資質及び環境に応じ、その自覚に訴え、改善更生の意欲の喚起及び社会生活に適応する能力の育成を図ることを旨として行う」と定めている（第30条）。これにより、受刑者処遇は、**社会復帰**を目的とし、処遇の個別化（**個別処遇の原則**）と**主体性の尊重**を図らなければならないことが明らかにされた。こうした規定は監獄法にはなかったものである。

★刑事収容施設法
刑事収容施設及び被収容者等の処遇に関する法律。

他方で、刑事収容施設法は新たに**矯正処遇**（第84条）という概念を設け、これを受刑者に義務づけていると考えられている。というのも、矯正処遇には作業（第92条・第93条）、改善指導（第103条）および教科指導（第104条）が含まれ、これらを「正当な理由なく」拒んだ場合、遵守事項（第74条）の違反として懲罰の対象となり得るからである。監獄法では、作業のみが義務とされており、この点をみれば、刑事収容施設法で義務の範囲が拡大したことになる。

しかし、矯正処遇の設定と義務づけは、肯定的に捉えられる面もある。監獄法時代の受刑者処遇は1日8時間の刑務作業を中心に運営されており、これが処遇内容の硬直化を招いているとの指摘が行刑改革会議でもなされていた。指導が任意であったため、本当に必要と考えられる受刑者にその受講を命じることができず、意欲の高い少数の者にしか指導を行うことができなかった。

刑事収容施設法で矯正処遇が義務づけられたことによって、作業以外の指導を柔軟に行うことができ、また指導が必要と考えられる受刑者により強く働きかけることができるようになり、施設内処遇の実効性が高まったとの評価もある。

2 処遇原則と矯正処遇の矛盾

しかしながら、そもそも矯正処遇の義務づけは、受刑者本人の自覚に訴えるべきとする刑事収容施設法における主体性尊重の原則と矛盾していないだろうか。また、刑法が定める刑罰の内容は、「刑事施設への拘置」と「所定の作業」のみであることから、改善指導や教科指導を義務づけることは、刑法の定める刑罰の内容を、刑事収容施設法が実質的に拡大しているとの批判も根強い。さらに、本人が望んでいない指導を義務づけることは、本当に処遇効果の向上につながるのか疑問も残る。

そして何より、今後、社会福祉士や精神保健福祉士が矯正処遇にいっそう関与することになれば、本来同意のもとで行われるべき福祉の援助に強制的な意味合いをもたせることにもなりかねない。これによって援助に不可欠である援助者とクライエントとの信頼関係の形成が妨げられるだけでなく、対人援助そのものの変質を招く可能性がある。

★処遇調査
処遇調査は、医学、心理学、教育学、社会学その他の専門的知識および技術を用いて、面接や診察等の方法によるほか、受刑者用に開発されたリスクアセスメントツールを用いて行われる。処遇調査の期間は、通常、刑が確定した拘置所等の施設でおおむね10日間、刑が執行される刑務所等の施設でおおむね20日間とされている。調査センターでの精密な処遇調査の場合は、調査センターでおおむね55日間、刑が執行される刑務所等の施設でおおむね5日間とされている。

2 受刑者処遇の流れ

1 刑の執行開始時

受刑者処遇の流れは、おおむね**図 7-1** のような段階を経る。

❶処遇調査（刑執行開始時調査）

まず、新たに刑が確定した受刑者には、心身の状況、生育歴、犯罪性の特徴、家庭・生活環境、将来の生活設計などの受刑者の処遇に必要な基礎資料を得るための**処遇調査★**（**刑執行開始時調査**）が行われる。また、新たに刑が確定した受刑者で、26 歳未満の者および特別改善指導の受

図7-1　受刑者処遇の流れ

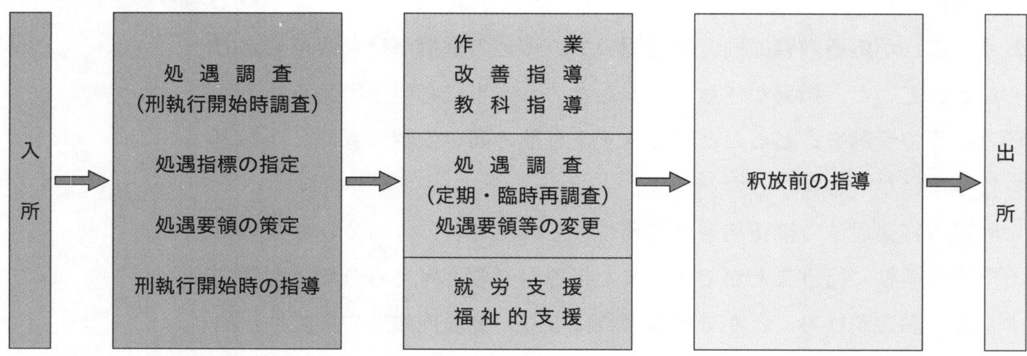

出典：法務省法務総合研究所編『令和元年版 犯罪白書』p.153, 2019.

講にあたり特に必要な者等には、調査センターとして指定されている特定の刑事施設で精密な調査が実施される。

❷処遇指標の指定と処遇区分による刑事施設への収容

刑執行開始時の調査の結果を踏まえ、受刑者には**処遇指標**が指定される。処遇指標は、矯正処遇の種類・内容（**表 7-1** の①）と、受刑者の属性（**表 7-1** の②の符号 D から Y）および犯罪傾向の進度（**表 7-1** の②の符号 A および B）から構成される。

また、各刑事施設には、処遇指標に対応する**処遇区分**★が指定されている。受刑者は、処遇指標に対応した処遇区分の刑事施設に収容されるので、必ずしも元の居住地域の施設に収容されるとは限らない。したがって、刑事施設には地域性がなく、釈放時の援助には都道府県をまたぐ調整が必要なことも多い。

❸処遇要領の策定

処遇調査の結果を踏まえ**処遇要領**★が策定される。また、定期的または臨時に実施する処遇調査（再調査）の結果に基づき、必要な場合は処遇要領の変更が行われる。

刑事施設の長は、原則として 6 か月に 1 回、処遇要領に基づき矯正処遇の目標の達成状況について評価を行う。

★処遇区分
その施設で実施可能な矯正処遇の種類・内容と、収容できる受刑者の属性および犯罪傾向の進度の区分。たとえば、府中刑務所の処遇区分は、V 1、R 1、R 2、R 3、R 4、R 6（矯正処遇の種類・内容）、符号 M、P、F、LB、B（受刑者の属性および犯罪傾向の進度）となっている。

★処遇要領
矯正処遇の目標や内容・方法、実施上の留意事項等が記載される。

表7-1　処遇指標の区分・符号別人員

①　矯正処遇の種類及び内容

種類	内容		符号
作業	一般作業		V 0
	職業訓練		V 1
改善指導	一般改善指導		R 0
	特別改善指導	薬物依存離脱指導	R 1
		暴力団離脱指導	R 2
		性犯罪再犯防止指導	R 3
		被害者の視点を取り入れた教育	R 4
		交通安全指導	R 5
		就労支援指導	R 6
教科指導	補習教科指導		E 1
	特別教科指導		E 2

②　受刑者の属性及び犯罪傾向の進度　　（平成30年12月31日現在）

属性及び犯罪傾向の進度	符号	人員
拘留受刑者	D	—
少年院への収容を必要とする16歳未満の少年	Jt	—
精神上の疾病又は障害を有するため医療を主として行う刑事施設等に収容する必要があると認められる者	M	257
身体上の疾病又は障害を有するため医療を主として行う刑事施設等に収容する必要があると認められる者	P	390
女子	W	3,269
日本人と異なる処遇を必要とする外国人	F	1,146
禁錮受刑者	I	100
少年院への収容を必要としない少年	J	6
執行すべき刑期が10年以上である者	L	4,742
可塑性に期待した矯正処遇を重点的に行うことが相当と認められる26歳未満の成人	Y	1,749
犯罪傾向が進んでいない者	A	10,077
犯罪傾向が進んでいる者	B	19,550

注　1　矯正統計年報による。
　　2　複数の処遇指標が指定されている場合は、符号の欄において上に掲げられているものに計上している。
出典：法務省法務総合研究所編『令和元年版 犯罪白書』p.154，2019.

2 矯正処遇等

矯正処遇には、作業、改善指導および教科指導が含まれる。

❶作業――その性質と意義

作業（刑務作業）★には、懲役受刑者が行う作業と、禁錮受刑者または拘留受刑者（以下、禁錮受刑者等）が行う作業の二つがある。

懲役受刑者の場合、作業は刑罰の内容とされており（刑法第12条第2項）、その実施は義務である。他方で、禁錮受刑者等の場合、作業は刑罰の内容とはされておらず（第13条第2項、第16条）、その実施は義務ではない。もっとも、禁錮受刑者等が希望した場合には、刑事施設の長の許可のもと作業を行うことができる（刑事収容施設法第93条）。『令和元年版 犯罪白書』によれば、実際、8割程度の禁錮受刑者等が作業を行っている。

矯正処遇としての作業には、❶規則正しい勤労生活の維持・規律ある生活態度の習得、❷共同作業を通じた社会共同生活への順応性の涵養（かんよう）、❸勤労意欲の養成、❹職業的な技能や知識の付与、❺作業目標の達成を通じた忍耐力ないし精神力の涵養などの意義があるとされている。

① 作業の種類と作業報奨金

作業の種類には、❶生産作業★、❷自営作業★、❸職業訓練★、❹社会貢献作業★がある。実務上、❶と❷は合わせて「一般作業」と呼ばれている。

作業を行った受刑者には**作業報奨金**★が支払われる。現在の作業報奨金の額は、社会復帰への備えという点からも、改善更生の意欲の喚起という点からも必ずしも十分でなく、その増額が求められている。また、自由刑純化論の立場からは、作業に対する報酬は刑罰の内容には含まれるべきではなく、労働の対価として賃金が支払われるべきとの主張（賃金制の採用）もなされている。

② 作業における養護的な配慮――養護工場

近年、高齢による体力・身体機能・認知機能の低下、または知的・精神・身体の障害や疾病等により、ほかの受刑者と同じような作業に従事できない者が増加している。そうした養護的な配慮を要する受刑者が就業する工場は**養護工場**★と呼ばれ、多くの刑務所に設けられている。なお、著しく体力、身体機能・認知機能が低下するなどして居室から出られない高齢受刑者には、居室内での作業も認められる。

❷改善指導――一般改善指導と特別改善指導

改善指導は、受刑者が犯罪の責任を自覚し、健康な心身を培い、ならびに社会生活に適応するのに必要な知識や生活態度を習得することを目

★作業（刑務作業）
刑事施設において受刑者が行う労務のこと。

★生産作業
物品を製作する作業および労務を提供する作業。その業種には、木工、印刷、洋裁、金属等がある。

★自営作業
刑事施設の維持に係る作業。炊事、洗濯、介助等の経理作業と、施設の建物の修理等の営繕作業がある。

★職業訓練
職業に関する免許や資格の取得、または職業に必要な知識および技能の習得を目的とした訓練。

★社会貢献作業
ボランティア的な労務提供作業であり、社会に貢献していることを実感することで、改善更生や社会復帰に資すると認められるもの。

★作業報奨金
作業に就いた受刑者等に支給される。『令和元年版 犯罪白書』によれば、その額は、2018（平成30）年度、1人1か月当たり平均4360円であり、2018（平成30）年の出所者のうち、支給された作業報奨金が5万円を超える者が37.0％、1万円以下の者が13.7％であった。

的に行う指導のことである（刑事収容施設法第103条）。

すべての受刑者を対象とした一般改善指導と、特定の事情を有する受刑者を対象とした特別改善指導がある。

① 一般改善指導

一般改善指導は、講話、体育、行事、面接、相談助言その他の方法により、受刑者が、❶被害者および遺族等の感情を理解すること、❷規則正しい生活習慣や健全な考え方を身につけ、心身の健康の増進を図ること、❸生活設計や社会復帰への心構えをもち、社会適応に必要なスキルを習得することなどを目的としている。

女性受刑者が収容されている女子施設では、2015（平成27）年度より、女性受刑者特有の問題に着目した処遇の充実等を図る女子施設地域連携事業★が、一般改善指導の枠組みのなかで推進されている。

また、2017（平成29）年度からは、一般改善指導の一環として福祉的支援を必要とする受刑者を対象とした社会復帰支援指導プログラム★が全国の刑事施設で実施されている。福祉的支援を忌避せずに、必要なときに自ら福祉窓口に相談できるような気持ちをもってもらうことを目指したプログラムとされている。

プログラムの実施にあたっては、刑事施設の教育担当職員や刑務官のほか、社会福祉士等、医務担当の職員等が全所的にかかわることが想定される。また、地方公共団体の関連部署や福祉関係機関の職員等の外部の人々の関与も必要とされており、これを通じて受刑者の福祉への苦手意識の克服と、一般の人々の受刑者への理解の促進が図られている。

② 特別改善指導

特別改善指導は、特定の事情により、改善更生や円滑な社会復帰に支障があると認められる受刑者に対して、その事情の改善に資するよう特に配慮して行われる指導である。施設によって異なるが、現在、6種類の特別改善指導が実施されている（**表7-2**）。

❸教科指導――補習教科指導と特別教科指導

教科指導は、学校教育法による学校教育に準じた内容の指導である（第104条）。教科指導には、補習教科指導★と特別教科指導★がある。

松本少年刑務所には、1955（昭和30）年より地元公立中学校の分校が設置され、全国から適格者を集めて教育を行い、修了者には当該校の修了証書が交付されている。また、盛岡少年刑務所および松本少年刑務所では、近隣の高等学校の協力のもとで、受刑者が当該高校の通信制課程へ入学し、高等学校卒業資格を取得する取り組みも行われている。

★養護工場
体力的・身体的な負担の小さい単純作業（タオルの袋詰め等）を実施したり、いすに座ることが難しい受刑者のために畳を敷き詰めた作業スペースを設置したりするなど、さまざまな配慮がなされている。養護工場で働く多くの受刑者は、それ以外の受刑者のように機敏に行動することができないため、時間的に余裕のある日課が組まれている。

★女子施設地域連携事業
地方公共団体、看護協会、助産師会、社会福祉協議会等の協力のもと、地域の専門家とのネットワークをつくり、専門家の助言を得て、❶窃盗防止指導、❷自己理解促進指導（関係性重視プログラム）、❸自立支援指導、❹高齢者指導、❺家族関係講座の5種類のプログラムが実施されている。

★社会復帰支援指導プログラム
プログラムの内容は、❶基本的動作能力・体力・思考力の維持・向上、❷基本的健康管理能力の習得、❸基本的生活能力の習得、❹各種福祉制度に関する基礎的知識の習得、❺再犯防止のための自己管理スキルの習得等であり、実技、グループワーク、ロールプレイ、講話、視聴覚教材等の方法で行われる。

★補習教科指導
義務教育を修了していない受刑者や修了していても読み書き、計算等の基礎的学力に乏しい受刑者に対し、円滑な社会復帰を目的として行われる指導。その内容は、小学校または中学校の教科の内容に準じたものである。

★特別教科指導
一般社会の高学歴化に鑑み、円滑な社会復帰を図るため、一定の受刑者がより高度な学力を身につけることを目的として行われる指導。主な対象は、釈放後に高度な学力を有することが求められる職に就こうとする受刑者である。その内容は、該当する受刑者の学力・内容に応じ、高等学校等で行う教育の内容に準じたものとされている。

表7-2　特別改善指導の種類と目的

薬物依存離脱指導	薬物依存からの回復に取り組む民間自助団体等の協力を得るなどして、受講者が再使用に至らないための知識やスキルを習得するとともに、社会内での継続的な援助につながる必要性を認識することを目的としている。
暴力団離脱指導	警察関係者等の協力を得ながら、講義や個別面接等によって受講者が暴力団の反社会性を認識し、具体的な離脱の手続や釈放後の生活設計を考えることなどを目的としている。
性犯罪再犯防止指導	認知行動療法に基づき、セルフ・マネジメント・プラン（「性犯罪者自身が性犯罪を抑止するための計画」であり、本人の力で性犯罪をやめることができるということを前提としている）の活用を軸としたもので、受講者が自らの性犯罪リスクを高める要因に気づき、効果的な対処法を考え、身につけることを目的としている。
被害者の視点を取り入れた教育	犯罪被害者団体等の協力を得て制作した視聴覚教材や被害者支援団体のメンバー等による講演などを通じて、受講者が自身の犯罪と向き合い、被害者や遺族への具体的な謝罪方法を考えることなどを目的としている。
交通安全指導	受講者が運転者としての責任や義務を自覚し、事故の重大さや代償について考え、被害者への謝罪や賠償の問題を認識することを目的としている。特に受講者が飲酒運転事犯である場合には、アルコール依存症者のための民間団体等の協力を得て、グループミーティング等が実施されている。
就労支援指導	受講者が就労生活に必要なスキルやコミュニケーションの方法を身につけ、出所後の就労に向けた取り組みを具体的に考えることを目的としている。

さらに、2007（平成19）年度から、法務省と文部科学省の連携により、希望する受刑者は刑事施設内で高等学校卒業程度認定試験を受験できるようになっている[i]。

★刑務所出所者等総合的就労支援対策
矯正施設、保護観察所と公共職業安定所（ハローワーク）が連携し、支援対象者の希望や適性に応じた計画的な就労支援を行うもの。刑事施設においては、支援対象者に対するハローワーク職員による職業相談、職業紹介、職業講話等が実施されている。また、刑務所出所者等を雇用する雇用主向けに、❶身元保証制度、❷トライアル雇用制度、❸職場体験講習等の支援メニューが提供されている。

❹就労支援

刑事施設を出所後の円滑な社会復帰と安定した生活には、就労が大きな役割を果たす。また近時、保護観察中の再犯者や刑務所への再入受刑者のなかに無職者の割合が高いことなどが指摘されたことから、職業訓練および特別改善指導（就労支援指導）の充実と合わせて、刑事施設出所者のための**就労支援**の取り組みが進んでいる。

2006（平成18）年度より、刑事施設等に就労支援スタッフが配置されるとともに、法務省と厚生労働省の連携により、**刑務所出所者等総合的就労支援対策**★が実施されている。

i　2018（平成30）年度の受験者数は484人、そのうち高等学校卒業程度認定試験合格者196人、一部科目合格者251人であった（法務省法務総合研究所編『令和元年版 犯罪白書』p.159, 2019.）。

さらに2016（平成28）年４月には、受刑者等の就労支援について、関係機関等との連携をいっそう強化し、さらなる就労支援体制の充実を図るため、東京矯正管区および大阪矯正管区に、受刑者等の広域的な就労支援を行う**矯正就労支援情報センター（コレワーク★（通称））**が設置された[ii]。

❺福祉的支援

刑事施設の中に「福祉の対象者がいた」ことが明らかになって以来、施設内処遇の領域においても福祉的支援の重要性が認識されることになった。特に帰住先のない高齢の受刑者や障害のある受刑者が釈放後短期間で再犯に及んでおり、そのような人々の刑事施設からの円滑な社会復帰は喫緊の課題となった（第２章参照）。

こうした状況を受け、高齢や障害などで福祉の支援が必要な受刑者を、釈放後に適切な福祉サービスへとつなげることを目的とした**地域生活定着支援センター**（以下、センター）の創設が提案された[iii]。この時期から、日本における「司法と福祉の連携」は本格的なものとなっていった。この動向は、施設内処遇の領域にも及んだ。

①　特別調整

刑事施設では、高齢者または障害がある者で、かつ、適当な帰住先がない受刑者について、釈放後速やかに、介護、医療、年金等の適切な福祉サービスを受けることができるよう、保護観察所とセンターが連携して調整が行われる。これを**特別調整**と呼んでいる（第12章参照）。

特別調整の対象とならなかった者についても、たとえば適当な帰住先はあるものの福祉的なニーズを有している受刑者に対し、一般調整（独自調整と呼ぶところもある）として、特別調整に準じた形で支援が行われている。また、精神保健福祉法★に基づく、いわゆる26条通報★の対象者等でもっぱら医療措置が優先される受刑者や、刑期が著しく短い等により特別調整の対象になじまない受刑者については、保護観察所のほか地方自治体や医療機関等と連携し、釈放後すぐに福祉サービス等を受けられるよう調整を行うこともある。

②　介護福祉士、介護専門スタッフの配置

なお近年、刑事施設への介護福祉士、介護専門スタッフの配置★が進め

★コレワーク
2014（平成26）年からすでに行われていた「受刑者等専用求人」において、受刑者等と事業主とのマッチングが限定的にしか行われていないという課題を解決するために設けられた。コレワークによって提供されるサービスには、❶雇用情報提供サービス、❷採用手続支援サービス、❸就労支援相談窓口サービスがある。2018（平成30）年度からは、刑務所出所者等の雇用経験が豊富な事業主をアドバイザーとして招聘（しょうへい）し、不安を抱える事業主への相談支援体制を整備するとともに、同アドバイザーによる相談会等を実施している。2020（令和２）年７月に、コレワーク北海道が開設し、全国すべての矯正管区（８か所）にコレワークが設置された。

★精神保健福祉法
精神保健及び精神障害者福祉に関する法律。

ii　「コレワーク」は、「Correction：受刑者等の矯正」「Core：中核」「Collection：全国の受刑者等の情報収集」を表す「コレ」に仕事を表す「ワーク」をつけたもの。受刑者等を仕事に結びつける支援を通じて再犯防止の核となる決意を表している。

iii　2009（平成21）年に日本で最初のセンターが開設され、2012（平成24）年３月には全都道府県への設置が完了した。

られている。これは認知機能や身体機能の低下した高齢受刑者等に対し、従来は刑務官や看護師等が食事・入浴等の日常生活の介助を行ってきたが、そうした対応が刑務官等の業務負担を増加させる要因となってきたからである。

3 施設内処遇の目的と方法——処遇モデル論

近年、犯罪行為者の処遇施策の充実が図られてきたが、犯罪行為者の処遇を、どのような目的で、どのような手段によって行うかについては、諸外国で長く議論されてきた。これを**処遇モデル論**という[iv]。

1 医療モデルと公正モデル

❶医療モデル

医療モデル（メディカル・モデル）とは、犯罪行為者を病人に見立て、犯罪行為を病気の症状に、犯罪行為者への処遇を病者への治療になぞらえる考え方である。

このモデルは、1950年代から1960年代のアメリカで隆盛をきわめたが、1970年代に入り厳しい批判にさらされた。その主要な批判は、まず、医療モデルが受刑者の不公平な取扱いをもたらした点に向けられた。厳格な医療モデルによれば、同じ犯罪行為に及んだ者であっても、再犯可能性（治療の必要性）が高い者は長期間拘禁され、低い者は早期に釈放されることになるからである。また、医療モデルの手法は、カウンセリングやセラピーだけではなく、薬物や電気ショック、脳外科手術をも許容するものであったため、その人権侵害の大きさが問題となった。加えて、その効果に関する大規模な調査研究は、医療モデルによる処遇が実際には再犯防止にほとんど寄与していないことを明らかにした。批判論の影響により、医療モデルは衰退し、犯罪行為者の処遇に対する悲観論が広まった。

❷公正モデル

医療モデルに代わって登場したのが、**公正モデル**（ジャスティス・モ

★26条通報
精神保健福祉法第26条では、矯正施設（拘置所、刑務所、少年刑務所、少年院、少年鑑別所および婦人補導院）の長は、精神障害者またはその疑いのある収容者を釈放、退院または退所させようとするときは、あらかじめ、❶本人の帰住地、氏名、性別および生年月日、❷症状の概要、❸釈放、退院または退所の年月日、❹引取人の住所および氏名を本人の帰住地（帰住地がない場合は当該矯正施設の所在地）の都道府県知事に通報しなければならないことが規定されている。

★刑事施設への介護福祉士、介護専門スタッフの配置
2011（平成23）年度から介護福祉士が、2017（平成29）年度からは介護専門スタッフ（介護職員実務者研修または介護職員初任者研修の修了者等）が配置され始めた。2019（平成31）年度の配置施設数は、介護福祉士が8庁、介護専門スタッフが32庁である。

iv ソーシャルワークの領域でもモデル論は知られており、一般的に「医学モデル」から「社会モデル」への移行が論じられている。犯罪行為者の処遇における「医療モデル」とソーシャルワークにおける医学モデルは、その基本的な視座は類似しているが、もともとは別の領域での議論である。この両者を混同しないよう留意してもらいたい。

デル）と呼ばれる考え方であった。

公正モデルには、リベラル派によるものと保守派によるものとがあったが、前者は公正（正義）を受刑者の人権という観点から捉え、後者は公正（正義）を応報という観点から捉えて、医療モデルの問題性を指摘した。たとえば、リベラル派は、医療モデルによって拘禁の長期化がもたらされ、本人の意志に反した過度な処遇が強制されていることを批判した。他方で保守派は、医療モデルを犯罪行為者に対する一種の「甘やかし」とみなし、より厳格な処罰と犯罪行為者の処遇の放棄を主張した。

結局、1970年代以降のアメリカでは、保守派流の公正モデルが支持を集め、立法に影響を与えることとなった。その結果、刑務所人口は急増し、過剰収容と再犯が深刻な問題となった。

Active Learning

受刑者の処遇として、どのようなことが行われているか確認し、そのうちの一つについて具体的に調べてみましょう。

2 RNRモデルとGLモデル

公正モデルの失敗のうえに、1990年代以降、犯罪行為者の処遇にリスク管理の視点を取り入れたモデルが注目されることになった。それは犯罪行為者を犯罪（再犯）リスクの保持者と捉え、処遇を通じてリスクをコントロールすることで、再犯を減らすという発想に基づいている。

❶ RNRモデル

最も注目されているのが、カナダの心理学者によって提唱されたRNRモデル（リスク・ニード・応答性モデル）である。RNRモデルは、❶リスク原則★、❷ニード原則★、❸応答性原則★の三つで構成される。

RNRモデルの3原則に基づいた処遇は、実際に再犯を減らすことが調査研究によって明らかにされており、近年注目される「科学的根拠（エビデンス）に基づいた政策（EBP：evidence-based policy）」の観点からも、その有用性が認められている。

実際、RNRモデルは諸外国の犯罪行為者の処遇施策に広く影響を与えており、実務にも取り入れられている。

しかし、RNRモデルも万能ではなく再犯防止に着目しすぎており、本人の希望や生きがいを無視しているとの批判もある。

❷ GLモデル

そこで、ニュージーランドの心理学者らによって提唱されているのがGLモデル（グッド・ライブス・モデル）である。このモデルは、まず人間とは、人生において何らかの「よさ（グッド／グッズ）」を追い求める存在であると仮定する。「よさ」は、たとえば健康な生活、主体性、他者との親密な関係性、心の平穏等である。そして、犯罪行為とは、そ

★リスク原則
リスク・アセスメントによって再犯リスクを判定し、そのリスクが高い犯罪行為者に処遇を集中すべきとする原則。

★ニード原則
統計的に明らかとなっている主要な犯罪誘発ニーズのうち、変えることが可能な動的ニードに対して働きかけをすべきとする原則。犯罪誘発ニーズは、主要なものとして、❶反社会的行動の経歴、❷反社会的人格パターン、❸反社会的認知、❹反社会的人間関係が挙げられている。これらは犯罪誘発ニーズのビッグ・フォーと呼ばれている。

★応答性原則
一般的な処遇の手法として認知行動療法を用いつつ、その実施にあたって本人の長所や学習能力等の個別的な特性に合わせるべきとする原則。

うした「よさ」を、不適切な手段で得ようとした結果であると考える。たとえば、暴力によって他者との親密な関係を維持しようとしたり、薬物によって心の平穏を得ようとしたりする場合がそうである。

したがって、GL モデルにおける処遇とは、本人が望む「よさ」を適切な形で手に入れることができるよう援助することになる。GL モデルでは、再犯防止は、犯罪行為者が「よき人生」を得たことによって、結果的に得られるものと理解されている。

3 処遇モデルと対人援助

❶処遇モデル論と日本の処遇との関連

犯罪行為者の処遇モデル論は、諸外国で活発に議論されてきた。日本はどのようなモデルに基づいて処遇が実施されてきたのだろうか。

日本では、これまでも犯罪行為者の処遇（行刑）の目的が、犯罪行為者の改善更生や社会復帰であるということには大方の意見の一致があった。ただし、その中身はいわゆる日本型行刑であり、担当刑務官による心情的な感化と刑務作業が大部分を占めていた。そこではアメリカの医療モデルにみられたような専門技術的・科学的な手法を用いた処遇（治療）は、行われてこなかった。また、2000 年代初頭に、日本の刑務所も深刻な過剰収容を経験したが、その際にも社会復帰目的そのものは否定されることはなかった。

近年は、過剰収容が解消されるとともに、刑事施設に収容されている高齢者や障害者への支援と再犯者への対応が、いずれも再犯防止の名のもとに重要な政策課題となっている。この点で、再犯リスクに着目する RNR モデルへの注目は高まっており、このモデルを参考にしたリスク・アセスメント・ツールの導入が図られている。他方で、GL モデルは、施設内処遇において、明示的な形で取り入れられている様子はない。

❷各処遇モデル論とソーシャルワーク

重要なのは、モデル論からの示唆を踏まえ、社会福祉士等が犯罪行為者の処遇の現場にどのように関与すべきかを考えることである。

医療モデルは、犯罪行為者をある種の病人と捉えることで、「本人のため」と称した強制的な介入（パターナリズム）を許容した。これは結局、本人の意志を尊重しないばかりか、侵襲的な処遇（治療）による深刻な人権侵害をもたらした。今日、「医学モデル」をとらないソーシャルワークは、医療モデルとは相容れないことは明らかである。

また、保守派的な**公正モデル**は、犯罪行為者への処罰の強調と処遇の放棄という点で、対人援助を軽視するものであり、ソーシャルワークの理念とは両立しない。他方で、リベラル派が指摘した受刑者への人権侵害は、犯罪行為者の処遇の局面では常に生じる問題であり、社会福祉士等の関与にあたっても留意すべきものといえる。

そして、RNRモデルは、再犯防止に特化し、なおかつ有効性が確認されているという点で、現代の犯罪行為者の処遇において重要な地位にある。しかし、対人援助の目的は、本人のウェルビーイング★の促進であり、両者の目的の相違は大きい。留意すべきなのは、近年の刑事政策全般にみられる再犯防止の強調が、犯罪行為者の処遇のあらゆる局面に浸透することによって、対人援助職が再犯防止という異質な目的を担わされつつあるという状況である。仮に対人援助職が「福祉を通じた再犯防止」を志向することになれば、ソーシャルワークは本人のためではなく社会のためになり、ひいては社会防衛の手段となってしまいかねない。それは福祉そのものの変質を招く可能性がある。

★ウェルビーイング
Well-being. 個人またはグループの状態（コンディション）を指す概念であり、身体的、精神的、社会的に良好な状態を意味する概念として用いられる。「幸福」「福利」などと訳される。

この点で、GLモデルは、本人の「よき人生」を処遇の最も重要な目的としており、対人援助の目的と共通性を有している。見方を変えれば、GLモデルとは、犯罪行為者の処遇の領域に対人援助の視点を持ち込んだものということができる。ここには、それぞれの目的の両立可能性が一定程度認められる。ただし、GLモデルは、やはり犯罪行為者の処遇モデルであり、そこに再犯防止の視点は避けがたく存在している。

こうした各モデルの限界を認識したうえで、社会福祉士等は福祉の目的に自覚的でありつつ、他の目的をもった処遇関与者と適切な協働関係を築くことが必要となろう。

◇参考文献

- 川井敏裕・金光旭『刑事政策 第2版』成文堂，2018.
- 桑原行恵「刑務所から地域へ――刑務所を終の棲家にしないために」『刑政』第127巻第11号，pp.32-40，2016.
- 刑事立法研究会編，土井政和・正木祐史・水藤昌彦・森久智江責任編集『「司法と福祉の連携」の展開と課題』現代人文社，2018.
- 小島弘美「高齢又は障害を有する受刑者を対象とした『社会復帰支援指導プログラム』の実施について」『ノーマライゼーション――障害者の福祉』第38巻第1号，pp.32-34，2018.
- 斎藤哲也「刑務所における高齢者・障害者の処遇及び福祉的支援の現状」『法律のひろば』第67巻第12号，pp.29-34，2014.
- 田島良昭「刑務所の中に福祉の対象者がいた」『刑政』第130巻第11号，pp.48-59，2019.
- 田畑賢太「刑事施設における特別調整等の福祉的支援の現状について」『刑政』第127巻第11号，pp.12-20，2016.
- 法務省矯正局「日本の刑事施設」
- 堀内亜希「刑務所出所者等に対する就労支援の現状と課題」『JCCD』第115巻，pp.1-10，2016.
- 本庄武「日本における受刑者処遇理念の変遷と今後の展望」『龍谷大学矯正・保護研究センター研究年報』第6号，pp.31-46，2009.
- 林眞琴・北村篤・名取俊也『逐条解説刑事収容施設法 第3版』有斐閣，2017.
- 守山正・阿部哲夫編著『ビギナーズ刑事政策 第3版』成文堂，2017.

第3節 地域生活に向けた支援のあり方

学習のポイント

- 刑事施設におけるソーシャルワーカーの配置の現状と業務内容を知る
- 施設内処遇の特殊性を理解し、今後の対人援助のあり方を考える

1 刑事施設におけるソーシャルワーカーの業務内容とその態様

1 刑事施設における配置とその業務

刑事施設における**福祉専門職**は、精神保健福祉士が2004（平成16）年度から、社会福祉士が2007（平成19）年度から、非常勤職員として採用が行われている。2014（平成26）年度からは、社会福祉士等の資格を有する福祉専門官が常勤職員として採用されている（**表7-3**）。

前述のように、社会福祉士や精神保健福祉士は、施設内処遇における福祉的支援で大きな役割を果たしており、そのなかでも**特別調整**が主要な業務とされている。しかし、いくつかの調査研究からは、実際の業務内容およびその態様は、多様なものであることがうかがわれる。

2 実際の業務内容とその態様

朴による調査[i]によれば、社会福祉士や精神保健福祉士（社会福祉士等）は、❶特別調整、❷特別調整の対象者以外で帰住地等の調整が必要な者に対する一般調整、❸労役場留置者[★]に対する社会復帰支援、❹薬物離脱指導等の改善指導の一部、❺刑務所職員および受刑者に対する福祉関連情報の提供、❻コピーやハンコ押しなどの事務補助といった業務に従事していた[1)]。

★労役場留置者
罰金または科料を完納できない者は、刑事施設に附置または内部で区別された労役場に留置され、裁判で決められた1日当たりの金額が罰金の総額に達するまでの日数分、所定の作業を行わなければならない。

社会福祉士等の配置の理由となった社会復帰支援に係る業務（❶～❸）のほかに、矯正処遇（❹）や福祉関連情報の提供（❺）などその専門性を活かした業務に加え、専門性とは関係のない業務（❻）も含まれていることが見受けられる。

i　2010（平成22）年から2013（平成25）年にかけて、21の刑務所で21名の社会福祉士等に対してインタビュー形式で行われた。

表7-3　刑事施設における社会福祉士等の配置施設数の推移

（平成16～31年度）

区分	16年度	17年度	18年度	19年度	20年度	21年度	22年度	23年度	24年度	25年度	26年度	27年度	28年度	29年度	30年度	31年度
社会福祉士	…	…	…	8	8	62	67	67	67	67	69	69	70	70	70	69
精神保健福祉士	2	4	4	8	8	8	8	8	8	8	8	8	8	8	8	8
福祉専門官	…	…	…	…	…	…	…	…	…	…	12	26	34	39	48	56

出典：法務省法務総合研究所編『令和元年版 犯罪白書』p.160，2019.

また鷲野による調査[ii]によれば、福祉職が行う業務全体のなかで「特別調整に関する業務」の割合が54%、「特別調整に関する業務以外の業務」の割合が46%であった[2)]。後者には、主として❶個別的支援に関する業務（施設内での助言・相談や施設外の機関等との調整等）、❷指導やプログラムの実施に関する業務（福祉制度についての講話やSST★等）、❸家族に関する業務（関係改善に向けた家族・親族への働きかけ等）、❹業務管理等に関する業務（ケースの割り振り、他の福祉職からの相談対応等）、❺他の矯正施設とかかわる業務（他施設の福祉職等との情報交換や相談対応等）、❻地域（関係者・関係機関）に関する業務（各種協議会への参加等）、❼研究に関する業務（研究活動等）、❽制度・政策に関する業務（啓発活動等）などが含まれる。

★ SST
Social skills training：社会生活技能訓練。

3 刑事施設に勤務する社会福祉士等に特有の問題

前述の調査研究では、刑事施設に勤務する社会福祉士等に特有の問題も指摘されている。たとえば、朴による調査では、刑事施設に勤務する社会福祉士等の一部が、刑務所では「（対象者との）ラポールは必要ない」、刑務所での面接は「カウンセリングとは違う」と述べていたとされている。そして、同調査では、面接の際に名乗らない者や、「社会福祉士である」ことすら言わない者、対象者に「さんづけ」をせず、番号で呼んだり、呼び捨てしたりする者がいたことも報告されている。

Active Learning

刑事施設に配置されたソーシャルワーカーがどんな業務を担っているのか調べてみましょう。

また、鷲野は、矯正（施設内処遇）におけるソーシャルワークの課題として、❶矯正の福祉職がよりその専門性を発揮するために矯正施設内、施設間、地域との連携強化、❷福祉職のスキルアップのためのニーズに合った研修・スーパービジョン体制の確立、❸多岐に渡りかつ施設ごとにも違いがある福祉職の業務を標準化するためのガイドライン（業務指針）の作成、❹熱意ある福祉職が安定的に力を高め、その専門性を発揮し、社会福祉に貢献するために雇用の安定化（非常勤から常勤へ）

ii　2016（平成28）年3月に刑事施設等に勤務する社会福祉士等の福祉職175名を対象（うち回答があったのは86名）に行われたアンケート調査。

を図ることを挙げている。

施設内処遇におけるソーシャルワークは、いまだ業務の範囲やその態様に、統一的な方向性が示されないままである。この点は、今後、実務家や研究者等も交えた本格的な議論が必要となるだろう。

2 刑事施設におけるソーシャルワーカーの位置づけ

日本の刑事施設におけるソーシャルワークの実践は、急速に広がりを見せる一方で、その理論的・体系的な位置づけが課題となっている。

以下では、今後の議論の参考に、古くから施設内処遇に関与してきた対人援助職である矯正医官★（医師）をめぐる議論を取り上げる。

★矯正医官
矯正施設の収容者に対して診察や治療・健康管理を行う常勤医。矯正施設内に設置された診療所（または病院）の管理者として勤務する。

1 二重忠誠の問題と専門職的自律性・臨床的独立性

刑事施設に勤務する医師と当該施設との関係は、**二重忠誠**（デュアル・ロイアルティー）のもとにあることが、国際機関などによって指摘されてきた。それは、医師の患者に対するケアの義務（患者への忠誠）と、管理や保安、場合によっては社会の安全といった刑事施設・司法の目的（施設への忠誠）とが、しばしば対立することによって、倫理的なジレンマが生じる状態を指している。たとえば、施設側が保安目的のために受刑者のカルテの開示を医師に求めるような場合に、医師は、施設の保安と患者への守秘義務という二重の関係のもとで板挟みとなる。こうした二重忠誠の問題は、刑事施設に勤務する医師のほか、軍医や産業医に典型的にみられるといわれている。

このような問題に対処するため、世界医師会は一連の声明を出し、個々の医師が診療に際して外部の団体や個人から、不当な影響を受けずに自らの職業的判断を自由に行使することができるよう**専門職的自律性**（プロフェッショナル・オートノミー）と**臨床的独立性**（クリニカル・インディペンデンス）の保証を宣言している。この場合の臨床的独立性とは、医師が専門職としての判断にあたって政府当局等から干渉を受けないこと、専門職的自律性とは、医師が自ら定めた規律、つまり職業（医療）倫理に従った判断ができることを意味していると考えられる。

2 刑事施設に勤務する社会福祉士等のあり方

こうした状況は、対人援助職として刑事施設に勤務する社会福祉士等にも、当てはまる可能性がある。

前述の朴の調査によると、刑事施設に勤務する社会福祉士等のうち、勤務形態としては常勤を志向し、ソーシャルワーカーとしての使命感が高い者は、他の刑務所職員から「刑務所の状況がわからず自己主張ばかり」する者として敬遠されていた。そうした「対立型」の社会福祉士等は、長く続かず、刑事施設の福祉専門職を辞めた人の特徴として語られていた。ここからは、社会福祉士等がある種の二重忠誠の関係に置かれている可能性をみることもできる。

他方で、常勤を志向しつつ、刑務所職員としてのアイデンティティが強い「包摂型」の社会福祉士等は、組織人としての役割を忠実に果たし、「刑務所専用社会福祉士」として高く評価されていた[iii]。

いずれの社会福祉士等のあり方が望ましいのかはひとまず置くとしても、刑事施設に勤務する社会福祉士等であっても、ソーシャルワーカーとしての職責には自覚的であるべきである。

ソーシャルワークとは、「ソーシャルワーク専門職のグローバル定義」において、「生活課題に取り組みウェルビーイングを高めるよう、人々やさまざまな構造に働きかける」とされている。日本ソーシャルワーカー連盟の「ソーシャルワーカーの倫理綱領」では、ソーシャルワーカーはあらゆる立場の人々を等しく尊重し、その権利を守ることが声明されている（原理Ⅰ・Ⅱ）。また、ソーシャルワーカーは、クライエントとの専門的援助関係を最も大切にし、クライエントの利益を最優先に考えるものとされている（倫理基準Ⅰ－１・２）。

こうしたソーシャルワーカーの倫理は、刑事施設における対人援助にも妥当するであろう。そうであるなら、刑事施設に勤務する社会福祉士等の専門職的自律性と臨床的独立性を保障する制度・組織の構築と、実践的な倫理教育が、今後必要ではないだろうか。

3 施設内処遇における対人援助職の連携のあり方

刑事施設への社会福祉士や精神保健福祉士の配置により、今後は、刑務官等の他職種との連携のあり方がより重要なものとなる。

---

iii　このほかに、勤務形態としては非常勤を志向し、ソーシャルワーカーとしてのアイデンティティが強い「適応型」の社会福祉士等、非常勤を志向し、刑務所職員としてのアイデンティティが強い「補完型」の社会福祉士等がいることが指摘されている。

1 担当制とチーム制の比較

施設内処遇は、従来の「担当制」をなお中核的なものとすべきという立場と、多様な専門家が関与するチーム制の処遇に替えるべきとする立場がある。特に前者の立場からは、チーム制では、各専門家が処遇のパーツとしてバラバラに関与するだけで、受刑者を一貫してフォローする者がいなくなってしまうとの批判があった。しかも、担当制を廃し、処遇には専門家しか関与しないとすれば、刑務官は警備や監視の業務だけを担うことになり、刑務官としてのやりがいは大きく減じられてしまうともいわれた。他方で、担当刑務官に責任と権限を集中する昔ながらの日本型行刑は、もはや立ち行かなくなっていることも事実である。

2 担当制とチーム制の併用方式

そこで提案されているのが、個別担当制とチーム制の併用方式による処遇である。それは、担当刑務官が受刑者の日常的な相談に乗り、指導を行うことができる体制を維持すると同時に、専門家チームがその専門性を活かした処遇を提供する仕組みである。

ここでは、担当刑務官と専門家が対等な立場で意見を交換し、相互の専門性を高めることが重要とされている。さらに処遇に関するすべての職種が一堂に会し、情報を交換し、処遇目標の達成状況を確認し、今後の方向性を探る処遇会議のような仕組みを導入することも提案されている。それは単なる役割分担を超えた、受刑者の本当の意味での社会復帰を目指す、新たな連携の体制ということができる。

社会福祉士等の対人援助専門職は、専門家チームの一員としての処遇への関与が想定される。そこでは、ソーシャルワーカーとしての自律性と独立性を保ちながら、他職種と適切な連携を図ることが期待される。

◇引用文献

1）朴姫淑「刑務所におけるソーシャルワークの制約と可能性」刑事立法研究会編，土井政和・正木祐史・水藤昌彦・森久智江責任編集『「司法と福祉の連携」の展開と課題』現代人文社，pp.251-268，2018.

2）鷲野明美「矯正におけるソーシャルワークの現状と課題――矯正の福祉職に対するアンケート調査の結果から」『刑政』第129巻第８号，pp.12-23，2018.

◇参考文献

・本庄武「日本における受刑者処遇理念の変遷と今後の展望」『龍谷大学矯正・保護研究センター研究年報』第６号，pp.31-46，2009.

・本庄武「行刑改革15年の成果と今後の課題」『刑政』第130巻第１号，pp.48-56，2019.

・相澤育郎「刑事施設における医療倫理の国際的スタンダード」『立命館人間科学研究』第36号，pp.55-66，2017.

第8章

施設内処遇②

少年

同じ矯正施設とはいえ、少年院と刑務所では、施設規模も職員体制も日課もまったく異なる。少年院は、少年法の理念に基づき少年を保護する処分を行う教育施設である。

しかし、少年院でどのようなことが行われているか、刑務所の生活と何が異なるのかは、一般にあまりきちんと知られてはいない。

そこで本章では、少年院および少年鑑別所の組織体制と処遇について確認し、少年院における矯正教育のあり方と社会復帰支援の実際について学ぶ。

ソーシャルワーカーは、少年院で少年たちが何を経験し、どのようなことを考えたのかを把握し、それを社会内の生活にいかにつなげていくかを考えることが求められる。

第1節　少年に対する施設内処遇の特徴

学習のポイント

- 日本の少年矯正施設の組織の特徴を把握する
- 少年矯正施設における処遇のあり方について理解する

1945（昭和20）年の終戦、1946（昭和21）年の日本国憲法の制定を受け、GHQ（連合国軍最高司令官総司令部）の強い示唆により、旧・少年法が1948（昭和23）年に全面改正された。

それまでの、少年審判所★を中心とした行政処分から、家庭裁判所の司法審判へとその審判構造が変化し、家庭裁判所調査官や審判のための心身の鑑別を行う少年鑑別所など新たな制度も整備された。また、旧・少年法の改正と同時に、矯正院法も旧・少年院法に改正された。

その後、約70年の運用を経て、2015（平成27）年6月に、現行の少年院法および少年鑑別所法が施行されている。

少年矯正施設としての**少年院**と**少年鑑別所**は、その収容対象が異なることから、その組織や具体的な処遇等もいくつかの異なる特徴を有している。本節では、その組織および処遇のあり方の特徴を示す。

★少年審判所
旧・少年法の規定により、少年の保護処分をつかさどっていた。

★行政組織法
行政機関は、それぞれの所管する業務内容に関して、国家行政組織法とそれに基づく各省庁の組織法、下位規定の省令の規定によりその所掌する業務が明らかにされている。少年矯正施設の所掌する業務や内部組織等については、少年院及び少年鑑別所組織規則（法務省設置法第10条、第11条に基づく法務省令）において細かく定められている。

★少年鑑別所
少年鑑別所は、各家庭裁判所に対応して都道府県に1庁以上（東京都2庁、北海道4庁）が設置されている。対象少年の減少に伴い、本所の分所化が進み、2020（令和2）年現在においては、本所48庁、分所5庁となっている（少年院及び少年鑑別所組織規則別表第3・第4）。

1　少年矯正施設の組織

少年矯正施設（少年院、少年鑑別所）は、行政組織法★上、法務省設置法第8条に規定される施設等機関であり、刑務所等とともに法務省に設置されている。

1　少年鑑別所の組織

家庭裁判所の審判の対象となる少年を収容する少年鑑別所★は、**専門官制**★がとられた施設組織である。少年鑑別所の所属職員として、鑑別を担当する**法務技官**と観護処遇を主に担当する**法務教官**が配置されている。

2　少年院の組織

少年院★は、院長とその事務を整理補佐する次長が全庁に配置されているほか、少年鑑別所と同様に専門官制に基づく施設組織となっている。

院長以下、ほとんどの職員が法務教官として任命されている。法務教官は主に、法務省専門職員（人間科学）採用試験★の法務教官区分から採用されている。また、いくつかの施設においては、発達障害を有する少年等の特別な支援を必要とする少年の増加等に対応し、調査・支援部門には心理専門職としての法務技官が配置されてきている。

さらに、出院後の社会復帰支援等に関する業務の増加と複雑化により、一部の施設においては常勤職として社会福祉士や精神保健福祉士の資格を有する福祉専門官が配置されるとともに、非常勤職員として社会福祉士や精神保健福祉士が配置される施設も出てきている。

2 少年矯正施設における処遇

1 少年鑑別所における処遇

少年鑑別所法の施行により、鑑別と観護処遇、そして非行および犯罪の防止に関する援助の三つが少年鑑別所の主な業務とされた。

❶鑑別の内容

人間科学の専門的な知見等を用いて、その対象となる者の資質を明らかにすることが**鑑別**★とされている。対象となるのは、❶保護処分または都道府県知事・児童相談所長送致による措置に係る事件の調査または審判を受ける者、❷保護処分の執行を受ける者、❸懲役または禁錮の刑の執行を受ける者で20歳未満の者、である（少年鑑別所法第17条第１項）。

鑑別の意義は、大別すると次の二つとなる。第一は、非行または犯罪の原因を明らかにすること、第二は、そこで明らかになった非行または犯罪の原因に基づき、再非行または再犯を防止するための適切な指針を示すこと、である（第16条第１項）。

❷観護処遇の内容

少年鑑別所に収容された少年に、施設収容の期間必要とされる処遇を実施することが**観護処遇**（第19条・第20条）である。観護処遇に関する原則は次の三つである。その第一は、情操の保護への配慮であり、強制収容による影響や審判前という少年の置かれた状況を考慮して働きかけを行うこと、第二は、特性に応じた働きかけであり、性格や心身の状況、発達の程度など個々の少年の特性に応じて働きかけを行うこと、第三は、専門的知識および技術の活用、である。

★専門官制
行政組織の職員構成は、部・課・係といった職階制に代表されるライン制と、特定の技能等を有する専門職集団により構成されるスタッフ制とに大別され、後者の構造を専門官制と呼んでいる。

★少年院
少年院は、1989（平成元）年には、全国に54庁（分院６庁を含む）と、おおむね各都道府県に設置されていたが、在院者の減少や業務の効率化等により、2020（令和２）年には、49庁となり、今後も減少する傾向にある（少年院及び少年鑑別所組織規則別表第１・第２）。

★法務省専門職員（人間科学）採用試験
人事院が主管する国家公務員採用試験のなかの専門職試験の一つ。矯正心理専門職、法務教官、保護観察官の３区分がある。

Active Learning
少年鑑別所の主な業務について調べてみましょう。

★鑑別
鑑別は、家庭裁判所、地方更生保護委員会、保護観察所の長、児童自立支援施設の長、児童養護施設の長、少年院の長、刑事施設の長からの要請に基づいて行われる（少年鑑別所法第17条第１項）。

★法務少年支援センター
蓄積した少年非行等に関する専門的知識やノウハウを活用し、非行等に関して、当事者としての少年、保護者等からの相談に応じる「個人援助」と、関係機関等からの依頼に応じ、情報提供、助言、各種心理検査等の調査、心理的援助、研修・講演等のニーズに対応する「機関等援助」を実施している。「少年鑑別所」という言葉に内在するネガティブなイメージを払拭し、より多くの利用を得るために別の名称を用いている。

★少年院の種類
第一種は、保護処分の執行を受ける者であって、心身に著しい障害がないおおむね12歳以上23歳未満のもの(第二種に定める者を除く)、第二種は、保護処分の執行を受ける者であって、心身に著しい障害がない犯罪的傾向が進んだおおむね16歳以上23歳未満のもの、第三種は、保護処分の執行を受ける者であって、心身に著しい障害があるおおむね12歳以上26歳未満のもの、第四種は、少年院において刑の執行を受ける者を収容するとされている。

★矯正教育課程
年齢、心身の障害の状況、犯罪的傾向の程度、社会生活に適応するために必要な能力等の一定の共通する特性を有する在院者の類型を明らかにし、矯正教育の重点的な内容と標準的な期間を定めたもの。

ただし、少年鑑別所は、矯正教育実施施設ではないので、働きかけは強制的なものであってはならず、少年の自主性、主体性に訴えかけるものでなければならない。

❸非行及び犯罪の防止に関する援助

旧・少年院法では明文規定がなかったが、少年鑑別所では、従来から、他機関等への支援業務を鑑別業務に支障のない範囲で行うこととされていた。少年鑑別所法の施行に伴い、他機関等への支援業務は明文化され、少年鑑別所の本来業務として実施可能となった。そこで、少年鑑別所は、その施設名とは別の**法務少年支援センター**★という名称で、地域社会における**非行及び犯罪の防止に関する援助**を行っている。

2 少年院における処遇

❶少年院の種類

少年院法では、少年院の種類★を、在院者の年齢、心身の障害の状況、犯罪的傾向の程度等に応じて、第一種から第四種までに編成している(第4条第1項)。

❷矯正教育課程

在院者の特性に応じた体系的・組織的な矯正教育を実施するため、それぞれの少年院の種類ごとに**矯正教育課程**★が設定されている。

❸処遇の対象

少年院に収容され、その処遇の対象となる少年は、家庭裁判所の保護処分として送致された保護処分在院者がほとんどである[i]。

また、保護者は在院者の立ち直りの支援者の1人であるとともに、出院後の監護の責任者でもあることから、矯正教育の実施と社会復帰支援に関する協力者としてその協力を求めるものとされている[ii](第17条第1項)。

◇参考文献

・法務省矯正局編『新しい少年院法と少年鑑別所法』矯正協会, 2014.
・法務省矯正研修所編『研修教材 少年矯正法』矯正協会, 2016.

i　2000(平成12)年の少年法の改正により、16歳未満で懲役刑等に科せられた少年を16歳に達するまでの間、少年院で処遇できることとなったが、この受刑在院者は、法改正後、まだ収容されていない。

ii　これまでの少年に対する保護者の養育姿勢や監護に関する意識等に課題があったために少年が非行に陥ったケースもあることから、少年院の長は、矯正教育の実効を上げるため、保護者に対して指導、助言その他の適当な措置をとることができるとされている(少年院法第17条第2項)。

第2節　少年に対する施設内処遇の実際

学習のポイント

- 日本の少年院入院者の特徴について理解する
- 少年院における処遇の実際について学ぶ

1　少年院入院者の特徴

1　少年院入院者の人員の推移

少年院入院者★は、1990年代当初は減少傾向にあったが、1996（平成8）年から増加に転じ、2000（平成12）年にピーク（6052人）を迎えたあとは、再び減少傾向に転じ、2018（平成30）年は2108人と過去最低を推移している（**図8-1**）。

『令和元年版 犯罪白書』によれば、入院者に占める女子比は、6～12%台で推移し、全体としては減少傾向にある。

2018（平成30）年の年齢層別構成比は、年長少年（1099人：52.1%）が最も高く、次いで、中間少年（769人：36.5%）、年少少年

★少年院入院者
少年院送致の決定により新たに入院した者。『犯罪白書』等では、18歳以上20歳未満の者を「年長少年」、14歳以上16歳未満の者を「年少少年」、その間の16歳以上18歳未満の者を「中間少年」と位置づけ統計をとっている。

図8-1　少年院入院者の総数の推移と年齢層別構成比

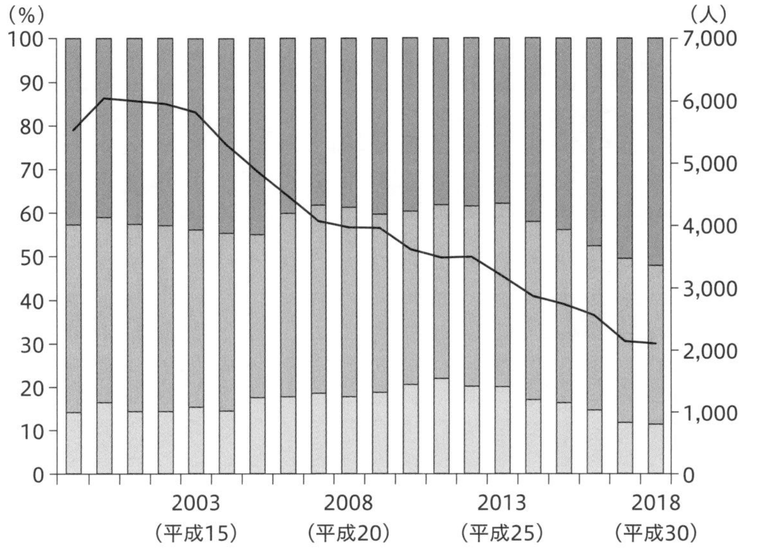

注：入院時の年齢による。ただし、「年少少年」は14歳未満の者を含み、「年長少年」は入院時に20歳に達している者を含む。
出典：法務省法務総合研究所編『令和元年版 犯罪白書』p.222，2019．をもとに筆者作成

（240 人：11.4%）の順である（**図 8-1**）。

2 少年院入院者の特徴

Active Learning

少年院入院者にみられる傾向・特徴について考えてみましょう。

❶非行名

男子入院者は、年次を経るにしたがって窃盗の構成比が下がる一方で、詐欺の構成比が高くなっているという特徴がある。また、傷害・暴行も増加傾向にある。女子入院者は、2018（平成 30）年の構成比をみると、窃盗、傷害・暴行、覚せい剤取締法違反の順で高い。ぐ犯の構成比が下がり、代わりに傷害・暴行の構成比が高くなり、また詐欺の構成比は急増している（**図 8-2**）。

★ぐ犯
保護者の正当な監督に服しない性癖等の事由があり、性格または環境に照らして、将来、罪を犯し、または刑罰法令に触れる行為をするおそれのあること。

❷教育程度

男女ともに 1989（平成元）年には中学卒業の構成比が最も高く、5 割を超えていた。2018（平成 30）年には、中学在学および中学卒業の構成比が低下し、高校在学および高校中退の構成比が高くなっている。しかし、社会全体の高校進学率が 100%近いなかで、少年院入院者は中学在学および中学卒業の構成比が 30%を超えており、社会との大きな格差が認められる（**図 8-3**）。

❸保護者の状況

男女ともに、保護者が実父母である者の構成比が低下し、保護者が実母である者の構成比が高まる傾向が認められる（**図 8-4**）。

図8-2 男子入院者・女子入院者の非行名別構成比

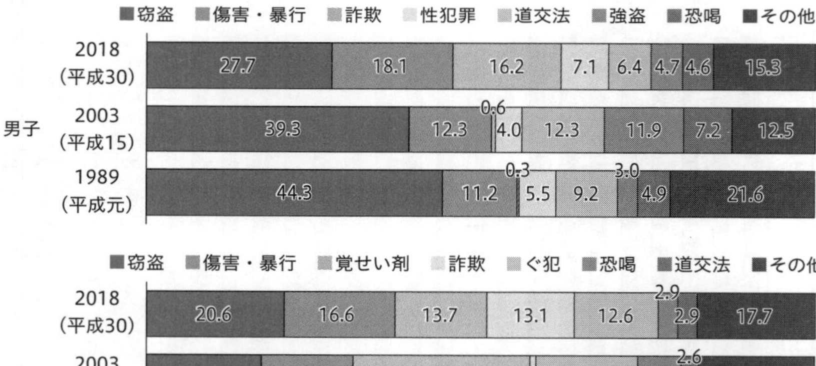

注 1：「性犯罪」とは、「強制性交等・強制わいせつ」のことである。
2：「道交法」とは、「道路交通法違反」のことである。
3：「覚せい剤」とは、「覚せい剤取締法違反」のことである。
4：男子の2003（平成15）年と1989（平成元）年の「その他」は毒劇法違反を含めた数値である。
出典：法務省法務総合研究所編『令和元年版 犯罪白書』p.223，2019．をもとに筆者作成

図8-3　少年院入院者の教育程度別構成比（男女別）

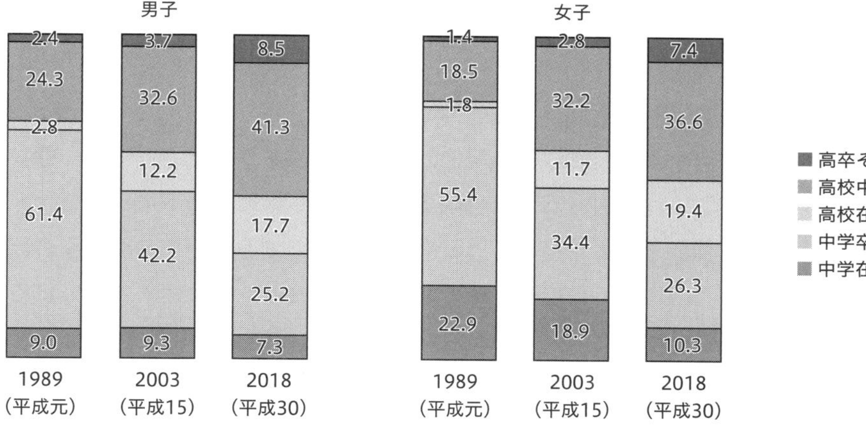

出典：法務省法務総合研究所編『令和元年版 犯罪白書』p.224，2019．をもとに筆者作成

図8-4　少年院入院者の保護者状況別構成比（男女別）

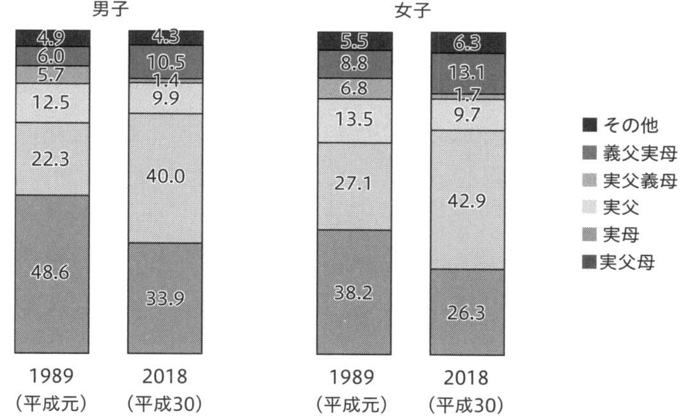

出典：法務省法務総合研究所編『令和元年版 犯罪白書』p.227，2019．をもとに筆者作成

図8-5　男女別被虐待経験別構成比

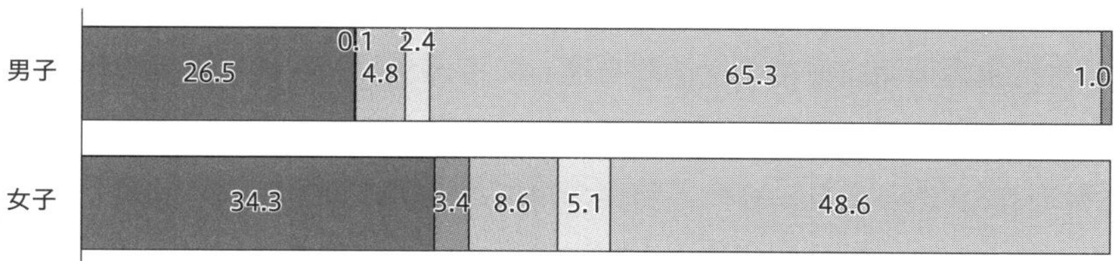

出典：法務省法務総合研究所編『令和元年版 犯罪白書』p.228，2019．をもとに筆者作成

❹被虐待経験

保護者等からの**被虐待経験**別構成比を統計の存在する2015（平成27）年からみると、被虐待経験があるとする者の構成比は上昇傾向にある。また、男子より女子で被虐待経験の構成比が高い。2018（平成30）年のデータでは、男女ともに身体的虐待の比率が高い（**図8-5**）。

2 少年院における処遇の実際——矯正教育とは何か

1 矯正教育の原則

矯正教育を中核とする少年院における処遇のあり方や方向性は、❶在院者の人権を尊重すること、❷明るく規則正しい環境の下で行うこと、❸健全な心身の成長を図ること、❹自覚に訴えて改善更生の意欲を喚起すること、❺自主、自律および協同の精神を養うことに資するように行うこと、の五つである（少年院法第 15 条第 1 項）。

また、処遇の個別化の原則として、❶専門的知識および技術を活用すること、❷個々の在院者の事情を踏まえること、❸最善の利益★を考慮して処遇すること、の三つが示されている（第 15 条第 2 項）。

★最善の利益
児童の権利に関する条約（子どもの権利条約）第 18 条第 1 項に規定される「児童の最善の利益」の保障が、少年院法第 15 条第 2 項に「その者の最善の利益を考慮して、その者に対する処遇がその特性に応じたものになるようにしなければならない」と規定されている。

Active Learning

矯正教育がどのように在院者の立ち直りに影響を与えているのか指導領域を絞って考えてみましょう。

2 矯正教育の内容——五つの指導領域

矯正教育の内容は、生活指導、職業指導、教科指導、体育指導、特別活動指導の五つの指導をそれぞれの在院者の特性に応じて、適切に組み合わせ、体系的かつ組織的に行うものとされている（第 23 条第 2 項）。

なお、少年院の矯正教育は、少年院の職員だけでなく、外部のさまざまな人達の協力によって実施されている。矯正教育を効果的に実施するために、専門的知識・技能等を有する外部の人、たとえば、事業主、学校の長、学識経験者などに指導を委嘱している（第 40 条第 1 項）。

❶生活指導

生活指導として、善良な社会の一員として自立した生活を営むための基礎となる知識および生活態度を習得させるための指導が行われる（第 24 条第 1 項）。

生活指導には、日常の生活等を通して指導が展開される通常の生活指導のほかに、個々の在院者の課題等に着目し、改善更生・円滑な社会復帰に支障があると認められる特定の事情の改善に資するよう配慮して行うものとして、特定生活指導★が実施されている（**表 8-1**）。

★特定生活指導
『令和元年版 犯罪白書』によれば、2018（平成 30）年の特定生活指導の受講終了人員は、❶被害者の視点を取り入れた教育が 107 人、❷薬物非行防止指導が 192 人、❸性非行防止指導が 188 人、❹暴力防止指導が 514 人、❺家族関係指導が 686 人、❻交友関係指導が 1133 人であった。

❷職業指導

在院者の勤労意欲を高め、職業上有用な知識および技能を習得させるための指導として、職業指導が実施されている（第 25 条）。

在院者のうち、入院前に無職の者の占める比率は低下傾向にあるものの、出院後の安定した生活等を確保し、再非行を抑止するうえで、資格・免許の取得★も促進する職業指導の果たす役割は大きい。

★資格・免許の取得
『令和元年版 犯罪白書』によれば、2018（平成 30）年における出院者のうち、在院中に職業指導を通して溶接、土木・建築、情報処理等の資格・免許を取得した者の延べ人員が 1698 人である。このほか、特別な資格取得のための講座等を受講し、小型車両系建設機械運転、危険物取扱者、フォークリフト運転等の資格・免許を取得した者は延べ 2244 人である。

表8-1　特定生活指導の種類と内容

種類	内容
被害者の視点を取り入れた教育	非行の重大性や被害者の現状や心情を認識するとともに、被害者やその家族等に対する謝罪の気持ちを持ち、誠意を持って対応していくことを目的とした指導
薬物非行防止指導	薬物の害と依存性を認識するとともに、薬物依存に至った自己の問題性を理解し、再び薬物を乱用しないことを目的とした指導
性非行防止指導	性に対する正しい知識を身に付けるとともに、自己の性非行に関する認識を深め、性非行せずに適応的な生活をする方法を身に付けることを目的とした指導
暴力防止指導	暴力又は暴力的な言動により問題解決を図ろうとする認識の偏りや自己統制力の不足を理解し、暴力的な言動に頼らずに生活する方法を身に付けることを目的とした指導
家族関係指導	非行の要因となった家族の問題を正しく認識し、保護者その他家族に対する適切な関わり方を身に付けることを目的とした指導
交友関係指導	交友関係の問題や影響を振り返るとともに、健全な生活に適応し、向社会的な交友関係を築くことを目的とした指導

資料：「矯正教育の内容について」（平成27年５月14日法務省矯少第91号）

❸教科指導

教育を受ける権利を保障するとともに、出院後の社会生活や復学・進学を支援する観点から、学校教育法に定める学校教育に準ずる内容に関する指導が、小学校または中学校の学習指導要領に準拠した**教科指導**として対象少年に実施される。そのほか、高等学校への編入や復学、大学等への進学希望に応じて必要となる教科指導が行われる（第 26 条）。

❹体育指導

善良な社会の一員として自立した生活を営むための基礎となる健全な心身を培わせるための指導として、**体育指導★**が実施される（第 28 条）。

❺特別活動指導

在院者の情操を豊かにし、自主、自律および協同の精神を養うことに資する社会貢献活動★、野外活動、運動競技、音楽、演劇その他の活動の実施に関する指導として**特別活動指導**が実施される（第 29 条）。

3 矯正教育の実施・展開

❶「育ち直り」の場としての集団寮

少年院の処遇は、所属する法務教官（以下、教官）も含めた共同生活の場としての「寮」を中核に展開されており、この処遇の体制は、少年院の前身である矯正院当時から続いている。

一つの集団寮には 5 ～ 6 人の教官★が配置され、20 ～ 30 人の在院者の指導に当たる。多くの施設は、集団寮に教官の当直室が併設されており、まさに 24 時間体制で生活指導等に当たっている。在院者は他の寮

★体育指導
在院者の身体的な能力の向上のみならず、精神力（集中力、忍耐力、持久力）の涵養（かんよう）、集団競技等を通じた協調性・規範意識の向上等も目的とし、他の指導と相まって矯正教育の全体的な効果の向上に資するもの。具体的には、陸上競技、水泳、剣道、サッカー、野球、ソフトボール、バレーボール、バスケットボール、スキー等の各種スポーツ、ダンスなどが実施され、その成果等は運動会や水泳大会等の行事で披露されてもいる。

★社会貢献活動
社会に有用な活動を通じて規範意識、社会性の向上等を図ることを目的とし、駅前清掃や公共施設の清掃活動等が行われている。

生とともに所属寮において日課を行うことになる。平日昼間は、集団寮からそれぞれが指定されている職業指導や教科指導等の場に赴くが、昼時には、一度寮に戻り昼食等をとる。

このような集団生活を展開する集団寮において、在院者は擬似家族、擬似社会を日々の生活を通して体験する。この体験は、これまでの実生活では体験し得なかった正常で健全な生活の内容等をまさに体感することであり、集団寮は「育ち直り」ともいわれる成長の場となる。

❷自分のことばを育む日記・作文・面接指導

日記★・作文★・面接指導★を通して日々の指導が展開され、在院者は自分自身の思いを言語化するスキルと、自分自身のことばを他者に伝達するスキルを獲得することになる。さらに、他者から発せられることばを理解し、必要な応答をする「対話」を重ねることにより、これまで未形成だったといえる「自己」が形づくられる。

❸自分を見つめる内省指導

寮内でのさまざまなかかわり等を通して、「自己」が形成され、歪(ゆが)んだ自己同一性が矯正されていく。それは、他者との対話や関係性等を通しての「内省」機能が働いているといえる。

一方、自律的にこの内省が進まない在院者に対しては、集団寮から一旦引き離し、個別寮において、自分自身を見つめる**内省指導**が実施される。その期間は1日から数日にわたる場合があるが、日々、課題作文や、課題図書の感想文、定期的な教官による面接等が実施される。

❹関係性をつくる係活動・各種行事

施設内のさまざまな**行事**は、寮単位で実施され、集団の凝集性等を利用した相互の関係性の構築等が意図的・計画的に展開されていく。

寮内では、さまざまな**係活動**があり、係に指定された寮生はその活動を通して他の在院者とかかわり、そのなかで役割達成の評価や充実といった、これまで経験したことがない自己肯定感を獲得する。

在院者にとって、集団寮に所属する他の寮生は、教官とは異なる存在であり、立ち直りの道程を先行する者となり、具体的な行動等を示唆する者でもある。

★教官
集団寮に所属する在院者それぞれには、個別担任としての教官が指定される。個別担任の教官は担任在院者の日々の行動等を観察し、必要に応じて個別面接等を実施し、当該在院者に設定されている各処遇の段階ごとの目標の達成度等の一次評価者としての役割を担う。

★日記
在院者は、平日の昼間に設定される各種の指導を受け、集団寮では、1日の終わりにその日の振り返りとして日記を書く。日記には、当直教官が必ずコメントを記し、必要に応じて他の教官と情報が共有され、翌日在院者に返却される。

★作文
定期的に課題作文があり、行事参加ごとに振り返りの作文が課される。この作文内容等は在院者当人の成績評価資料として活用される。

★面接指導
毎月、定期的に個別面接が担任教官によって実施される。また、必要に応じて、時には在院者からの申し出により個別面接が実施される。

◇参考文献

・広田照幸・後藤弘子編『少年院教育はどのように行われているか――調査からみえてくるもの』矯正協会，2013.
・法務省矯正局編『子ども・若者が変わるとき――育ち・立ち直りを支え導く少年院・少年鑑別所の実践』矯正協会，2018.
・岩崎久美子『成人の発達と学習――人間発達科学プログラム』放送大学教育振興会，2019.

第3節 少年院在院者への社会復帰支援のあり方

学習のポイント

- 少年院出院者の状況を把握し、少年院における社会復帰支援の状況について学ぶ
- 社会復帰支援におけるソーシャルワーカーの役割・現状を知り、そのあり方を考える

1 少年院出院者の状況

1 少年院からの出院状況・帰住先

少年院出院者★のほとんどが仮退院で少年院を出ている。残りは、保護処分の期間を少年院で終えての退院となっている。また、進路についてみると、半数以上が進路未定のまま出院している。

『令和元年版 犯罪白書』によれば、少年院出院者の出院時引受人★が実父母である者の構成比は、減少傾向がうかがえる一方、引受人が実母である者の構成比が、2018（平成30）年では男女ともに最も高くなっている。少年院入院者の保護者の構成比の変化（**図8-4**参照）と同様の傾向がみられる。

2 少年院出院後のかかわり

少年院出院者またはその保護者等からの相談等へのかかわりについては、これまでは出院後の職員との不適切な交友等が懸念されていたことから、控えめであった。しかし、少年院という組織それ自体が出院者の立ち直り支援のための一つの社会資源であり、その活用を促進することが再犯・再非行防止に有効であるという観点から、少年院法の改正によって、出院後のかかわり★が法定化された。

出院者またはその保護者等から交友関係や進路選択等について相談を求められた場合、相談にのることが当人の健全育成に資すると認めるときは、少年院の職員がその相談に応じることとされている（少年院法第146条）。少年の健全育成に関連する地方公共団体等を含めた他の機関からの相談や、仮退院した者に係る個別的な相談等にも応じている。

★少年院出院者
『令和元年版 犯罪白書』によれば、2018（平成30）年の少年院出院者は2156人。そのうち2146人（99.5%）が仮退院。残り10人が保護処分期間を終えての退院。なお、2018（平成30）年の出院者の進路は、36.2%が就職決定、4.0%が高等学校復学決定、1.6%が中学校復学決定。その一方、41.0%が就職希望、13.7%が進学希望、1.0%が進路未定である。

★出院時引受人
『令和元年版 犯罪白書』によれば、出院時の引受人が実父母である者の構成比は、1989（平成元）年および2003（平成15）年は、男子で42.2%、女子で34.9%であったが、2018（平成30）年には、男子で24.7%、女子で14.7%となっている。引受人が実母である者の構成比は、2018（平成30）年では男子で39.6%、女子で38.7%となっている。

2 少年院在院者への社会復帰支援の状況

円滑な社会復帰に向けた支援

少年院在院者の改善更生および円滑な社会復帰を図るために、前述した矯正教育を実施するほか、出院後を見据えて住居や就業先、その他の生活環境の調整等を行うなど、特に社会内処遇への円滑な移行に資するための支援が、**社会復帰支援**★として行われている。

❶修学・就労支援

社会生活を送るうえで必要となる知識・技能等の基礎学力を維持し、また、所属していた学校等への復学や進学を支援するために、在院中から必要とされる支援体制を個別に構築し**修学支援**として実施している。

就労支援としては、**刑務所出所者等総合的就労支援対策**を実施している。その一環として、刑事施設および少年院に就労支援スタッフ等の専門職が配置されるようになってきている。また**職親プロジェクト**★として、刑務所在所中・少年院在院中からの就労支援と採用決定等を実施し、円滑な社会復帰とその後の再犯・再非行防止を促進する取り組みを展開している。

❷福祉的支援

2009（平成 21）年度から、矯正施設と保護観察所において、障害があり適当な帰住先が決定しない者に対して出所・出院後速やかに福祉サービスを受けることができる等の円滑な社会復帰支援体制の構築を図るものとして、**特別調整**★が行われている。

 社会復帰支援の取り組みとソーシャルワーカー

1 社会復帰を支援するスタッフ

少年院でも、刑事施設と同様に社会福祉的な支援を必要とする在院者の増加に対応し、まずは非常勤職員として、その後、常勤職員として社会福祉士や精神保健福祉士（以下、社会福祉士等）の配置が進められた。2020（令和２）年には、五つの男子少年院に常勤職員としての**福祉専門官**が、19 庁に 20 名の非常勤職員が配置されている。

社会福祉士等は、教育部門の調査・支援を所管する統括専門官に所属し、専門スタッフとして他の法務教官と協働してその業務を行う。

★出院後のかかわり
『令和元年版 犯罪白書』によれば、2018（平成 30）年における少年院出院者またはその保護者等からの相談件数は 618 件（進路選択が 150 件、交友関係が 114 件、家族関係が 111 件（重複相談含む））であった。

★社会復帰支援
出院後に自立した生活を営むために支援が必要とされる在院者に、本人や保護者の意思を尊重しつつ、❶適切な帰住先の確保、❷医療および療養の継続支援、❸修学または就業のための支援などを行っている（少年院法第 44 条）。

★職親プロジェクト
少年院出院者や刑務所出所者の更生と社会復帰を目指すプロジェクト。2013（平成 25）年２月に、日本財団および関西の企業７社により発足した。2020（令和２）年 12 月現在で、174 社が参加している。

★特別調整
地域生活定着支援センターを中核とし、福祉関係機関等との効果的な連携を図るもの。少年院では、在院者の保護者が退院後の引受を拒んだ場合、福祉施設への受入を調整する取り組みなどが行われている。

2 専門スタッフ等の取り組み

❶社会復帰支援計画等の作成

少年院は、在院者のうち特に社会復帰支援が必要な者を選定し、処遇審査会の付議等を経て、実施対象を指定する。調査・支援担当職員が支援実施対象とされた在院者に関して**社会復帰支援計画**★を作成し、**身上調査書・身上変動通知書**★に添付し、地方更生保護委員会・保護観察所に送付するとともに、矯正管区★・送致元少年鑑別所に参考送付する。社会福祉士等は専門スタッフとして担当ケースに関する情報収集等を担当する。

❷帰住調整

少年院在院者の円滑な社会復帰に向けて、再非行の防止の根底を支える引受人との間で、出院後の帰住地等の確保に関する調整支援として**帰住調整**が行われる。

保護観察所では、少年院から送付された在院者の身上調査書をもとに、担当保護観察官または保護司をとおして、引受人に面談・調査を実施し、その帰住の可否についての意見を付した生活環境調整状況通知書を少年院に送付する。帰住不可となった場合には、帰住先の確保に関して必要な措置を講じる。社会福祉士等は、担当ケースの情報収集と必要に応じた関係者・関係機関との調整を行う。

❸環境調整

帰住調整が不調となった対象在院者に対しては、出院後の帰住先の確保のために実施する各種支援として**環境調整**が行われる。調査・支援担当職員が実施候補者選定表と、社会復帰支援計画表を作成し、支援会議★を開催するなどし、関係機関と連携して必要な支援等を実施する。実施した支援等に関しては、実施状況報告書により矯正管区に報告する。社会福祉士等はそのネットワークを活用し、引受先の確保に関する調整業務を具体的に担当し、関係者・関係機関との調整を行う。また、支援会議では、個々のケースに関するコンサルテーション的な役割を担う。

❹特別調整

特別調整に関して調査・支援担当職員が行う具体的な支援内容は、在院者本人への意向等の確認、保護者等関係者の意思確認等、関係機関との連絡調整、カンファレンスの設定、個人情報開示・福祉調整の同意書等の必要書類の作成、援護地の決定、福祉手帳の取得等の業務である。

社会福祉士等は、施設担当職員への支援と助言、保護観察所や地域生活定着支援センターといった関係機関担当者との連絡調整、各種カンファレンスへの参加等に関しての専門的知見からの支援・助言等を行う。

★社会復帰支援計画
少年矯正施設等と保護観察所等の更生保護官署の効果的な連携を図り、少年院在院者にその入院時から計画的・継続的な生活環境の調整を行うなどその指導・支援等の充実を図るために、個別に作成される支援計画。

★身上調査書・身上変動通知書
入院時には身上調査書を、状況に変更が生じた際には身上変動通知書を作成、送付する。

★矯正管区
法務省の機関として全国8か所に設置され、刑務所や少年院・少年鑑別所等の監督業務等を所管している。内部組織は第一部・第二部・第三部と三部制をとっており、第三部が少年矯正施設の指導・監督に当たる。

★支援会議
在院者の社会復帰支援について、関係機関との連携を強化するために実施する会議。指導・助言や具体的な支援を担える関係機関等を選定し、日程調整等を行ったうえで会議を実施し、実施後、必要な措置を講じる。

Active Learning

少年院在院者の社会復帰支援において、ソーシャルワーカーがどのようにかかわれるか考えてみましょう。

❺就労支援

出院後の就労に関する支援としては、保護者・親族が在院者の退院後の引受に難色を示した場合などに協力雇用主との調整や職親プロジェクトへの応募・参加企業との調整などを行う。

調査・支援担当職員が行う具体的な支援内容は、在院者本人と保護者等関係者の意思確認と同意書の徴取、処遇審査会への付議、関係機関との連絡調整、カンファレンスの設定等の業務である。社会福祉士等は、少年院の担当職員への支援と助言、在院者本人の履歴書の作成、採用面接等の指導・助言、関係機関担当者との連絡調整、各種カンファレンスへの参加等に関しての専門的知見からの支援・助言等を行う。

3 ソーシャルワーカーとして留意すべき事項

❶帰住・環境調整等における留意点

帰住・環境調整においては、保護者との関係、とりわけ虐待等により家族の元に帰住させることが難しいといった事実が、これまでの調査等によって明らかな場合と、在院生活を通してその事実が判明する場合等、さまざまなケースがあることから、在院者の意思をまず第一とした支援の実施が必要とされる。

❷修学・就労支援における留意点

帰住・環境調整と同様に、単なる修学・就労先を提供するものではなく、本人の意思や今後の生活設計、保護者の思い等を勘案しながら、選択肢が少なくなりがちとはいえ、そのなかから最善の選択がなされるよう必要な支援を行う。特に修学に関しては、保護者の財力等によっては本人の意思どおりにならない場合もあり、福祉的な援助措置に関する助言等の支援を行う必要がある。

❸関係者間の連携における留意点

保護者・家族間においても、また、帰住先や就労先の構成員等においても、在院者に対する意識は同質ではない点を十分考慮し、それぞれの関係者の意思も尊重しながら、出院後に葛藤やストレス等が生じないように、必要とされるさまざまな調整・支援等を実施する必要がある。

◇参考文献

・法務省編『令和元年版 再犯防止推進白書』2020.

第9章

社会内処遇①

更生保護の理念と概要

犯罪・非行をした人の多くは、刑事施設での生活を終えて必ず社会に戻る。数十年ぶりに施設を出る人もいる。在所中にその後の生活のめどがついていない人もいるし、ついていてもいざ社会に出るとうまくいかない人もいる。社会内処遇である更生保護は、こうした問題に早期に気づいた市民によって始まった取り組みである。社会のなかで起こることについては、同じ社会に住む市民こそが重要な担い手である。

本章では、社会内処遇としての更生保護の意義と歴史を確認し、更生保護制度の概要を学んだうえで、更生保護におけるソーシャルワーカーの役割・課題を認識する。

ソーシャルワーカーは、社会内処遇の歴史と現状を知り、多様な担い手と連携していくことが求められている。

第1節 更生保護の意義と歴史

学習のポイント

- 社会内処遇としての更生保護の成り立ちを把握する
- 更生保護の基本理念を理解する

1 更生保護とは何か——社会内処遇としての更生保護

更生保護とは、犯罪・非行をした人に対し、社会内において普通に生活しながら改善更生できるよう指導・援助する処遇、つまり**社会内処遇**★であって、日本の法務省保護局が所管する業務・施策（**図 9-1**）を指す、日本独自の呼称である。

★社会内処遇
社会内処遇には、❶刑事手続の入口段階で拘禁を回避するためのものと、❷刑事手続の出口段階で拘禁後の社会復帰を促進するものとあり、歴史的には、❶が19世紀アメリカにおけるプロベーション（probation）、❷が18世紀オーストラリアにおけるパロール（parole）を起源としている。なお、プロベーションは保護観察付執行猶予に、パロールは保護観察付仮釈放に相当する。

社会内処遇は、特に20世紀後半以降、**施設内処遇**よりも優先して行われるべきものとされてきた。施設内処遇は、犯罪・非行をした人の社会復帰のための処遇であるにもかかわらず、犯罪・非行をした人は刑務所や少年院に拘禁され、社会から隔離されるため、社会生活を維持できなくなり、かえって社会復帰を困難にし、処遇効果が上がりにくかった。また、刑事施設の拘禁コストの高さや過剰拘禁の問題が深刻化したことなどから、拘禁を伴わない措置（非拘禁的措置）である社会内処遇の積極的活用が国際的にも推進されている。

図9-1　更生保護（法務省保護局の所管範囲）

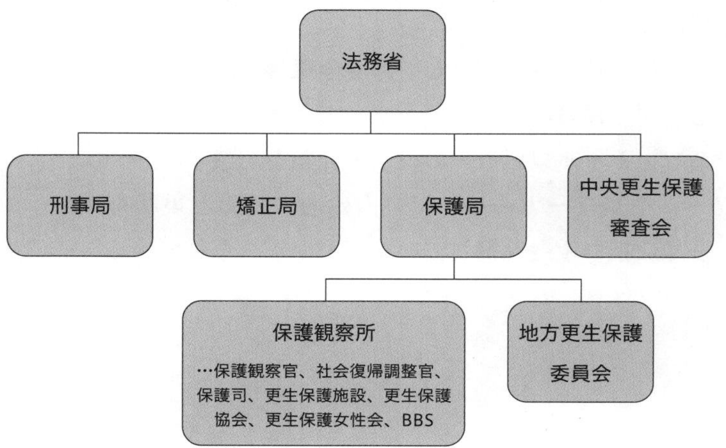

2 更生保護（社会内処遇）の歴史 ——日本の更生保護の始まりとその制度化

日本における更生保護史は、行刑施設による刑の執行終了者保護のための**別房留置制度★**の廃止に応じて、1888（明治21）年、民間篤志家によって静岡県出獄人保護会社（現・更生保護施設静岡県勧善会）が設立されたことに始まるといわれる。これを契機に、当時の内務省も保護会社の設立を勧奨し、全国において仏教者やキリスト教者による出獄人保護会が設立された。こうした保護会に源流をもつ**更生保護施設**は、現在もなお全国103施設が運営されている。

すでに1880（明治13）年には警察が仮出獄者の監視を行う**仮出獄制度**が成立していたが、これはあくまで出獄者の監視や犯罪統制を目的としたものであり、福祉的な視点に立つ更生保護とは異なるものであった。つまり、日本の更生保護の始まりにおいては、国ではなく民間こそが重要な役割を果たしていたのである。

その後、1900（明治33）年に監獄行政が内務省から司法省へ移管され、1907（明治40）年に出獄人保護事業のための費用（免囚保護事業奨励費）が初めて予算化された。これを機に、民間から始まった更生保護（当時は**「司法保護」**）は、国の刑事政策の一環として組み込まれていくこととなる。

1923（大正12）年には少年保護司（常勤の国家公務員で少年審判所に配置）による少年の保護観察制度が開始され、1939（昭和14）年に司法保護事業法の制定により、民間の保護団体や司法保護委員（現・保護司）が制度化され、国による社会内処遇制度の整備が進んだ。しかしそこでも、少年審判所での少年の調査は少年保護司が行い、実際の少年処遇は委託された民間人である嘱託少年保護司、執行猶予者の訪問保護は司法保護委員が行う等、人的資源は民間に大きく依存していた。

戦後、1949（昭和24）年の**犯罪者予防更生法★**の制定をはじめとする一連の改革を経て、今もなお保護観察は、民間ボランティアである保護司によってその大部分が担われている。

2007（平成19）年、従来の犯罪者予防更生法と執行猶予者保護観察法に代わり、更生保護に関する基本法として**更生保護法**が制定された。

★別房留置制度
1881（明治14）年制定の監獄則において設けられていた制度。本来、刑期を満期で終えて釈放されるべき刑の執行終了者（出獄者）を、一般の懲役囚等とは異なる、監獄内にある「別房」に引き続き留め置き、何らかの作業をさせることで、その生活再建を支援しようとするもの。1889（明治22）年の改正監獄則の制定時に、監獄の収容対象者を整理するにあたり廃止された。当時の監獄費は国費ではなく地方税で負担されており、監獄費用が地方財政を圧迫していたことから、実質的には財政上の問題で廃止されたとされる。

★犯罪者予防更生法
1949（昭和24）年に施行された、社会内処遇を規律する基本法。本法とは別に、保護観察付執行猶予となった人の保護観察については執行猶予者保護観察法が制定されていた。

3 更生保護の基本理念

Active Learning

社会内処遇としての更生保護がどのような理念の下で行われているか確認してみましょう。

1 更生保護の目的――本人の改善更生と再犯防止

犯罪者予防更生法における更生保護の目的（第１条）は「本人の改善更生」とされ、「再犯防止」は目的として明記されていなかった。それは、民間支援から始まったという成り立ちからも明らかなとおり、更生保護においては、あくまで本人の生活再建を福祉的な観点から支援し、本人が「犯罪をしなくてもいい生活」を実現することで、結果として「再犯防止」が果たされ、それが社会防衛にもつながるという考え方が実務において主流であったからである。

しかし、2004（平成16）年以降に発生した奈良女児殺害事件★等、仮釈放中・保護観察中の人による重大再犯事件を機に、保護観察対象者の監視強化が叫ばれ、犯罪者予防更生法に代わり、「再犯防止」を明確に志向する更生保護法が2007（平成19）年に成立した。同法の目的には「再犯防止」が明記され、立法者は「再犯防止」と「改善更生」はもともと表裏一体の関係にある「車の両輪」のようなものと説明した。

★奈良女児殺害事件
2004（平成16）年11月に起きた、奈良市内で帰宅途中の小学１年生女児が誘拐され殺害された事件。加害者には、本事件前にも女児への強制わいせつ致傷などで懲役刑に処された前科があった。

2 「再犯防止」の考え方――「生活の質」向上の自律的追求の結果

「再犯防止」を法に明記したことにより、更生保護は、保護観察対象者本人との対等な関係性を前提とした、自律的な社会復帰のための支援ではなくなり、たとえば、強制的な手段を用いて本人の行動制限を行う等、他律的に再犯させないようにすることを直接目指す、措置としての更生保護へと、その基本方針の転換がなされたとの批判もある。

もし仮に、更生保護における支援が、更生保護法の成立により他律的な「再犯防止」を直接目指すようなものに変容したとすれば、それは明らかに福祉における「措置から契約へ」★という支援のあり方の進化とは逆行している。なぜなら、本人に対する生活支援は、本人を中心に据え、支援者と本人が対等な関係性を構築するなかで、本人の「生活の質」の向上の自律的追求を支えていくために行われるべきものだからである。

「再犯」という結果が、本人と社会双方にとって基本的には望ましくないからこそ、犯罪をした人への生活支援が適切に行われる必要がある。

★「措置から契約へ」
1998（平成10）年の「社会福祉基礎構造改革について（中間まとめ）」の提言を受けて行われた、社会福祉事業法（現・社会福祉法）をはじめとする関係各法の改正および、サービスの利用者と提供者の対等な関係の確立などを目指す改革の流れ。この流れにおいて、権利の保障という理論的観点からも、実効的な支援の確保という実証的観点からも、自律的な支援のあり方が共有されるようになったといえる。

◇**参考文献**

・安形静男『社会内処遇の形成と展開』日本更生保護協会，2005.

第2節 更生保護制度の概要

学習のポイント

- 生活環境の調整および保護観察、更生緊急保護の目的や内容について学ぶ
- 仮釈放および恩赦の意義や内容について学ぶ

更生保護には、生活環境の調整、保護観察、更生緊急保護、仮釈放・少年院からの仮退院、恩赦のほか、犯罪予防活動、犯罪被害者等施策、医療観察制度に基づく精神保健観察が含まれる。更生保護は、保護観察官等の公務員のみならず、保護司、BBS★、更生保護女性会、協力雇用主、更生保護施設★等、更生保護ボランティアや関係機関・団体との連携によって推進される。

★ BBS
Big Brothers and Sisters Movement.

★更生保護施設
刑務所・少年院から釈放された人や、刑事手続において起訴猶予や執行猶予になった人等、刑事司法に関与した人であって生活の基盤がない人に対し、主に保護観察所からの委託を受けて、原則6か月以内の期間、居住場所や食事を提供し、就労による生活再建の支援を行う民間施設。更生保護事業法により規定され、法務大臣の認可を受け、その多くが更生保護法人として運営されている。2020（令和2）年現在、全国に103施設ある。

1 生活環境の調整

1 生活環境の調整の目的と概要

生活環境の調整とは、円滑な社会復帰を目的として、矯正施設被収容者の釈放後の住居や就業先等、帰住環境の調査を行い、改善更生・社会復帰に適切な生活環境を整えることである（更生保護法第82条第1項）。調査の結果は、仮釈放等の審理時の資料としても活用される。なお、判決確定前の保護観察付執行猶予者についても、本人の同意を得たうえで同様の調査・調整を行うことができる（第83条）。

生活環境の調整は、保護観察所長の指示により、主に**保護観察官・保護司**が、本人の家族や引受人となり得る人等その他の関係人を訪問し、協力を求めること等の方法により行う[i]。なお、**地方更生保護委員会**★（以下、地方委員会）は、調整が有効かつ適切に行われるよう、関係人や本

★地方更生保護委員会
法務省の機関として全国8か所に設置され、少年院からの仮退院や刑務所からの仮釈放等の審査・決定や地域の保護観察所の監督業務を所管している。

i　実務上は、家族その他の関係人による引受の可否のみならず、引受先の状況、近隣、交友関係、被害弁償や釈放後の生計の見込み等を幅広く調査・調整する。これをもとに本人と話しあいながら将来の希望等を聴き取りつつ、さらに調査・調整が行われる。このような調査・調整を経て、釈放後の引受先への帰住可否に関する保護観察所長の意見を付した資料が、地方委員会と矯正施設へ送付される。その資料は出所までの矯正処遇や仮釈放審理、保護観察所における保護観察にも活用されることとなる。

人からの聴き取りをもとに、保護観察所長に対し、調整を行うべき事項について必要な指導および助言を行うほか、調整が複数の保護観察所において行われる場合の相互間の連絡調整を行う（第82条第2項）。

2 生活環境の調整の広がり

近年の「司法と福祉の連携」の動きに伴う、刑事施設や更生保護施設における社会福祉士等の配置や特別調整制度の開始により、福祉関係機関・専門職との連携による調査・調整が新たに行われるなど、高齢・障害をはじめとした、福祉的ニーズへの対応がなされるようになった。

また、2006（平成18）年度から法務省と厚生労働省との連携による「刑務所出所者等総合的就労支援対策★」が開始された。さらに、一部の保護観察所においては、就職後の職場定着まで継続的かつきめ細かな支援等を行う「更生保護就労支援事業」も実施されている。

このように、生活環境の調整は、本人の生活基盤を整えるという、保護観察や仮釈放等の前提となるきわめて重要な部分を担っており、他領域との連携も徐々に広がりつつある（第10章第2節参照）。

★刑務所出所者等総合的就労支援対策
就労面については、矯正施設入所中から、公共職業安定所（ハローワーク）職員による職業相談・職業紹介・職業講話等の就労支援が行われ、保護観察中には、ハローワークにおける職業相談・職業紹介（担当者制）、セミナー・事業所見学会、職場体験講習、トライアル雇用、身元保証等が行われるようになっている。

2 保護観察

1 保護観察の概要

保護観察とは、対象となる人の改善更生を図ることを目的として、本人が社会生活を営むなかで、保護観察官・保護司（以下、保護観察実施者）の**指導監督**と**補導援護**によりなされる処分である（更生保護法第49条第1項）。

保護観察の対象は、❶保護観察処分少年（第48条第1号（1号観察））、❷少年院仮退院者（同条第2号（2号観察））、❸仮釈放者（同条第3号（3号観察））、❹保護観察付執行猶予者（同条第4号（4号観察））、❺婦人補導院仮退院者（売春防止法第26条（5号観察））である。

2 保護観察の法的性質

保護観察は、多様な人を対象とするため、処分の法的性質をどのように解すべきか理論的に争いがある。

とりわけ成人を対象とする仮釈放時（❸）は、残刑期間★中のみ保護観察処分に付されることが許されることから、保護観察を刑罰の一部とし

★残刑期間と保護観察
たとえば、実刑2年のうち1年半の実刑を経て仮釈放された場合は、6か月間の残刑期間が仮釈放（＝保護観察）期間となる。

て捉える見解もある。しかし、保護観察を刑罰そのものであるとすると、**遵守事項**★が守られていないときは刑罰が執行されていない状態であるとみなされ、形式的・機械的な遵守事項違反の取締りが行われる可能性がある。保護観察が本人の自律的な生活再建支援を目的として行われていることに鑑みると、かえってその違反の理由や今後の対策を考えて実行していく過程を阻害することにもなり得るため、適切とはいいがたい。

一方、補導援護という本人の生活再建を支える福祉的側面があることから、保護観察を一般の福祉的支援と同一視する見解もある。しかし、指導監督として国家機関が一定の遵守事項を課し、遵守事項違反時には制裁を科す可能性があることから、本人の権利を制約する側面もある。

よって保護観察は、刑罰そのものではないものの、本人に対する一定の権利制約を行うものであることから、その期間・内容を明確かつ必要最小限のものとしつつ、更生保護の一環として、本人の自律的な生活再建支援に重点を置いて行われなければならない。

3 保護観察の方法と「有権的ケースワーク」論

❶指導監督と補導援護

保護観察は、指導監督★と補導援護★という二つの作用により、一体的かつ有機的に行われる（社会内処遇規則★第 41 条第 3 項）。

指導監督は改善更生のために必要かつ相当な限度において行うものとされ（第 41 条第 1 項）、補導援護は本人の自助の責任を踏まえつつ、適当な方法により必要かつ相当な限度において行うものとされている（第 41 条第 2 項）。

❷有権的ケースワークとしての保護観察

保護観察において、指導監督は権力的作用を象徴し、補導援護は福祉的（ケースワーク的）作用を象徴するとされる。戦後の日本における保護観察は、これら相反する二つの作用を用いて行われる**有権的ケースワーク**であると捉えられてきた[ii]。

犯罪者予防更生法第 1 条の規定どおり、戦後の保護観察は、ケースワーク、つまり福祉的支援として本人の生活再建を目指すものでなければならないことが強く意識されていた。しかし、保護観察はあくまで刑

★遵守事項
保護観察中の人が守るべき行為規範（保護観察中の人がとるべき行動を定めたルール）。指導監督の目標・基準として設定されている。

★指導監督
❶面接等の方法により本人と接触を保ちその行状を把握することや、❷本人が遵守事項を守れるよう、また、保護観察中の生活行動指針に即した生活ができるよう、必要な指示その他の措置（不良措置・良好措置）をとること（更生保護法第 57 条）。更生保護法においては、指導監督として、❸特定の犯罪的傾向を改善するための専門的処遇の実施も含む。

★補導援護
本人が自立した生活を営むことができるよう、本人の自助の責任を踏まえつつ、住居の確保、医療受診、就労・学修等の支援、生活環境の改善・調整等を行うこと（更生保護法第 58 条）。

★社会内処遇規則
犯罪をした者及び非行のある少年に対する社会内における処遇に関する規則。

---

ii　戦後、保護観察を司法における独自のケースワークとして確立させるべく、ロジャース（Rogers, C. R.）のカウンセリングの理論等の影響を受けつつ、主に更生保護の実務家による研究と実践の積み重ねの成果として、この考え方は発展してきた。

Active Learning

保護観察とソーシャルワークの共通点と相違点について考えてみましょう。

事司法における処分の一環であり、処分を命じられた者が、支援を「欲しないクライエント」として現れる。こうした場合には、保護観察実施者自身が、保護観察処分や自らの有する権力の強さ・大きさに自覚的でなければ、本人との適切な関係性が構築できず、逆に支援における葛藤を生み出すことにもなりかねない。それゆえ、実務において自己覚知を促すための基本的考え方が必要とされたのである。

たとえば、保護観察中に所在不明者が出た場合に、保護観察処分の取消という**不良措置**★を形式的・機械的にとることで終わらせるのではなく、「なぜ所在不明になったのか（なぜ保護観察実施者と本人の信頼関係が切れてしまったのか）」を自覚的に追究し、適切な対応を行う。これが「ケースワーク」としての本質を見失わず、本人の自律的な社会生活を支援する、本来の保護観察の任務と考えられてきたのである。

★不良措置
遵守事項違反または再犯等があった場合にとられる措置。具体的には、保護観察処分少年に対する警告（更生保護法第67条）や少年院への戻し収容（第71条・第72条）、仮釈放の取消し（第75条）等がこれに当たる。

4 保護観察の実施者

❶保護観察官と保護司

保護観察は、本人の特性やとるべき措置の内容その他の事情を勘案して、常勤の国家公務員である**保護観察官**と、民間のボランティアであり非常勤の国家公務員である**保護司**の協働態勢により行われる（更生保護法第61条第1項）。このような態勢をとることで、保護観察官の専門性と保護司の民間性・地域性の双方を活かした保護観察が可能となるとされている。

保護観察官の役割は、❶保護観察開始時の対象者との面接による、協働態勢下への導入、❷保護観察処遇に関する調査・診断・実施計画の策定、❸危機場面の調整・介入・処置、❹有権的措置（良好措置・不良措置）、❺保護司に対するスーパービジョンであるとされる[iii]。

保護司の役割は、「社会奉仕の精神をもって、犯罪をした者及び非行のある少年の改善更生を助けるとともに、犯罪の予防のため世論の啓発に努め、もって地域社会の浄化をはかり、個人及び公共の福祉に寄与すること」（保護司法第1条）であり、民間性と地域性の長所を活かし、保護観察処遇の個々のケース（個別の対象者）に関与することが重要で

★保護区
その区域は、特別の事情がないかぎり、1または2以上の市町村（特別区を含む）の区域をもって定められる。

★行状の把握
行状の把握は、保護司と本人の面談により行われる。

iii 長期受刑後の仮釈放者（3号観察）や、その他生活状況等に複雑なニーズを抱えた対象者等、一部の保護観察については、保護観察官が直接処遇を実施することもある。さらに、SST（social skills training：社会生活技能訓練）、集団処遇、家族ケースワーク、カウンセリング、社会参加活動等に加え、近年は認知行動療法に基づく専門的処遇プログラムの実施もあり、保護観察官は多様な業務に追われている。

図9-2　保護観察ケースワークの手順

❶保護観察所に出頭してきた対象者との面接

❷保護観察事件調査票の作成

❸保護観察の実施計画の作成

❹担当保護司への調査票・計画の送付と同時に、社会資源ネットワーキングのコーディネート

❺処遇の実施：段階別処遇・直接処遇・専門的処遇プログラム等

あるとされている。居住する保護区を活動範囲とし、その保護区内で保護観察を受けている人を1名もしくは数名担当する。

❷保護観察官と保護司の役割分担

保護観察は、保護観察官による本人の面接に始まり、**図9-2**のようなケースワークの過程を経て、実際の処遇に至る。

通常の保護観察においては、担当保護司にケースが引き渡されて以降、保護司による本人との定期的な接触の保持による行状の把握が行われ、必要に応じて助言・指導が行われる[iv]。なお、保護観察官は、保護司からの定期的な報告と要請に応じたスーパーバイズを行い、緊急時の対応や何らかの措置をとるべき状況となった場合の対応を行う。

5 遵守事項

❶一般遵守事項と特別遵守事項

保護観察中に課せられる遵守事項には、一般遵守事項と特別遵守事項がある。一般遵守事項は、保護観察対象者全員に一律に課される基本的な遵守事項であって、保護観察の前提を構成するものである。特別遵守事項は、違反した場合に不良措置をとる可能性があることを踏まえ、各保護観察対象者の「改善更生のために特に必要と認められる範囲内」において「具体的に定めるもの」とされる（更生保護法第51条）。守ら

iv　保護司はさまざまなバックグラウンドを有するため、多様性に富むケースワーカーとしてその経験や知識を活かすことができるとされるが、だからこそ、保護観察官が保護司と本人とのマッチングを適切に行うことが重要であるといえる。

★一般遵守事項
具体的には、❶再犯・非行のない健全な生活態度を保持すること、❷保護観察実施者による呼出し・訪問・面接に応じることや、求めがあった場合の事実の申告・関係資料の提示により、指導監督を誠実に受けること、❸住居の固定と保護観察所長への届出、❹届出住居への居住、❺転居や7日以上の旅行についての事前許可を受けることである（更生保護法第50条）。

★特別遵守事項
具体的には、❶犯罪性のある者との交際や遊興による浪費等、犯罪・非行に結びつくおそれのある特定の行動の禁止、❷労働や通学等、再犯・非行のない健全な生活態度保持のために必要な特定の行動の実行・継続、❸7日未満の旅行、離職等、指導監督を行うために把握が特に重要な事項の保護観察実施者への事前申告、❹医学、心理学、教育学、社会学等の専門的知識に基づく特定の犯罪的傾向を改善するための体系化された手順による（法務大臣が定める）処遇の受講、❺法務大臣指定の改善更生のために適当と認められる特定の場所へ一定期間宿泊して指導監督を受けること、❻その他指導監督を行うため特に必要な事項（たとえば、被害者の身辺につきまとわないこと等）の遵守が含まれる。

なければ不利益があり得るという点から、特別遵守事項は一般遵守事項よりも規範性の強いものとして理解されている。

特別遵守事項は保護観察開始時にまず設定され、状況に応じて、保護観察中にも設定や変更・取消しが行われる（第52条・第53条）。設定された特別遵守事項は、本人に書面で通知されなければならない(第55条)。

書面交付時には、本人がこれを遵守するという誓約が求められることとされ（社会内処遇規則第53条）、実務上、これが特別遵守事項に対する本人の自覚を促すとも理解されているが、そもそも特別遵守事項設定の過程に本人の参画が可能となるよう協働し、設定の過程そのものが、本人の自律的な改善更生に結びつくようにしていく必要がある。

❷生活行動指針

遵守事項に加え、保護観察における指導監督を適切に行うため必要があると認めるときに定めることができる、**生活行動指針**★がある（更生保護法第56条）。生活行動指針は、遵守事項より規範性が弱く、これに反しても不良措置に結びつかない点で遵守事項とは異なる。

★生活行動指針
保護観察対象者の改善更生に資する生活または行動の指針。対象者は、まじめに働くことや浪費を慎むこと等に努める義務を負う。

6 保護観察中の有権的措置

❶良好措置・不良措置

もはや保護観察や特別遵守事項の必要がない場合に、**良好措置**として、保護観察期間満了前に保護観察を終局的に解除、あるいは一時解除を行ったり、遵守事項の変更を行ったりする。

その一方、遵守事項違反や再犯等があった場合に、不良措置がとられる。保護観察処分少年（１号観察）と保護観察付執行猶予者（４号観察）は、規定上、遵守事項違反の程度（違反の重大さ）が不良措置の要件とされている一方で、その他の対象者は、遵守事項違反の有無のみが要件とされている。前述のとおり、本人の自律的な生活再建を目的とする保護観察において、遵守事項違反が生じざるを得ない状況こそ、何らかの支援や問題解決が行われるべき場面であると捉え、まずその後の保護観察関係の維持が可能か否かが検討されるべきである。

★応急の救護
保護観察所長が自らまたは更生保護事業を営む更生保護施設その他適当な者に委託して、衣服の現物支給、食費や交通費の援助、宿泊場所の委託などを行う措置。

❷出頭の命令、引致・留置

保護観察所長または地方委員会は、本人に対する良好措置・不良措置をとるにあたって事情聴取等を行う際に、出頭を命じる（第63条第１項）。また、本人が❶一般遵守事項によって定められた住居に居住していないとき、❷遵守事項違反を疑うに足りる十分な理由があり、かつ、正当な理由がないのに出頭の命令に応じないときのいずれかに該当する場合に、裁判官のあらかじめ発する引致状により本人の身柄の確保、勾引ができる（同条第2項）。さらに、そののちに矯正施設への収容が検討される場合には、一時的な身体拘束として留置が行われる場合がある（第73条、第76条、第80条）。

出頭の命令や、引致・留置は、本人の移動の自由や身体の自由に対する強い権利制約を伴うため、対象者が任意の呼出しに応じる場合には用いるべきではなく、あくまで最終手段として行うべきものである。

❸応急の救護

本来、保護観察中の本人に対しては、補導援護として、そのニーズに応じた生活再建のための適切な支援がなされているべきところ、何らかの事情により、即時に支援を行わなければ改善更生が阻害され得るような緊急事態が生じた場合に、**応急の救護**★が行われる（第62条）。なお、更生緊急保護と異なり、応急の救護は本人の申出を要しない。

❹保護者に対する措置

保護観察所長が、その必要性があると認めるときに、保護観察に付されている少年の保護者に対し、その少年の監護に関する責任を自覚させ、その改善更生に資するために指導、助言、その他の適当な措置が行われる（第59条）。

7 保護観察処遇の内容

❶段階別処遇・類型別処遇

保護観察における処遇は、改善更生の進度、再犯可能性の程度、補導援護の必要性等に応じた**段階別処遇**★によって行われる。

また、保護観察の実効性を高めることを目的とし、本人の問題性その他の特性を、その犯罪・非行の態様等によって類型化して把握し、類型ごとに共通する問題性等に焦点を当てた**類型別処遇**★を実施する。

❷専門的処遇プログラム

類型別処遇の一部の類型については、指導監督の一環として、認知行動療法を理論的基盤とし、体系化された手順による処遇を行う**専門的処遇プログラム**★が実施されている。現在は、性犯罪者処遇プログラム、薬物再乱用防止プログラム、暴力防止プログラム、飲酒運転防止プログラムの４種が行われている。

なお、刑の一部執行猶予制度に関する特別法である「薬物使用等の罪を犯した者に対する刑の一部の執行猶予に関する法律」の規定により保護観察に付された場合、原則として、薬物再乱用防止プログラム★を受け

★段階別処遇
保護観察期間中、対象者は、S、A、B、Cの４段階のいずれかに編入される。無期刑・長期刑（執行刑期が10年以上の刑）の仮釈放者の釈放後１年間は、最も介入度の高いS段階の処遇が行われる。大多数はC段階から保護観察が開始され、遵守事項違反があれば、CからBへと段階が上がり、逆に、改善更生が進んでいくと、BからCへと段階が下がることとなる。

★類型別処遇
現在、全13類型の認定が行われている。仮釈放者（３号観察）は、無職等、覚せい剤事犯の類型認定者が６割を占め、保護観察付執行猶予者（４号観察）は、無職等、覚せい剤事犯、性犯罪等、問題飲酒、精神障害等の類型認定者が６割を占める。現在の13類型が定められた2003（平成15）年以降、問題飲酒、精神障害等、高齢、無職等の類型認定者の割合が高まり、また刑の一部執行猶予制度が導入された2016（平成28）年以降は、覚せい剤事犯やギャンブル等依存の類型認定者の割合が上昇傾向にある。

★専門的処遇プログラム
「医学、心理学、教育学、社会学その他の専門的知識に基づく特定の犯罪的傾向を改善するための体系化された手順による処遇として法務大臣が定めるものを受けること」を特別遵守事項とする規定（更生保護法第51条第２項第４号）に基づき実施されるプログラム。

ることを特別遵守事項として定めることとされている。

3 更生緊急保護

更生緊急保護★は、刑事手続・保護手続による身体拘束を解かれたあと、親族等もしくは公的機関等から支援を受けることができない場合、またはこれらの支援のみによっては改善更生することができないと認められる場合に、国の責任で緊急に行われる支援である。

補導援護の一環である応急の救護（更生保護法第62条）と同様、保護観察所長が判断主体となるが、対象となるのは、満期釈放者、少年院退院者・仮退院期間満了者、執行猶予者、起訴猶予者、罰金・科料の言渡しを受けた者等である。また、本人の申出を条件に行われる任意の保護である点、まずその他の公的機関による支援を受けられるよう調整を行わなければならない「一般福祉優先の原則」が法律上規定されている点で、応急の救護とは異なる。

支援の実施主体についても応急の救護と同様、保護観察所長自ら行う自庁保護と、更生保護法人等に委託して行われる委託保護がある。

刑事手続・保護手続による身体拘束を解かれたのち、原則6か月間を限度として行われ、本人の更生を特に保護する必要があると認められる場合にのみ、さらに6か月間を超えない範囲で延長が認められる。

4 仮釈放

1 仮釈放の意義

仮釈放★とは、国の刑事政策として、刑務所等の矯正施設の被収容者を、収容期間の満了前に仮に釈放して、その円滑な社会復帰を図ることを目的とした制度である。施設内生活から社会生活へのソフトランディングのための制度であるとされる。

矯正施設への収容は、単に移動の自由を制約するにとどまらず、本人の内外にさまざまな弊害を生じさせ、社会復帰にあたっての社会的・精神的困難をもたらす。仮釈放を経て社会復帰した人のほうが、満期釈放者に比べて矯正施設への再収容率が低いことは恒常的に統計から明らかであり、仮釈放に実質的意義があることは認められてきた。

★薬物再乱用防止プログラム
従前は、2008（平成20）年から覚せい剤への依存のある保護観察対象者に対し、覚せい剤事犯者処遇プログラムが行われていたが、2016（平成28）年の刑の一部執行猶予制度の施行に伴い、対象となる犯罪的傾向の範囲を依存性薬物（規制薬物等、指定薬物および危険ドラッグ）の使用・所持に拡大し、薬物再乱用防止プログラムとして実施されるようになった。『令和元年版 犯罪白書』によると、同プログラムの処遇開始人員は、仮釈放者（3号観察）で従前の約2倍、保護観察付執行猶予者（4号観察）で3倍弱の数に達している現状にある。

★更生緊急保護
金品の給与・貸与、宿泊場所の供与、宿泊場所への帰住支援、医療受診支援、学修支援、職業補導等の生活再建に必要な支援を改善更生に必要な限度で行うこととされている（更生保護法第85条）。

★仮釈放
仮釈放には、❶懲役または禁錮受刑者に対する仮釈放（刑法第28条）、❷拘留受刑者または労役場留置者に対する仮出場（第30条）、❸少年院在院者に対する仮退院（更生保護法第41条）、❹婦人補導院在院者に対する仮退院（売春防止法第25条）があり、これらすべてを含む場合は広義の仮釈放と呼称され、狭義の仮釈放は❶のみを指す。

2 仮釈放の要件

仮釈放の許可は、実質的要件と形式的要件により判断される。刑法においては、懲役刑・禁錮刑に処せられた者に**改悛（かいしゅん）の状★**があるとき、刑の執行開始から有期刑は刑期の３分の１、無期刑は10年を経過したのち、仮釈放することができる（第28条）と規定されている。前者の「改悛の状」が仮釈放の実質的要件、後者の「法定期間」が形式的要件である。

★改悛の状
自らの罪を反省し、再び犯罪をする可能性がないと判断されている状態。「情（内心）」ではなく「状（状態）」であることに留意。

●改悛の状

「改悛の状」の具体的内容は、規則で**図 9-3** の❶～❹の四つが定められ、通達で具体化されている（社会内処遇規則第28条、「犯罪をした者及び非行のある少年に対する社会内における処遇に関する事務の運用について」（平成20年５月９日法務省保観第325号））。

図 9-3 の❶は本人の意欲や内省の深まり等の主観的心情の評価、❷は本人の再犯のおそれに関する客観的評価の問題である。

❶は、本人の生活態度全般や面接時の態度等から判断される。実際の面接の場においては、審理対象者の回答がステレオタイプな「反省」や他者からの「受け売り」ではないのか、本人の発言と実際の思考・感情に落差があるのではないか等、地方委員会の委員や保護観察官には、実情を適切に聞き取るスキルが求められる。しかし、当然ながら第三者による内面的心情の判断には限界がある。そのため、たとえば職業的能力や社会生活に必要な能力の取得に対する具体的計画や、釈放後の生活設計等、一定の客観的事情と併せて考慮される。

❷は、❶が認められた際に推認されるべき旨の通達がなされている

図9-3 「改悛の状」の内容

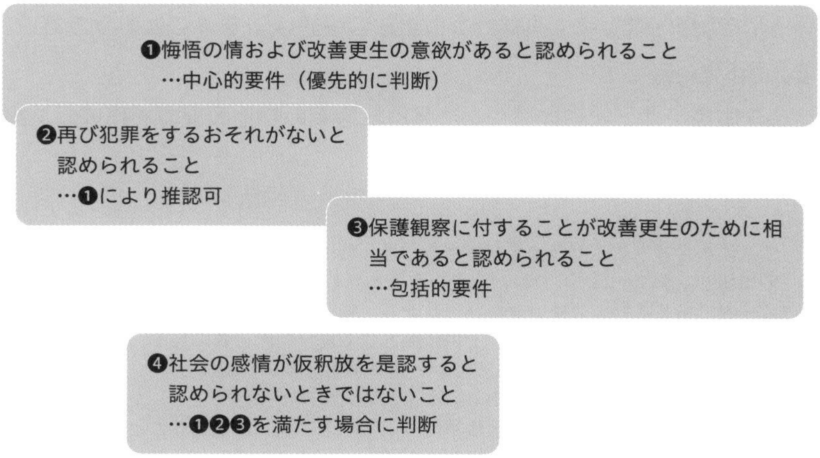

❶悔悟の情および改善更生の意欲があると認められること
…中心的要件（優先的に判断）

❷再び犯罪をするおそれがないと認められること
…❶により推認可

❸保護観察に付することが改善更生のために相当であると認められること
…包括的要件

❹社会の感情が仮釈放を是認すると認められないときではないこと
…❶❷❸を満たす場合に判断

が、同通達には、釈放後の生活環境等その他の客観的事情を考慮して判断すべきとも示されている。しかし、確実に再犯のおそれがないことを要求すれば、仮釈放はきわめて困難となり得るため、むしろ❶の存在が一定程度認められる場合には、生活環境の調整等を積極的に行っていくことで、将来の再犯に至らない状況を可能な限り整備し、仮釈放の可否を柔軟に判断していくべきである。

また、仮釈放中は必ず保護観察に付されることから、❸は、仮釈放の総合的・最終的な相当性判断であるとされる。❶❷の判断から❸が推認されるが、あくまで個別具体的な「おそれ」があることを積極的に認定できる場合にのみ同要件が否定され、単に累犯者であること等、一般的・抽象的な「おそれ」によって否定されるわけではない。

なお、❶～❸は積極的要件、❹は❶～❸が認められる場合の消極的要件であるとされ、❹は、仮釈放を是認することが刑罰という社会制度一般の原理や機能を害することがないか、という最終確認とされる。

たとえば仮に、懲役３年の判決を受けた人が、全員受刑期間１年で必ず仮釈放が認められるような運用がなされれば、懲役３年の刑の執行実態や❶～❸の要件の実質的判断の適正性自体に当然疑問が生じ、そのような運用を社会は許容しないであろう。❹は、社会感情が「是認すると認められないとき」でなければ仮釈放を認めるという要件であり、社会感情が「是認しない」ことが積極的に認められる場合以外は充足される要件なのである[v]。

3 仮釈放の手続

仮釈放の手続のための準備は、矯正施設入所時から生活環境の調整という形で始まっている。具体的な仮釈放の手続は**図 9-4** のとおりである。

❶入所時から入所中

矯正施設長は、収容後速やかに各被収容者の身上調査書[★]を作成し、施

★身上調査書
身上調査書の内容には、本人の身分関係、裁判・執行関係、心身の状況、生活歴、犯罪（非行）の概要、動機・原因、帰住予定地、引受人の状況、共犯者の状況、被害者の状況、釈放後の生活計画等が含まれる。

v　留意すべきは、ここで考慮されている「社会感情」が、生の被害者感情や社会の処罰感情と完全にイコールではないということである。たしかに、これらも「社会感情」の一部であることには疑いがない。しかし、施設内処遇から社会内処遇へのソフトランディングの機会を確保し、その結果として再び犯罪行為に至る、すなわち新たな被害を生み出す契機の減少につながり得る仮釈放という制度もまた、「社会」的にその意義を認められた制度である。本来、重大事件で長期間受刑した人等、社会復帰に現実的困難を抱えた人ほど仮釈放へのニーズはより大きなものとなることからも、「社会」としてどのような制度的対応を行うべきであるのかを熟考する必要があろう。

図9-4　仮釈放手続の流れ

入所時	・矯正施設長による身上調査書の作成 ・身上調査書の地方委員会・帰住予定地の保護観察所への送付
入所中	・保護観察所による生活環境の調整 ・矯正施設長による仮釈放を許すべき申出をするか否かの審査実施
法定期間経過後	・矯正施設長による法定期間経過の通告 ・矯正施設長による地方委員会に対する仮釈放を許すべき旨の申出 ・（申出がない場合）地方委員会による職権審理開始
審理	・地方委員会の委員による対象者面接等の調査 ・３人の委員の合議体による審理 ・（申出があった場合で相当性がない場合を除き）被害者等から仮釈放に対する意見聴取
評議	・仮釈放の許否判断 ・特別遵守事項の設定
決定	・仮釈放を許す旨の決定

設管轄地の地方委員会および帰住予定地の保護観察所へ送付する。これは、生活環境の調整の資料となる。

地方委員会の委員・保護観察官は身上調査書をもとに、引受人との面接や関係書類の精査により、調査・生活環境の調整を行う。仮釈放にあたっては、帰住環境が整うことがまずもって不可欠であるため、生活環境の調整は仮釈放の判断にあたって非常に大きな意味をもつ。

この間、施設内でも、施設長による仮釈放を許すべき旨の申出をするか否かの審査を行う。

❷法定期間経過後

法定期間の経過後、仮釈放の実質的要件（改悛の状）があるかを勘案し、仮釈放を許すべき旨の申出をするべき者については、矯正施設長から地方委員会へ申出をしなければならない（更生保護法第34条）。

申出書を受理した地方委員会は審理を行うこととなる。申出がない場合にも、地方委員会の職権による仮釈放審理を開始することが可能である（第35条）が、地方委員会が恒常的に施設内にいる被収容者の状況を知ることは困難であり、職権審理開始は現状ほとんど活用例がない。

❸審理

地方委員会は、委員3人による合議体で審理を行う（第23条第1項）。審理対象者との面接等の調査や関係書類の精査等を実施し、仮釈放等審理調査票を作成する。審理対象者には、犯罪の動機や被害弁償等および釈放後の生活計画などについて申告票に記載したものを提出させ、面接を行う。これが対象者による審理への関与の機会とされる。

また、被害者等から仮釈放に関する意見および被害に関する心情を述べたい旨の申出があった場合、相当でないと認めるとき以外はその意見を聴取する（第38条）。

❹評議から決定

審理後、合議体による評議において、仮釈放の許否を基準に照らして判断し、釈放すべき日などを検討する。その際、対象者個人の問題性、特性等を考慮し、仮釈放期間中の特別遵守事項を設定する。これは本人に通知され、本人は遵守を誓約する必要がある。

なお、地方委員会は仮釈放を許す旨の決定を行うが、それ以外、つまり仮釈放を許す決定以外の判断を行った場合は審理等経過記録にその旨を記載するのみである。犯罪者予防更生法下では不許可決定★も行われていたが、更生保護法においては仮釈放不許可の決定は行われない。

4 仮釈放の課題

❶仮釈放率

『令和元年版 犯罪白書』によれば1990年代以降6割程度で推移していた仮釈放率★は、2009（平成21）年に50％を割り、2010（平成22）年に49.1％となった。棄却率★についても、1993（平成5）年以降2％程度で推移していたところ、2005（平成17）年に3.9％になり、2007（平成19）年には4.8％となった。

これは、更生保護法成立の契機となった重大再犯事件後、仮釈放についても厳格・慎重な運用がなされたことが一因であった。その後、仮釈放率は徐々に回復し、2018（平成30）年には6割弱となってはいるものの、それ以前から一貫して仮釈放にかかる理論的・実質的問題点が主張されている。

❷仮釈放の理論的問題点

前述のとおり、日本における仮釈放手続は、矯正施設長による申出によって開始され、本人は関与できない構造になっている。さらに、仮釈

★不許可決定
犯罪者予防更生法下においては、地方更生保護委員会において仮釈放審理が行われたのち、仮釈放の許可がなされない場合にも、仮釈放を「不許可」としたことを示す決定が通知されていた（第29条）。しかし、更生保護法下においては、仮釈放を「許可」する決定のみが出され（第39条）、「不許可」という決定が文書で示されなくなったため、不服申立の対象となる決定がなくなった。

★仮釈放率
出所受刑者に占める仮釈放者の比率。

★棄却率
仮釈放が許された人員と仮釈放申請が棄却された人員の合計に対する後者の比率。

放不許可の場合の本人への通知や不服申立の制度もない。

仮釈放の許否判断は本人の社会復帰に向けた意欲を問題としているにもかかわらず、本人の参画は委員による面接等のみに限定されており、本人は自身が仮釈放審理の対象となっていることすら、委員面接であいまいに知るにすぎない[vi]。

❸仮釈放の実質的問題点

また、仮釈放に関する実質的問題点として、仮釈放を可能とする社会的な受け皿の確保の問題がある。引受先がなければ仮釈放が認められることは困難である。このことは、親族等の引受が見込めない人、あるいは放火・性犯罪等の犯罪類型ゆえに更生保護施設への入所が拒否される人等、満期出所後に支援なくして生活再建が難しい人々、つまり本来、最も支援が必要な人々を仮釈放できないということでもある。

Active Learning

仮釈放が被収容者の社会復帰に及ぼす影響を具体的に考えてみましょう。

満期釈放後に保護観察に付すことができる新制度の構想や、刑の一部執行猶予制度によって、一定・長期の保護観察期間を制度的に確保できるとの主張もあるが、本質的な問題は、保護観察に付すことやその期間ではなく、司法領域外との連携による生活環境の調整やその後の生活支援を、いかに実質的に行い得るかにある。

5 恩赦

1 恩赦の意義

恩赦とは、裁判（司法権）ではなく行政権により、刑罰権を消滅させたり、裁判の内容・効力の変更・消滅をさせたりする制度である[vii]。

恩恵的措置としての側面はあるものの、既存の刑事司法制度の枠内で人権救済が困難な場合、不必要な刑罰の制限・回避の機能を恩赦が担うことには大きな意義がある。

たとえば、現行法上、無期刑の仮釈放者の保護観察期間（残刑期間）は無期であり、終身保護観察に付されることとなる。しかし、社会内で

vi 仮釈放を、単なる恩恵的制度としてではなく、すべての被収容者に円滑な社会復帰の機会を保障するための制度として捉えるのであれば、本人に仮釈放申請権を認め、本人が積極的に仮釈放へ向けた取り組みができる制度的枠組みが必要である。

vii 歴史的には、君主等が犯罪をした人に対する恩恵として行う措置であったが、一方で、専制君主等による刑罰権濫用の結果としての不必要な刑罰執行、つまり国民に対する不必要な権利侵害を、事後的に償う機能も有していた。

の生活を続けていくうちに保護観察が必要ない状態となること、むしろ過剰な介入がかえって社会復帰を阻害する状態となることがあり得るが、これを終了させる手段は恩赦しかない。もちろん、このような場合に対応できるような法改正が望まれるが、それまでの間は恩赦による対応が最も現実的な救済手段なのである。

2 恩赦の概要

日本の現行法上の恩赦には、❶**大赦**、❷**特赦**、❸**減刑**、❹**刑の執行の免除**、❺**復権**の5種類がある。各恩赦の効力はそれぞれ**表9-1**のとおりである。恩赦の効力が及ぶ範囲は刑事責任に対してのみであり、民事責任や少年の保護処分には及ばない。

恩赦の方法には、政令で一定の要件を定めて一律に行われる**政令恩赦**（**一般恩赦**）と、特定の者について個別に恩赦を相当とするか否かを審査する**個別恩赦**がある。❶❸❺は政令恩赦で行われ、一般的に国家の慶事（天皇即位の礼等）の際に行われる。❷❸❹❺は個別恩赦で行われるが、そのタイミングにより、政令恩赦と併せて行われる特別恩赦と、本人や刑事施設長等の刑事司法機関からの申出により中央更生保護審議会が決定する常時恩赦がある。

表9-1　恩赦の種類と効力

❶大赦	刑事司法における国家刑罰権をすべて失わせるもの。有罪の言渡しを受けた者については、刑の言渡しの効力を失う（恩赦法第3条第1号）。まだ有罪の言渡しを受けない者については、公訴権が消滅する（同条第2号）。	政令恩赦
❷特赦	有罪の言渡しを受けた特定の者に対して、刑の言渡しの効力を失わせるもの（第4条・第5条）。	個別恩赦
❸減刑	刑の言渡しを受けた者に対して、政令で罪もしくは刑の種類を定めて、または刑の言渡しを受けた特定の者に対して、刑を減軽し、または刑の執行を減軽するほか、刑の執行猶予中の者については、刑の減軽と併せて猶予の期間をも短縮する（第6条・第7条）。	政令恩赦 個別恩赦
❹刑の執行の免除	執行猶予の期間を除いて、刑の言渡しを受けた特定の者に対して刑の執行を免除する（第8条）。	個別恩赦
❺復権	刑を受け終わった者につき、有罪の言渡しにより生じた資格の喪失や停止をされた者の資格を回復する（第9条・第10条）。	政令恩赦 個別恩赦

◇参考文献

・刑事立法研究会編『更生保護制度改革のゆくえ――犯罪をした人の社会復帰のために』現代人文社，2007.

第3節 更生保護における ソーシャルワーカーの役割

学習のポイント

- 更生保護の限界について把握し、更生保護と社会福祉の新たな接点について知る
- 更生保護におけるソーシャルワーカーの役割について理解する

1 既存の更生保護による支援の限界

1951（昭和26）年の社会福祉事業法の制定時に社会福祉一般における対象者から犯罪をした人が除外されて以降、2000年代半ばからの「司法と福祉の連携」の動きに至るまで、犯罪をした人への支援は、更生保護という枠のなかで完結させるべきものとして取り扱われ、戦後、保護観察においてはケースワーク的手法が積極的に採り入れられ、更生緊急保護や応急の救護等、更生保護における福祉的対応のあり方を発展させるべく、実務的な努力が積み重ねられてきた。

しかしながら、近年、犯罪認知件数や矯正施設の被収容者数が減少していくなかで、従来の更生保護によって対応可能であったニーズを超え、高齢・障害をはじめとした、多様かつ重層的な福祉的支援ニーズのある人が結果的に「発見されやすい」状況になっていった。2005（平成17）年の医療観察制度の導入後、社会福祉のバックグラウンドを有する社会復帰調整官が保護観察所に配置されたこともあり、目の前のクライエントに適切な対応を行っていくためには、既存の更生保護の枠を超えた他領域との「連携」が不可欠であることを、認識せざるを得ない状況があったのである。

2 現行の更生保護制度における ソーシャルワーカーの役割と今後の課題

近年の各都道府県の地域生活定着支援センターの活動状況には差異があるものの、保護観察所との間で良好な関係性が構築されているところでは、特別調整の対象とならないケースであっても、一般調整制度で地域生活定着支援センターが関与することや、保護観察官による生活環境調整の際に地域生活定着支援センターに相談する等、調整にあたって適切な選択を行うための連携がなされている（第12章参照）。

また、保護司の新たな拠点として全国の保護司会に整備された更生保護サポートセンター★は、各地区の比較的中心部に設置されており、面談等の場所として利用されるのみならず、保護司と地域の社会福祉資源との連携の契機になっている。

その他、更生保護施設に福祉の専門資格をもった職員が配置されたことにより、更生保護施設内における職員の見方や考え方に、日常的な職員間の会話や相談を通して福祉的視点が取り入れられるようになったケースもある。一方で、いまだ更生保護施設では各施設に1名配置が一般的であり、他の職員とのコミュニケーションがあまりとれない施設もある。

さらに、社会内における受け皿として、2011（平成23）年度から「緊急的住居確保・自立支援対策」として始められた**自立準備ホーム**★には、社会福祉法人等が運営する施設が多数含まれている。多様な社会福祉法人による参入があることで、居住先の選択肢が増えることが望ましい。

更生保護と関連する分野において、ソーシャルワーカーや社会福祉法人が新たな連携関係をより広く築いていくことが期待される。社会福祉士や精神保健福祉士がその自律性・独立性を保ちつつ、犯罪をした人への支援を行っていく際には、「犯罪をした」ということも本人の一部であり全部ではない、ということに自覚的であることが重要である。

更生保護において、「犯罪」をしたことは支援を行う際の前提でもある。更生保護官署も刑事司法機関である以上、本人にかかわることができるのは「犯罪」によって規定される限定的な期間のみである。しかし、本人には「犯罪」をする以前から有していたニーズも存在し、また、今後「犯罪」をしないために生きていくわけでもない。そのようななかで、福祉の専門家として、本人が人として生きるためにどのようにかかわることができるのか、「犯罪」にまつわることを本人の有する多様なニーズの一つとしてどのように対応していくことができるのか、それを考え続けていくことが求められる。

★更生保護サポートセンター
2008（平成20）年度から整備され、保護司会が市町村や公的機関の一部を借用し開設している。2019（令和元）年度には全国886か所ある保護司会のすべてに設置されている。「企画調整保護司」が常駐し、各保護司の活動支援や地域ネットワークの構築等を行っている。

★自立準備ホーム
従前の更生保護施設では不足する居住施設を補完することを目的とした制度。むしろこのような社会福祉の専門性を有するホームに居住するほうが、更生保護施設に居住するより適している人もいる。

● おすすめ

・吉間慎一郎『更生支援における「協働モデル」の実現に向けた試論──再犯防止をやめれば再犯は減る』LABO，2017.
・掛川直之編著『不安解消!! 出所者支援──わたしたちにできること』旬報社，2018.
・千葉県社会福祉士会・千葉県弁護士会編『刑事司法ソーシャルワークの実務──本人の更生支援に向けた福祉と司法の協働』日本加除出版，2018.

第10章

社会内処遇②

更生保護の実際

社会内処遇である更生保護の担い手の中心は市民である一方で、国の機関である保護観察所において、保護観察官が公務員でなければできない役割を担う。保護観察官の最も重要な役割は、本人の人権保障と適正手続保障への意識をもちつつ、更生保護におけるネットワークの中心で円滑な連携のための調整を図ることであろう。

本章では、保護観察、仮釈放を中心に、更生保護の実際について学ぶ。また、現在広がりをみせている、更生保護における関係機関のネットワークについて確認する。

ソーシャルワーカーには、「有権的ケースワーク」と称される保護観察官の実際の業務について知り、どのような有機的連携が可能か考えることが求められる。

第1節　更生保護の実際

学習のポイント

- 社会内処遇にかかわる者に求められる基本的態度や考え方を知る
- 更生保護、とりわけ保護観察や仮釈放の実際について理解する

1　社会内処遇にかかわる者の基本的態度

1　基本的人権の尊重

社会内処遇★である更生保護は、刑事司法制度の一部として、刑の執行または処分の実施という強制的な側面をもつ（第９章第２節参照）。とはいえ、その対象となる人は、犯罪・非行をした人である以前に一人の市民であり、日本国憲法上保障された**基本的人権**を有している。本人とかかわるにあたっては、まず、一人の人として尊重しなければならない。

また、本人について、「生まれながらの犯罪者はいない」との理解のもと、その人が行った犯罪や非行に着目するだけでなく、犯罪や非行を行う以前にも着目するという姿勢や、「人は変わることができる」とその可能性を信じる姿勢が必要である。

そして、個人個人の犯罪や非行に至る経緯はそれぞれに異なり、その改善更生への道のりもまたそれぞれに異なることから、保護観察は、個人個人それぞれの事情に合わせ、個別にアセスメントしたうえでその内容を計画し、実施しなければならない（更生保護法第３条）。

★社会内処遇
犯罪をした人、非行のある少年が、社会のなかで生活をしながら、一定の制約の下、監督者から指導や支援を受け、改善更生、円滑な社会復帰、再犯等の防止を図るもの。刑務所や少年院といった施設に収容して処遇を実施する施設内処遇と対比される。我が国では更生保護と称され、更生保護法を基本として、保護観察や仮釈放などが実施されている。その実施機関として、法務省の地方支分部局である保護観察所（全国50か所）と地方更生保護委員会（全国8か所）が設置されている。

2　処遇の強制性の理解と信頼関係の構築

更生保護を実施する者とそれを受ける者の間には、刑事司法制度の下、法に基づく権力的な関係が存在するが、その権力的な関係を盾に、一方的な指示、指導をすれば足りるというものではない。なぜなら、更生保護によって達成すべきとされる改善更生は、外から強制して実現できるものではなく、本人自身にしか成し遂げられないからである。

そのため、本人の改善更生にかかわる者は、本人との間に**信頼関係**を確立し、その信頼関係を基礎に、本人自身の改善更生に向けた動機づけをサポートし、また、本人自身がその動機づけに基づき社会のなかで改善更生を実現しようとする際に、それが促進されるよう、また阻害されないようサポートする姿勢が求められるのである。

すなわち、権力関係の存在は認識しつつも、その関係を利用して処遇するのではなく、本人自身の自発的な考えや行動を尊重しつつ、本人との間に信頼関係を確立し、その信頼関係を基礎とした支援的な働きかけを行うことが大切であり、そのような働きかけにより、初めて本人は改善更生へと向かうのである。

とはいえ、本人がルールに違反し、社会内処遇を継続することが適当ではないと判断された場合には、施設内処遇に移行することも視野に入れ、毅然（きぜん）として強制的な対応を行わなければならないこともある。本人に対応する際には、自らのそのような立場についても意識し、本人にもよく説明して理解を得ておく必要がある。

2 更生保護と再犯防止の違い

2016（平成28）年に再犯防止推進法★が施行され、国や地方公共団体が広く再犯防止に取り組むことになった。更生保護法にも再犯・再非行の防止がその目的として掲げられており、当然重なる部分は大きい。

★再犯防止推進法
再犯の防止等の推進に関する法律。

しかし更生保護は、本人の改善更生により再犯・再非行の防止を図るものであり、単に再犯・再非行を防止しさえすればいいということではない。

たとえば、死刑制度や刑の厳罰化は、その人の再犯の機会を失わせたり減少させたりするものであるという意味では再犯防止に資するといえるかもしれないが、社会のなかで処遇を行うことで本人の改善更生を図る更生保護とは異なる考えだといえる。また、海外で行われている例として、本人にGPS端末を装着して監視することにより再犯を防ぐ取り組みがあるが、そういった取り組みも、本人の内面に働きかけてその改善更生を図る更生保護とは異なる。さらに、再犯、再非行は、保護観察上の遵守事項違反となるが、だからといって、再犯、再非行があったすべての場合において、保護観察を中止して施設内処遇に移行するというわけではない。特に少年の保護観察の場合など、社会内処遇を継続することで本人の更生を図ることができると判断した場合には、保護観察を継続するという判断がなされている。

更生保護と再犯・再非行防止は、完全に一致するわけではない。

3 保護観察の流れ

1 保護観察の実施者（保護観察官と保護司）

保護観察を実施するのは、保護観察所に配置されている国家公務員である保護観察官と、地域に居住する民間ボランティアの保護司★である（更生保護法第61条第1項）。

保護観察官と保護司は、協働して保護観察を実施し、更生保護法上は、「保護司は、保護観察官で十分でないところを補い」（第32条）とされるが、実際には、保護観察を受けている本人への一般的、定期的な面接等の接触は主に担当保護司が行い、保護観察官が本人と直接面接をするのは、保護観察の開始時や、専門的処遇プログラムの実施、遵守事項違反などがあって特に指導が必要な場面等に限られる。

★保護司
保護観察官との協働態勢のもと、保護観察官の職務を補う民間のボランティア（更生保護法第32条）。非常勤の国家公務員としての身分を有するが、給与は支給されず、実費弁償のみを受ける。保護司は全国886の保護区に配属され、活動に従事している。保護司の定員は全国5万2500名で、各保護観察所に設置された保護司選考会の意見を聴取したうえで法務大臣から任命を受ける。近年、保護司の現員は減少傾向にあり、平均年齢も65歳と高く、その担い手不足や高齢化が課題とされている。

2 保護観察の開始

保護観察は、少年の場合、家庭裁判所の決定、または少年院からの仮退院により開始される。成人の場合、裁判所で保護観察付執行猶予判決の確定、刑務所や婦人補導院からの仮釈放・仮退院、または刑の一部執行猶予を受けた場合の実刑部分の執行終了による刑務所からの出所により開始される。

保護観察の開始時には、本人は、自身の住居を管轄する保護観察所に出頭し、保護観察官の面接を受けなければならない。

保護観察官は、開始時の面接で、本人や家族等の関係者に対して、保護観察について説明し、居住すべき住居の確認または届出をさせ、保護観察中に守らなければならない事柄（**遵守事項**）について説明する。そして、関係機関から得た本人の情報に加え、面接で本人から聞き取った事柄をもとに、本人自身や本人の犯罪や非行についてアセスメントを行い、そのアセスメントをもとに保護観察の実施計画を作成する。そして、本人の担当保護司を指名して、本人に通知する。

3 保護観察の実施

❶指導監督の内容

保護観察中は、**指導監督**★において、本人の義務として遵守事項が定められ、それに基づき、本人は、定期的に保護司または保護観察官による面接を受け、生活状況を報告しなければならない。また、一定の住居に

★指導監督
指導監督の内容は、❶接触を保ち行状を把握すること、❷遵守事項を守り、生活行動指針に即して生活するよう指示その他の措置をとること、❸専門的処遇を実施すること、の3点とされており、本人が保護観察中、具体的に守らなければならない事項は、遵守事項として定められる。

居住し、転居や７日以上の旅行をするには、保護観察所長の許可を受けなければならないほか、問題性に応じて個別に定められた**特別遵守事項**を守る義務を負うことになる。

❷補導援護の意義

一方、**補導援護**★として、自身の意思に基づき生活に関する支援を受ける仕組みが用意されている。これは、強制的な働きかけである**指導監督**だけでは、本人の改善更生を図るのに十分ではないためである。

補導援護は、生存権（日本国憲法第25条）に基づくものであるが、それを特に保護観察の処遇の内容としているのは、保護観察を受けている人のなかに、生存権が保障されるべき状態にありながら、保障・支援されてこなかった人が少なくないからである。

支援を受けるためには、それぞれの制度に合わせて市役所の窓口でその手続をするなどといった行為が必要となる。しかし、たとえばそのスキルや経験が乏しかったり、手助けしてくれる人が周囲にいなかったり、さらには、自身が支援を必要とするという認識がなかったり、なかには犯罪をしたなどという理由によって窓口で適切に取り扱われなかったりして、受けるべき支援を受けてこなかった人が少なくないのである。

こういった人に、保護観察上、特に丁寧に支援的にかかわって、必要な支援、たとえば、住居の調整や就労支援を行うことによって本人の生活を安定させて、本人の改善更生、そして再犯・再非行の防止を図っているのである。

さらに応急的な措置が必要な場合には、保護観察所が直接的に支援を行うことが認められている（応急の救護★）（更生保護法第62条第１項・第２項）。

保護観察の実施状況★をみると、近年、保護観察人員は毎年減少しているが、そのなかで、保護観察の対象となる高齢者や精神障害者は増加している。もちろん、そのすべての人に補導援護が必要というわけではなく、そういった人以外にも補導援護が必要な人はいるが、データからも、また現場の実感からも、補導援護を必要とする人は増えている状況にある。そして、残念ながらこれらの人たちのなかには、犯罪を繰り返して、社会に戻っても、すぐに捕まり刑務所に収容される人もいるのである。

このような状況から、今後、保護観察所の、補導援護としての本人への支援的なかかわりは、より重要になるといえる。

折しも、保護観察の分野においてもSDGs★が目標として掲げられ、「誰一人取り残さない社会の実現」が目指されている今、補導援護において

★補導援護
本人が自立した生活を営むことができるよう、本人の自助の責任を踏まえつつ、住居の確保、医療受診、就労・学修等の支援、生活環境の改善・調整等を行うこと（更生保護法第58条）。具体的には、生活面において問題を抱えていないか確認し、その問題に応じて必要な支援を受けられる機関を紹介したり、情報提供を行ったりする。

★応急の救護
食費や旅費の給貸与、就労等に必要な物品の給貸与、更生保護施設に委託をして宿泊や食事を本人に提供することなどが、保護観察所によって実施されている。

★保護観察の実施状況
『令和元年版 犯罪白書』によれば、保護観察開始人員の全体は、1998（平成10）年に7万7266人だったのが、2018（平成30）年には3万845人となり、この20年で半数以下に減っている。しかし、そのなかで、高齢者（65歳以上）は、ほぼ毎年増加を続けており、1998（平成10）年に371人だったのが、2018（平成30）年には1371人と20年前から3倍以上に増えている。また、精神障害の類型として認定される保護観察対象者も、2003（平成15）年に1038人だったのが、2018（平成30）年には3189人と15年前と比べて3倍以上に増えている。

★SDGs
Sustainable Development Goals：持続可能な開発目標。

は、より丁寧で積極的な対応が必要である。

4 保護観察の終了

Active Learning

保護観察において、保護観察官や保護司が本人にどのようにかかわるのか確認してみましょう。

❶期間満了による終了と措置（良好措置・不良措置）による終了

保護観察は期間が決められており、その期間が過ぎれば、期間満了として終了する。

また、期間満了を待たずに保護観察が終了することもある。それには、二つのパターンがあり、一つは、期間の途中ではあるが本人の改善更生が達成されたことによる**良好措置**として保護観察を終えるものである。もう一つは、遵守事項違反により、もはや社会内処遇では改善更生を図ることはできないと施設内処遇へ移行する**不良措置**として保護観察を終えるものである。

❷良好措置と不良措置

良好措置は、保護観察を受ける本人にとって、改善更生に向けたインセンティブになる。ただ、定期刑・無期刑の仮釈放者には、良好措置は用意されていない。また、少年は、良好措置により、保護観察が完全に終了するが、保護観察付全部・一部執行猶予者についての良好措置である「仮解除」は、その後の事情の変化によっては、保護観察が再開することもある。

不良措置は、遵守事項違反があった場合に、強制的に施設内処遇へと移行するものである。ただし、遵守事項違反があるからといって、すべての場合に不良措置をとるわけではない。保護観察の種別により、その対応は異なるが、遵守事項違反があっても、その情状やその後の本人の態度等を勘案し、保護観察を継続することで本人の改善更生を図ることができると判断して、不良措置をとらないことも多い。

4 保護観察の種類とその実際

保護観察には、❶保護観察処分少年を対象とした**1号観察**、❷少年院仮退院者を対象とした**2号観察**、❸仮釈放者を対象とした**3号観察**、❹保護観察付執行猶予者を対象とした**4号観察**、❺婦人補導院仮退院者を対象とした5号観察がある（**図10-1**、**表10-1**）。ここでは、実態として保護観察の実施がほとんどない5号観察を除いた1～4号観察の実際について、『令和元年版 犯罪白書』を用いて数字を示しながら述べる。

図10-1　保護観察の種類

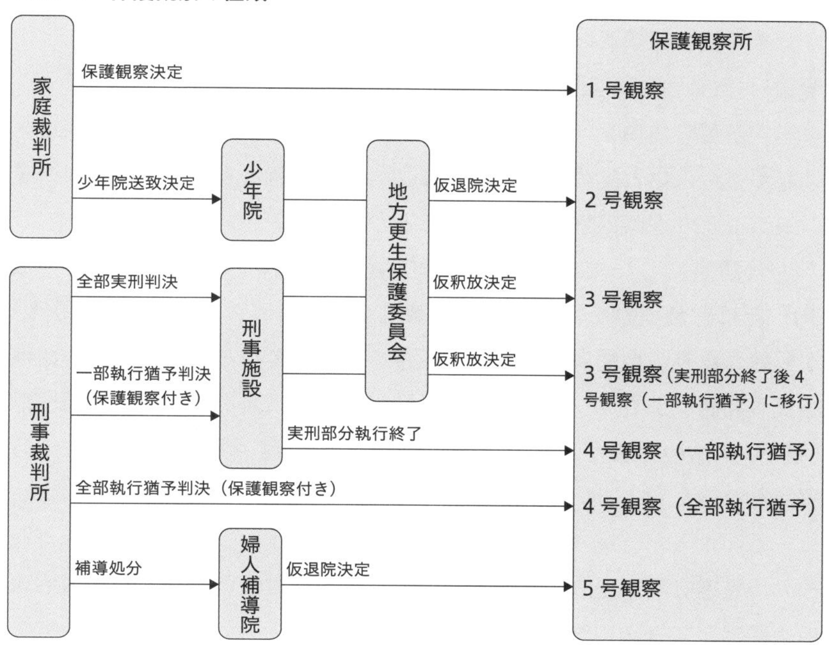

表10-1　号種別保護観察人員数（各年末現在）

	１号観察	２号観察	３号観察（全部実刑）	３号観察（一部猶予）	４号観察（一部猶予）	４号観察（全部猶予）	５号観察
1999（平成11）年末	39,433	6,423	6,317	—	—	15,105	0
2009（平成21）年末	22,645	5,259	5,981	—	—	12,204	0
2019（令和元）年末	10,724	2,496	4,128	362	2,150	7,969	0

資料：法務省「保護統計年報」

1　１号観察の実際

１号観察★では、家庭裁判所の審判で保護観察決定を受けた本人は、審判に立ち会った保護者とともに、保護観察所に出頭する。そして、担当の保護観察官の初回面接を受ける。

面接では、保護観察官がアセスメントのために本人から生活歴、非行事実等について聴取し、保護観察について説明する。そして、本人に遵守事項を通知し、本人から住居届出書の提出を受ける。面接後、保護観察官は、担当となる保護司を指名し、保護司および本人に連絡する。

★１号観察
１号観察とは、家庭裁判所で保護観察決定を受けた少年の保護観察をいう。保護観察の期間は、18歳未満の少年の場合は20歳になる日の前日まで、18歳以上の場合は２年間と定められている（更生保護法第66条）。

連絡を受けた本人は、担当保護司に連絡して初回面接を受け、その後は、その担当保護司の面接を定期的に受けることになる。

●良好措置と不良措置

本人が遵守事項を守る生活を続け、改善更生し、もはや保護観察を続けなくてもよいと認められた場合には、良好措置として、保護観察所長の決定により保護観察を**解除**することができる（更生保護法第69条）。

1号観察については、広く良好措置が行われており、2018（平成30）年に保護観察を終了した1号観察少年のうち、74.3%（7080人）が解除となり、期間満了前に保護観察を終了している。また、保護観察所長の判断により、一定期間、指導監督、補導援護を行わない**一時解除**（第70条）の措置がとられることもあり、2018（平成30）年に一時解除となった者は6人であった。

一方、本人が、遵守事項を守らず、保護観察上の通常の指導のみではその後も遵守事項を守らないおそれがある場合には、対象となる遵守事項を明示して保護観察所長名で**警告**を発することになる（第67条第1項）。そして、警告後も本人が遵守事項を守らず、また、その程度が重く、かつ、保護観察では本人の改善更生を図ることができないと認められる場合には、保護観察所長は、家庭裁判所に対して**施設送致★申請**を行うことができる（第67条第2項）。さらに、保護観察所長は、本人に、新たにぐ犯事由があると認めるときは、家庭裁判所に**通告**することが認められている（第68条第1項）。

★施設送致
児童自立支援施設または児童養護施設に送致すること、もしくは少年院に送致すること。

ただ、いずれの不良措置もその数は少なく、2018（平成30）年に警告がなされた件数は45件、施設送致申請がなされた者は5人、通告がなされた者は4人となっている。

2 2号観察の実際

2号観察★では、その開始に先立ち、少年院入院中に、本人が希望する出院後の住居（帰住予定地）と引受人が、少年院を通して帰住予定地を管轄する保護観察所に伝えられる。そして、保護観察所では、帰住予定地の保護観察官が担当となり、担当保護司を指名する。担当保護司は帰住予定地を訪ねて、引受人と面接し、帰住予定地と引受人が本人の更生にふさわしいかを調査し、保護観察所に報告する。保護観察所はその報告を踏まえて、帰住予定地が相当か否か意見を付し、さらに、本人の仮退院後に保護観察が円滑に実施できるよう生活環境等について調整を行う（**生活環境の調整**）。

★2号観察
2号観察とは、少年院から仮退院した少年の保護観察をいう。保護観察の期間は、原則として20歳までだが、家庭裁判所の決定により延長されることもある。

そして、地方更生保護委員会（以下、地方委員会）から仮退院の決定を受けた本人は、原則として仮退院当日、まず保護観察所に出頭する。保護観察所で、担当の保護観察官の面接を受けたのち、担当の保護司宅に行くなどして、担当保護司と会い、面接を受ける。その後は、定期的に担当の保護司の面接を受けることになる。

●良好措置と不良措置

2号観察の場合、良好措置として**退院**が定められている。保護観察所長が退院を申し出て、地方委員会がその決定をすることによって保護観察は終了する（第74条）。

2018（平成30）年に保護観察を終了した2号観察の少年のうち退院となった少年は、13.5%（362人）である。

一方、本人が遵守事項を守らず、保護観察を継続するべきではなく、少年院に戻して処遇を行うことが必要かつ相当と判断されたときは、保護観察所長が地方委員会に少年院への**戻し収容**の申出を行い、地方委員会は、審理の結果、保護観察所長の申出を相当と認める場合、家庭裁判所に戻し収容の申請を行う（第71条）。そして、家庭裁判所がその申請を相当と認めた場合、戻し収容の決定がなされ、本人は、少年院で再度施設内処遇を受けることになる（第72条）。

2018（平成30）年に戻し収容となった2号観察少年は5人である。

3 3号観察の実際

3号観察★では、保護観察所は、本人が刑事施設に入所している間に、生活環境の調整を実施する。仮釈放にあたって本人が希望する住居（帰住予定地）、引受人について、担当の保護観察官や保護司が、その住居に訪問し、引受人と面接して、住居の確認や引受人の引受意思の確認を行う。そして、その調整が整い、また地方委員会により仮釈放が決定されれば、本人は、仮釈放日に刑事施設を仮釈放される（第39条）。

仮釈放後、まず本人は帰住地を管轄する保護観察所に出頭する。そして、担当の保護観察官の面接を受け、保護観察について説明を受けたあと、担当の保護司と会って面接を受ける。その後は、定期的に担当保護司の面接を受けることになる。

3号観察では、特別遵守事項として専門的処遇プログラム★の受講を義務づけられる場合がある。その場合には、定められた日時に保護観察所に出頭し、保護観察官が実施するプログラムを受講しなければならない。これは4号観察も同様である。

★3号観察
3号観察とは、刑事施設から仮釈放された人の保護観察をいう。保護観察の期間は、仮釈放された日から刑期が満了する日までとなる。

★専門的処遇プログラム
「医学、心理学、教育学、社会学その他の専門的知識に基づく特定の犯罪的傾向を改善するための体系化された手順による処遇として法務大臣が定めるものを受けること」を特別遵守事項とする規定（更生保護法第51条第2項第4号）に基づき実施されるプログラム。現在、「性犯罪者処遇プログラム」「薬物再乱用防止プログラム」「暴力防止プログラム」「飲酒運転防止プログラム」の四つが実施されている。

●良好措置と不良措置

３号観察では、良好措置は定められていない。

一方、不良措置としては、まず、本人が保護観察中に所在不明となった場合には、**保護観察の停止**という処分がなされ、刑期の進行が止まることになる（第77条）。そうなると、所在が判明して停止解除となるまでの間、刑期が進行しないため、所在不明のまま定められた保護観察終了日を過ぎても、停止解除となった日から保護観察が再開されることになる。

また、遵守事項違反があった場合、保護観察を継続することが相当と認められる特別の事情がない限り、保護観察所長は地方委員会に対して**仮釈放の取消し**の申出を行う（第75条）。地方委員会は審理のうえ、保護観察所長の申出が相当と認めたときは仮釈放の取消しの決定を行う。その場合、再度刑事施設に戻り受刑することになる。釈放中の日数は刑期に算入されない。

2018（平成30）年に仮釈放が取り消された人は、534人であり、同年に終了した３号観察者全体の4.3%となっている。

★４号観察
４号観察は、保護観察付執行猶予の判決を受けた人の保護観察のことをいう。執行猶予期間が保護観察期間となる。2016（平成28）年に刑の一部執行猶予制度が導入されたため、４号観察は、刑の全部について執行猶予判決を受けた人と、刑の一部について執行猶予判決を受けた人とに分かれる。

★仮解除
本人の状況から、保護観察を仮に解除しても、良好な生活態度を保持し、善良な社会の一員として自立し改善更生することができると認められると判断される場合に、保護観察を止めるもの。保護観察所長が地方委員会に申し出て、地方委員会がその決定をする（更生保護法第81条第１項）。

4 全部執行猶予の４号観察の実際

４号観察★のうち、**保護観察付全部執行猶予**の場合、裁判所の判決が確定してから保護観察が始まるが、保護観察を円滑に進めるために、保護観察所は、本人の同意を得て、判決確定前に出頭するよう求めている。

本人が出頭した場合は、保護観察について説明するほか、本人の生活環境等を調査し、その調整の必要がないか確認している。その際、住居を失った等、直ちに対応が必要な場合には、本人に**更生緊急保護**の申出の意思を確認し、意思表明を受けて、本人の住居を更生保護施設等に確保するなどの対応をしている（第85条）。

裁判確定後には、再度保護観察所に出頭を求め、出頭したら、遵守事項について通知し、担当保護司を指名する等、保護観察開始にあたっての手続を行う。その後は、３号観察などと同様に、保護観察が進むことになる。

●良好措置と不良措置

４号観察では、良好措置として、保護観察の実施を止める**仮解除**★が定められている。仮解除により、保護観察は実施されず、特別遵守事項はすべて取り消され、仮解除中に遵守事項違反を理由とした執行猶予の取消申出はされないことになる（第81条第４項）。

2018（平成30）年に仮解除で保護観察を終了した人は、同年に保護観察を終了した全部執行猶予の４号観察者全体のうち3.6%（120人）となっている。

一方、保護観察中の遵守事項違反については、その情状が重いときに限り、**執行猶予の取消**がなされる（刑法第26条の２第２号）。

保護観察所長は、刑の執行猶予を取り消すべきと認めたときは、検察官に対して申出を行う（更生保護法第79条）。検察官は、申出を受けて、刑の執行猶予の言渡しを取り消すべきと判断した場合には、裁判所に執行猶予の取消請求を行い、裁判所が取消決定をすれば、執行猶予は取り消され、本人は、刑事施設で受刑をすることになる。

また、執行猶予期間中に本人が再犯等により実刑判決を受けたときには、執行猶予の言渡しは必然的に取り消される。

2018（平成30）年に執行猶予が取り消された全部執行猶予の４号観察者は691人であり、同年に保護観察を終了した全部執行猶予の４号観察者のうち20.7%に当たる。

5 一部執行猶予の４号観察の実際

４号観察のうち、**保護観察付一部執行猶予**の場合、保護観察が実施される執行猶予期間の開始前に、実刑部分の執行が行われる（刑法第27条の２第２項）。なお、その実刑部分についても仮釈放が認められているため、仮釈放となった場合には、仮釈放日から実刑部分の執行終了日までの間は３号観察が実施される。実刑部分の執行終了後は、一部執行猶予期間が始まり、４号観察に移行する。

実刑部分の執行終了まで刑務所内で受刑していた人は、帰住する住居が定められていれば、その居住地を管轄する保護観察所に、そうでない場合は、入所していた刑事施設の所在地を管轄する保護観察所に出頭して、保護観察官による初回面接を受ける。その際、保護観察官から保護観察について説明を受けるほか、帰住する住居が特定されていない人は、速やかに住居を定めて届出をすることが求められる。住居が定まれば、担当の保護司が指名され、担当保護司のもとで保護観察を受けることになる。

●良好措置と不良措置

一部執行猶予の４号観察でも、良好措置として仮解除が認められているが、2018（平成30）年には、その実績はなかった。

遵守事項違反に対して、執行猶予の取消があることも、全部執行猶予と同様であるが、全部執行猶予と異なり、「情状が重いとき」という要件はない（更生保護法第79条、刑法第27条の5第2号）。すなわち、制度上、全部執行猶予の人よりも、一部執行猶予の人のほうが、遵守事項違反による執行猶予の取消が広く認められている。

2018（平成30）年に執行猶予が取り消された一部執行猶予の4号観察者は58人である。まだ制度が始まって間もないため、執行猶予期間の満了による保護観察終了者が少ないことも影響し、執行猶予取消による保護観察終了者が全体75人のうちの77.3%を占めている。

5 仮釈放、仮退院の実際

1 仮釈放の実際

❶帰住先や引受人の調整

★仮釈放
懲役刑、禁錮刑の執行のため、刑事施設に収容されている人をその刑期満了前に仮に釈放する制度。仮釈放の要件は、定められた期間を経過し、「改悛（かいしゅん）の状」（刑法第28条）があることとされている。

仮釈放★に際しての帰住先の住居や引受人は、本人がその調整を矯正施設に申し出て、帰住先の住居を管轄する保護観察所が、生活環境の調整として、調査、調整を行う。

引受人には、基本的に本人と同居して、本人の更生を経済的にも精神的にも支えるという役割が求められる。ただ、万一本人が再犯をした場合、引受人が法的な責任を負うわけではない。引受人は、一般的には親や配偶者など家族がなる場合が多いが、家族でなければならないというものではない。

帰住先の住居に関しては、現在引受人が生活している住居で同居することを考えているのであれば、そこに本人が実際に居住できるかを確認することになる。また、別に住居を用意する場合には、事前に確実に本人が居住できると確認できなければならないため、賃貸物件であれば先に賃借しておくなどの必要がある。あとで用意するという約束だけでは、調整が整っているとはいえない。

❷調整が整わない場合

家族と疎遠な人、そもそもいない人も少なくない。そういった人の帰住先の一つとして、更生保護施設があり、本人が希望すれば受入を調整する。しかし、必ずしも希望したすべての人が更生保護施設に受け入れられるわけではなく、粗暴傾向がある人や、犯罪を繰り返している人、病気や障害があって就労自立が難しい人の引受は、更生保護施設も消極的になりがちである。また、本人が、集団生活を嫌って、更生保護施設を希望しない場合もある。これらの場合には、結局生活環境が整わず、仮釈放とならないことになる。

また、刑事施設でルールに従わずに懲罰を繰り返し受けている人は、支援の必要性の有無にかかわらず、改善更生の意欲がないとされて刑事施設からの仮釈放申出の対象にならず、仮釈放になりにくい。

このように、必ずしも社会内処遇が必要な人すべてに仮釈放が行われているわけではないため、支援を受ける必要がある人が満期で釈放された結果、再犯に至るという例もみられる。

2 仮退院の実際

少年院在院少年は、成人と異なり、ほぼすべての少年が**仮退院**★により少年院を出院する。

❶帰住先や引受人の調整

仮退院の場合にも、仮釈放と同様に、帰住先の住居と引受人が必要となる。従来、親が引受人となる場合が多く、仮釈放に比べ調整が困難なケースは少なかったが、近年、親が引受を拒否するなど、親以外の引受人への調整が必要となるケースが増えている（第８章第３節参照）。

❷調整が整わない場合

少年を引き受ける更生保護施設は少ないことから、成人よりも調整に手間どるケースもあり、帰住先の調整が整わないために、処遇の段階は最高段階に達しているにもかかわらず、他の少年に比べ仮退院が遅れるということも生じている。

★仮退院
少年院に収容されている人を、その収容期間の満了前に、仮に退院させる制度。仮退院の要件は、一般的には、❶処遇の段階が最高段階に達し、❷仮に退院させることが改善更生のために相当であると認めるとき（更生保護法第41条）と定められている。

Active Learning
仮釈放や仮退院では、どのようなことが課題となるか考えてみましょう。

◇参考文献
・法務省法務総合研究所編『令和元年版 犯罪白書』2019.

第2節 更生保護における関係機関のネットワーク構築

学習のポイント

- 更生保護における連携の広がりとネットワークの構築について理解する
- 更生保護におけるネットワークを構成する地域の関係機関について把握する

本節では、保護観察の実施上遭遇する課題ごとに、関係機関との連携、ネットワーク構築について述べる。

関係機関との連携にあたっては、フォーマルな場面（制度として用意されたもの）では、基本的には、保護観察官が中心となって対応をしている。一方、インフォーマルな場面では、地域の実情に詳しい保護司が前面に出て対応することもある。

1 更生保護の実施機関と地域の関係機関との連携の広がり

更生保護において、補導援護として支援的なかかわりを行うには、社会内のさまざまな関係機関との連携が求められる。しかし一方で、犯罪や非行といった情報は、本人の個人情報として守られるべきものであり、誰にでも明らかにされてよい情報ではない。さらに、そういった情報を開示することで、本人が受けられる支援の幅が狭まってしまうという状況が起きてきた実態がある。

そのため、社会内処遇の領域においては、古くから関係機関との連携は行われてきたものの、その連携先は、更生保護に理解がある関係機関や団体が中心であり、その他の支援機関や団体との連携はそれほど積極的には行われてこなかった。

しかし、近年、刑務所出所者等が就労や住居について困難に陥っている状況や、その人達のなかに障害のある人が少なくないことが知られるようになり、犯罪や非行をした人への支援について、以前より社会の理解が得られるようになった。それに伴い、保護観察所など更生保護の実施機関と地域の支援者が連携する場面が広がりつつある。

2 更生保護と福祉の共通点と違い

更生保護の中心である保護観察では、実施者と対象者の間に法で定められた権力関係が明確に存在するが、一般的な福祉支援の場面でも、支援する側と支援を受ける側とが必ずしも対等とはいえず、何らかの上下関係が存在するといえる。保護観察においても、一般的な福祉支援においても、本人にかかわる者としては、支援する側が支援される側より優位にあることを踏まえ、その優位性を意識して支援に当たるべきであろう。すなわち、いずれも同様に、自らの権力性を意識しつつ、その一方で、本人の視点に立って支援を行うことが大切なのである。

また、一般的な福祉においては、契約により本人の意思を確認したうえでその関係が成立するが、保護観察では、本人との関係は、本人の意思にかかわらず、むしろ本人が望まないのに成立する。そのため、保護観察において補導援護を行うにあたっては、その内容を丁寧に説明したうえで、特に本人の意思をよく確認する必要がある。

そして、一般的な福祉の場面では、本人が支援の継続を希望し、その支援が必要とされる限り、支援者による支援やかかわりは継続するが、保護観察におけるかかわりは、その達成度がどのようなものであっても、あらかじめ定められた保護観察期間を過ぎると、たとえ本人が望んだとしても、支援やかかわりは断たれてしまうことになる。

3 連携・ネットワーク構築の実際

1 住居の確保への対応

刑事施設への入所により、それまでの生活の基盤であった住居を失う人は少なくない。また、刑事施設に入所しなくても、裁判で長期間身柄を拘束されることによって住居を失う人もいる。それまで家族と生活していても、犯罪や非行によってその関係に変化が生じ、その結果、住居を失う人もいる。そうなれば、知り合いを頼ったり、単身で生活を始めることになるが、人とのつながりや金銭的余裕がなく、自ら住居を確保することが困難な人も少なくない。

そのような場合は、更生保護施設、自立準備ホーム、そして、自立更生促進センター★に居住するほか、協力雇用主等へ住み込み就労する場合

★自立更生促進センター
親族等や民間の更生保護施設では円滑な社会復帰のために必要な環境を整えることができない刑務所出所者等を対象として、国が設置した一時的な宿泊場所（保護観察所に併設）。保護観察官による指導監督と就労支援により改善更生を助け、再犯を防止すること等を目的としている。特定の問題性に応じた重点的・専門的な社会内処遇を実施する施設を「自立更生促進センター」（福島市、北九州市）、主として農業等の職業訓練を行う施設を「就業支援センター」（北海道沼田町、茨城県ひたちなか市）と呼んでいる。

や、一般の福祉施設等に入所する場合もある。

❶更生保護施設との連携

刑務所や少年院で、帰住する住居や引受人がない人の住居としては、まず**更生保護施設**★が候補となる。更生保護施設は、古くから矯正施設を出て住居がない者の受け皿としての役割を担ってきた。ただ、最近までは、入所者の就労自立による退所が目標とされ、就労が難しい人の受入には消極的であった。しかし近年は、福祉の専門職員を配置して福祉施設への入所調整を行ったり、薬物依存の回復支援の専門職員を配置して薬物依存の回復に向けた支援を行ったりする施設が増えており、入所対象の幅は広がっている。

★更生保護施設
更生保護施設は、従前も、就労支援や金銭管理等、入所者が退所後に自ら生活を維持していけるよう、必要な指導や援助を行ってきたが、近年は、飲酒や薬物依存等の問題を抱えている入所者に対し、重点的な処遇を行う施設もある。また、2009（平成21）年度からは福祉の専門資格をもった職員が配置されるようにもなっており、高齢者や障害のある人等で就労が困難な人を受け入れる「指定更生保護施設」も出てきている。ただし、小規模かつ職員数も多くない更生保護施設が一般的である。

更生保護施設への入所は、保護観察所が調整する。矯正施設に入所中の本人が更生保護施設へ入所したい場合、都道府県を指定して入所を希望する。本人の希望を受け、その都道府県の保護観察所は、本人の適性に応じて管内の更生保護施設を選択して本人の受入について意見を求め、それを受けて提出された更生保護施設の意見を踏まえて、本人の入所の可否について判断する。本人の入所が可とされ、本人が釈放され更生保護施設に入所すると、保護観察所は、更生保護施設に対して、本人の宿泊等、改善更生に必要な措置を委託し、その費用を委託費として更生保護施設に支給する。

なお、保護観察中にさまざまな事情により住居を失った人や、住居の確保を求めて保護観察所に対して更生緊急保護を申し出た人についても、同様に、保護観察所が更生保護施設への入所調整を行っている。

❷自立準備ホームとの連携

帰住先がないまま満期で釈放される人の減少を目指して、2011（平成23）年４月から法務省により「緊急的住居確保・自立支援対策」が始められ、それに基づいて設置された**自立準備ホーム**★への入所も、更生保護施設と同様に、保護観察所が調整している。

★自立準備ホーム
更生保護施設以外の入所施設に対しても、保護観察所が、保護観察所に登録した民間法人・団体等の事業者へ、宿泊場所の供与と生活指導等を委託することができるようになった。この宿泊場所を「自立準備ホーム」と呼んでいる。自立準備ホームの形態は、事業者が管理する施設や一軒家、アパートの一室等さまざまである。

更生保護施設のほうが、自立準備ホームに比べて、専門職員の配置などによって充実した処遇を実施できる仕組みが整っていることから、一般的には、より手厚い処遇が必要な者を更生保護施設で受け入れるという住み分けが想定されている。ただ実際は、自立準備ホームを運営する法人や団体がもともと有する強みを活かし、更生保護施設で受け入れ困難とされた人が自立準備ホームで受け入れられている例もある。

❸一般の福祉施設等との連携

矯正施設を出所した人や保護観察を受けている人が福祉施設に入所す

ることは以前からあったものの、矯正施設や保護観察所が、福祉施設と連携して入所等の調整を行うことはほとんどなかった。というのも、矯正施設や保護観察所がかかわることにより、障害者、高齢者として支援を受けられるべき人が、犯罪、非行をした人という理由で、受け入れを断られることが懸念されたためである。しかし近年は、矯正施設や保護観察所と福祉施設との積極的な連携、矯正施設や更生保護施設への福祉の専門職員の配置、加えて、各都道府県に地域生活定着支援センターが設置されたこと等により、関係機関の調整が行われ、障害者や高齢者が一般の福祉施設へ入所する例が増えている。

更生保護施設等から福祉施設へ入所する場合には、多くの更生保護施設に福祉の専門職員が配置されていることから、その専門職員が中心となって、福祉的な支援が必要な人について、施設入所等の調整を行っている。

また、刑務所や少年院といった矯正施設においても、福祉の専門職員により、釈放後の福祉的支援の調整がなされ、福祉施設へ入所するケースが増えている。ただ、矯正施設から福祉施設に直接入所する場合には、制度上、配慮が必要となることがいくつかある。

福祉施設への入所における調整

まず、満期釈放され、福祉施設に入所する場合、本人が満期釈放される日は確定しており、たとえばそれが日曜日や年末年始であっても、その日に本人が入所等できるように調整する必要がある。また、矯正施設に入所している人は、その出所前に福祉施設への体験入所をすることは困難である。

次に、仮釈放、仮退院によって福祉施設に入所する場合、その施設の職員等が本人の引受人となり、本人の帰住先を確保する必要がある。つまり、本人がいつ仮釈放等になってもよいように、本人の住居となる場所を事前に確保しておく必要がある。引受人は、本人について法的な責任を負うものではないが、保護観察中の本人の管理監督者として、本人の改善更生を精神面でも物質面でも支える役割を担い、本人の矯正施設入所中や保護観察中は、担当の保護司や保護観察官との連絡や面会に応じるといった対応が求められる。なお、仮釈放日は、決定があれば事前に知らされ、平日に設定されるため、満期釈放のように休日に対応を迫られるということはない。ただ、福祉施設がそれらの対応を行ったとしても、仮釈放は必ず認められるものではなく、仮釈放のつもりで用意をしていても、本人が仮釈放されずに満期釈放されるということもある。

以上のように、一般の福祉施設に入所する場合は、一定の制約があることから、スムーズにつなぐため、関係機関が集合してケース会議を実施するなど、入念な調整を行って、更生保護と福祉の違いを踏まえたうえで各機関が対応することが求められる。

2 就労の確保への対応

❶就職の機会の確保における連携・取り組み

就労は、保護観察を受けている多くの人にとって課題となる。現状は、保護観察を受けていることや、刑事施設に入所していたことを明らかにして就職することは、その事実だけで採用を断る事業主も多く、まだまだ困難といえる。また、その事実を知って雇う事業主のなかには、本人を「安い労働力」としてしか見ていなかったり、危険な業務に従事させたりと、本人の足下を見るような雇い方をする事業主もいる[i]。

協力雇用主や刑務所出所者等総合的就労支援対策

その一方で、更生保護に理解があり、本人の入所歴等を特別視せず、長い目で見て雇用する、しようとする事業主も増えている。そういった事業主を、保護観察所では、**協力雇用主**として登録し、活用してきた。

2006（平成18）年度からは、厚生労働省と法務省とが連携して**刑務所出所者等総合的就労支援対策**を実施しており、**公共就業安定所（ハローワーク）**、矯正施設、保護観察所等が連携して、保護観察を受けている人や矯正施設を出所した人の就労支援をさまざまな形で行っている。

Active Learning

地域の機関が、刑務所出所者等の社会復帰にどのようにかかわっているか調べてみましょう。

毎年、その取り組みは更新されており、現在では、出所者等を採用したい事業者は、ハローワークで、それぞれの刑務所や少年院の入所者や入院者に向けて専用の求人登録をすることができる。本人は、刑務所内や少年院内で、ハローワークの職員による就職支援を受けることができ、専用求人を閲覧して面接の申し込みをすることができる。さらに、刑務所内、少年院内で、事業者による採用面接を受けて内定を得ることができるようになっている。

刑務所出所後や保護観察中は、ハローワークの専門窓口で、専門の相談員と個別に相談しながら、協力雇用主による専用求人などの紹介を受けて申し込むということもできる。

採用する事業主側への支援もこの間に整備され、保護観察を受けてい

i　住み込みで就労したところ、仕事は毎日あるわけではない一方で、寮費名目で毎日一定額を請求され、まったくお金が貯まらず、寮から出ることもままならないといった話も聞く。

る人等を採用した場合、就労定着のための就労奨励金が国から支給される。また、本人が故意や過失で事業主に損害を生じさせた場合に見舞金を支給する**身元保証制度**が用意されている。

❷就労の定着における連携・取り組み

就職の機会という点では、矯正施設収容中から保護観察中に至るまで支援が充実してきたが、一方で、就職しても早期に離職する人が少なくないため、就労定着率が上がらないという問題が起きている。

そのため、まだ一部の保護観察所での取り組みではあるが、2014（平成26）年度から、保護観察所が民間の事業者が設置する**就労支援事業所**に就職活動支援、職場定着支援等を委託する**更生保護就労支援事業**を実施しており、就労支援事業所の職員が就職後も一定期間本人に伴走して支援を行うという取り組みも始まっている。

早期離職の原因としては、本人に就労経験、成功体験が少なく、小さな挫折であきらめやすい、本人に資質上の問題があって複雑な作業が難しいなど、本人側にその要因があり、事業主側がそれに対して理解がないために、就労定着しないという例もある。

そこで、そのような本人の事情を理解して、福祉的な視点をもって就労を受け入れる**ソーシャルファーム**★に、協力雇用主として保護観察所に登録することを積極的に勧めており、本人のニーズに応じて、ソーシャルファームへの就労も広がっている。なお、ソーシャルファームは農業による就労と生活の場を提供する**農福連携**の取り組みとしても注目されている。

★ソーシャルファーム
障害者や労働市場で不利な立場にある人たち（ホームレス、出所受刑者等）に働く場を提供することを目的とした社会的企業。企業的な経営手法を用い、就業が困難な者を多数雇用している。

また、実際の就労に際してよく問題となるのが、本人の犯罪歴、非行歴の取扱いであるが、それらは本人にとって保護されるべき個人情報となるため、採用時に事業者が、本人から必要な範囲で確認すべきである。そして本人の情報を事業所のどの範囲で共有するかは、本人の意思に反しないように定め、明確にしておくことが必要である。なお、過去の行為を理由に本人を特別扱いするべきではないものの、本人が再犯等に至らない環境づくりには配慮が必要である。たとえば、採用して間もない本人に売上金の管理を任せてしまうといった状況をつくることは、本人の再犯を助長しかねないので、避けるべきである。

3 違法薬物への依存のある人への対応

違法薬物の使用は、犯罪・非行として取り扱われる一方で、特に使用による受刑を繰り返している人には、薬物依存という面もあり、その再使用防止には、治療というアプローチが必要だといわれている。

そのような知見を踏まえ、保護観察所では、違法薬物の使用の犯罪で保護観察を受けている人を対象に、依存症の理解と回復という観点で作成された**薬物再乱用防止プログラム**★を実施している。

★薬物再乱用防止プログラム
指定薬物または規制薬物等の所持・使用等に当たる事実が含まれる犯罪事実により、保護観察を受けている仮釈放者・保護観察付執行猶予者に対して、特別遵守事項で受講を義務づけて実施されているプログラム。各保護観察所において、保護観察官により、統一されたワークブックに基づいた個別または集団処遇が行われている。教育課程として、認知行動療法を基盤とする全5回のコアプログラムと、そのあとに行われるステップアッププログラムがある。また、簡易薬物検出検査も行われる。

遵守事項としてその受講を義務づけられている人は、原則として保護観察期間中継続してプログラムを受けなければならない。刑務所を仮釈放された人や、一部執行猶予により保護観察を受けている人は、コアプログラムの間は2週間に1回、その後は毎月1回、保護観察所に出頭して、このプログラムを受けることになる。なお、全部執行猶予により保護観察を受けている人は、今のところ、コアプログラムのみ受講が義務づけられている。

このプログラムは、対象となる人数が少ない一部の保護観察所を除いて、グループで実施されている。そして、多くの保護観察所で、地域の依存症回復支援施設のスタッフに実施補助者として参加協力を得ている。それによりプログラムの内容を深めることができ、また、プログラムを通して、スタッフと本人たちが顔なじみになり、保護観察の終了後も必要なときに本人が支援を求めることができる関係づくりにもつながっている。

また、保護観察終了後を見据えた支援のあり方として、2015（平成27）年に、法務省と厚生労働省の連名で「薬物依存のある刑務所出所者等の支援に関する地域連携ガイドライン」が作成された。それにより、各地域で、医療機関や精神保健福祉センターといった関係機関との連携体制と、地域における依存症の支援体制の構築が図られている。

まだ数は少ないながらも、保護観察所のプログラムから医療機関や精神保健福祉センターで実施されている回復プログラムへ移行するような取り組み、保護観察所が医療機関から定期的に医療に関する情報提供を受ける取り組みなどが実施されている。

また、ダルク★等の依存症回復支援施設への入所についても、それぞれの地域において保護観察所とダルク等との連携が図られており、ダルク等が自立準備ホームとして登録されていたり、保護観察所から薬物依存回復訓練の委託を受けていたりする例もある（第13章第2節参照）。

★ダルク
Drug Addiction Rehabilitation Center：DARC.

第11章

多様なニーズを有する犯罪行為者①

精神障害者を対象とした医療観察制度

2005（平成17）年の医療観察法の施行に伴い、保護観察所に、精神保健福祉士や社会福祉士の資格をもった社会復帰調整官が新たに配置されるようになった。現在は、他害行為を行った精神障害者の処遇に、社会復帰調整官が支援的なかかわりを行っている。

本章では、医療観察制度の概要および手続の流れを確認し、社会復帰調整官の役割、さらには医療観察制度にかかわる地域のソーシャルワーカーの役割についても学ぶ。

刑事司法と福祉の新たな接点といえる医療観察制度は、司法福祉分野でソーシャルワーカーとして活躍するためだけでなく、他の福祉分野のソーシャルワーカーを目指すうえでも、しっかりと学ぶ必要がある内容である。

第1節 医療観察制度の概要

学習のポイント

- 保安処分をめぐる議論を含む医療観察制度導入の背景を学ぶ
- 医療観察法の目的を理解する
- 医療観察制度における審判手続の流れを把握する

★医療観察法
心神喪失等の状態で重大な他害行為を行った者の医療及び観察等に関する法律。

★精神保健福祉法
精神保健及び精神障害者福祉に関する法律。

2005（平成17）年に、医療観察法★が施行されたことにより、我が国における本格的な司法精神医療が開始された。

医療観察法は、危険性の除去・隔離という保安を目的とするのではなく、手厚い医療の実施を通じた対象者の社会復帰を最終目的とする、精神保健福祉法★の特別法として成立した。

1 医療観察制度導入の背景と目的

★保安処分
刑罰の代わりに、または刑罰に加え、行為者の危険性の除去または防止を目的に、刑事裁判所が言い渡す刑罰以外の処分。犯罪をした精神障害者に対しては、治療的性格の処分が言い渡されることになる。

刑罰が、過去の違法な行為に対する責任非難として行為者に科されるのに対し、**保安処分**★は、行為者による犯罪の危険性を根拠に、将来の犯罪を防止し社会を防衛するという予防目的をもつ。我が国では、精神障害が原因で犯罪を行った者への特別な治療制度は、刑法改正作業における保安処分問題として議論が行われてきた。

1 戦前から戦後の議論

犯罪をした精神障害者に対する保安処分は、1927（昭和２）年の「刑法改正予備草案」に「予防監護」処分として規定されたのが最初である。

★治療処分
禁錮以上の刑に当たる行為をしたが、治療および看護を加えなければ将来再び禁錮以上の刑に当たる行為をするおそれがあり、保安上必要があると認められるときに法務省設置の保安施設に収容し、治療および看護のために必要な処置を行う処分。

その後、議論は、1940（昭和15）年の「改正刑法仮案」、戦後になると、1961（昭和36）年の「改正刑法準備草案」、そして、1974（昭和49）年の「改正刑法草案」へと引き継がれ、「改正刑法草案」は、保安処分として、精神障害が原因で犯罪を行った心神喪失者・心神耗弱者に対する**治療処分**★を規定した。しかし、治療処分に対しては、特に、精神医療関係者から、「精神障害者には保安より医療を優先すべき」「保安施設での治療は困難」「危険性の予測は不可能」といった反対が強く唱えられ、制度化されることはなかった[1)]。

2 1980年代における議論

その後、1980（昭和55）年8月に新宿西口バス放火事件★、1981（昭和56）年6月に深川通り魔殺人事件★が起き、いずれもが精神障害者による犯行であったため、1981（昭和56）年12月に、法務省は「保安処分制度（刑事局案）の骨子」を発表し、「治療処分」創設に向けた議論を再開させようとした。

法務省は、「改正刑法草案」に向けられた批判を踏まえ、❶対象犯罪を殺人、強盗、放火、強姦（ごうかん）（当時）、強制わいせつ、傷害の6罪種に限定する、❷治療・看護の必要性のみを要件とする、そして❸収容施設を国立の精神病院等の治療施設とするなど、「人権保障上の配慮」を行った。しかし、この案にも強い批判が向けられ、議論は立ち消えとなった。

ところが、1984（昭和59）年に発覚した宇都宮病院事件★を契機として、1987（昭和62）年に精神衛生法が精神保健法に改正されると、犯罪を行った精神障害者への対応は、「処遇困難者問題」として議論されるようになった。患者の権利の制限の最小化と精神科医療の開放化を目指すのであれば、再犯を繰り返すような処遇困難な精神障害者には、特別な治療制度が必要との主張がなされたのである。

3 1990年代における議論

その後、1991（平成3）年に公衆衛生審議会は「処遇困難患者対策に関する中間意見」を発表し、処遇困難な精神障害者は、民間の精神病院★ではなく、国公立の精神医療施設内に設けた「処遇困難患者専門病棟」で治療すべきとした。

このように特別な対応を求める精神医療関係者の声は、1996（平成8）年の北陽病院事件★最高裁判決以降、いっそう強くなっていった。そして、1999（平成11）年の精神保健福祉法改正の際には、「重大な犯罪を犯した精神障害者の処遇の在り方については、幅広い観点から検討を早急に進めること」との附帯決議がつけられるに至った。

4 2000年代——法案策定から成立へ

前述の附帯決議を受け、2001（平成13）年1月に法務省と厚生労働省の合同意見交換会が開始されて間もなく、精神病院への入通院歴のある者が大阪教育大学附属池田小学校事件★を起こした。そこで急遽（きゅうきょ）、法務省と厚生労働省は対策のための法案（「心神喪失等の状態で重大な他害行為を行った者の医療及び観察等に関する法律案」）を策定した。

★新宿西口バス放火事件
新宿駅西口バスターミナルで、男が、バス後方のドアから火のついた新聞紙・ガソリンを投げ入れ、6人が死亡、14人が重軽傷を負った事件。加害者は、心神耗弱により刑が減軽され無期懲役刑が確定し、その後、受刑中に刑務所内で自殺した。

★深川通り魔殺人事件
男が、商店街路上で無差別に4人を刺殺し、2人に重傷を負わせるなどした事件。加害者は、異常性格を基盤とする心因性妄想に覚せい剤使用の影響が加わって生じた幻覚妄想状態にあったとして、心神耗弱により刑が減軽され無期懲役刑が確定した。

★宇都宮病院事件
1983（昭和58）年に栃木県の宇都宮病院で、看護職員らの暴行によって患者2名が死亡した事件。さらに、無資格者にエックス線検査等の診療補助行為をさせたこと、無許可で患者の死体を解剖させるなどしたことで、院長も有罪判決を受けている。

★精神病院
精神科医療機関に対する国民の正しい理解を深めるとともに、精神科を受診しやすい環境の醸成に資するため、「精神病院の用語の整理等のための関係法律の一部を改正する法律」（平成18年法律第94号）により、精神保健福祉法等における「精神病院」という用語が「精神科病院」に改められた。

★北陽病院事件
1986（昭和 61）年４月、岩手県の県立北陽病院（当時）で、措置入院中の精神分裂病（現在の統合失調症）の患者の男が院外散歩中に無断離院し、離院中に金品を強取する目的で通行人を殺害した事件。最高裁判所は、精神病院側の過失を認め、国家賠償法により、県に１億 2000 万円の損害賠償を命じた。

★大阪教育大学附属池田小学校事件
2001（平成 13）年６月に、精神病院への入通院歴のある男が、大阪教育大学附属池田小学校に侵入し、生徒８名を刺殺し、15 名に傷害を負わせた事件。加害者には完全責任能力が認められ、死刑が確定した。本人の希望もあり、その約１年後に、異例の早さで死刑が執行された。

その法案は、明らかに 1981（昭和 56）年に法務省が提案した刑事局案の骨子と、1991（平成３）年に公表された公衆衛生審議会の中間意見を土台として作られていた。すなわち、刑事局案の骨子のように、対象は６罪種を行った責任能力に問題がある者に限定され、裁判所が処分を言い渡し、治療は国公立病院の新設病棟で行うとされていた。そして、中間意見に沿って措置入院の対象者に処遇を上乗せしていた。

しかし、法の目的が「対象者の社会復帰」とされ、保安処分とは別の制度であることが明らかであったにもかかわらず、法案には、強い批判が向けられた[2)]。

そこで、政府は法案を修正し、「社会復帰の促進」を処遇要件に盛り込み、処遇に携わる者に対象者の円滑な**社会復帰**を目指させる努力義務を課した。この修正により、医療観察法が精神保健福祉法の特別法であることがよりいっそう明確化されたのである。

2 医療観察制度における手続

医療観察法における手続を流れに沿って見ていく（**図 11–1**）。

図11–1　医療観察法による手続の流れ

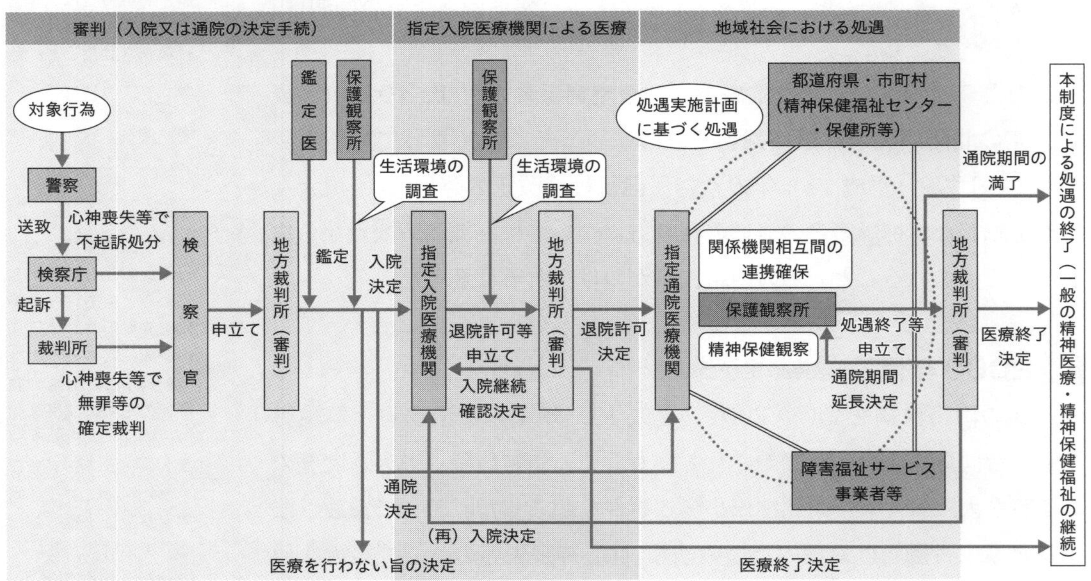

出典：法務省法務総合研究所編『令和元年版 犯罪白書』p.353, 2019.

1 審判手続

❶対象者

医療観察法の対象となるのは、殺人、放火、強盗、強制性交等、強制わいせつ、傷害の重大な他害行為（以下、対象行為（第２条第１項））を行ったが、❶心神喪失・心神耗弱★として不起訴処分★とされた者、❷心神喪失として無罪判決が確定した者、そして、❸心神耗弱で刑が減軽された結果、刑務所への収容がなされない者（以下、対象者）である（第２条第２項）。

❷検察官による申立て

審判手続は、検察官が、地方裁判所に対し、対象者について、医療観察法による処遇の必要性およびその内容の決定を求めて申立てを行うことにより開始される。ただし、検察官は、対象者であっても、医療観察法による医療を行う必要が明らかにないと認める場合（第33条第１項）、傷害のみを行った対象者で、その傷害が軽く、行為の内容や対象者の現在の病状等を考慮して申立ての必要がないと認める場合（第33条第３項）には、申立てをしないことができる。

❸鑑定入院命令

検察官による申立てを受けた地方裁判所の裁判官は、対象者が精神障害を有しないことが明らかである場合等を除いて、できる限り速やかに、**鑑定**★その他の医療的観察を行うため、対象者に入院を命じなければならない（第34条第１項）。これを鑑定入院命令という。

入院期間は、原則として、命令が執行された日から２か月以内であるが、必要があれば、裁判所の決定で１か月を超えない範囲で延長することができ、最長で３か月となる（第34条第３項）。なお、鑑定入院中の対象者には、精神保健福祉法上の入院や処遇に関する規定は適用されない（精神保健福祉法第44条第２項）。

❹審判手続の関与者

医療観察法による処遇の要否およびその内容は、裁判官１人と、医師である**精神保健審判員**★１人とで構成される合議体が意見の一致したところで決定する（第11条第１項、第14条）。法律家である裁判官と医師の合議体で審判を行うのは、法的判断と医療的判断のいずれにも偏らずに、対象者に最も適切な処遇を決定するためである。

また、特に必要がないと認める場合を除き、精神障害者の保健や福祉に関する専門家である**精神保健参与員**★を審判に関与させることになる（第36条）。それは、精神科医療のさまざまなリソースに精通した者に

Active Learning

大阪教育大学附属池田小学校事件について調べ、医療観察法との関係を考えてみましょう。

★心神喪失・心神耗弱
刑法第39条第１項は、心神喪失者の行為は罰しないと規定する。一般に、「心神喪失」とは、精神の障害により事物の理非善悪を弁識する能力（弁識能力）、または弁識に従って行動する能力（制御能力）が欠如している場合とされている。「心神耗弱」は、これらの能力が著しく減少した場合であり、刑が必ず減軽される（刑法第39条第２項）。

★不起訴処分
検察官が、事件について行う「起訴をしない」処分。犯罪の嫌疑がなかったり不十分であったり、さまざまな事情から訴追を必要としないと判断したとき（起訴猶予という）等に行われる。ただし、新たな証拠が発見されたような場合には、不起訴処分を取り消し、起訴することが可能である。

よる処遇の要否・内容についての意見は、決定を行うに際しきわめて有益だと考えられたからである。

なお、検察官から申立てがあった場合、対象者に弁護士である付添人がいないときは、対象者の権利擁護のために、必ず付添人を付さなければならない（第35条)。

❺鑑定命令と生活環境の調査

対象者に医療観察法の医療が必要か否かの判断を行うには、対象者の医療の必要性に関する情報と生活環境に関する情報とが必要となる。

対象者の医療の必要性に関する情報については、裁判所は、原則として、対象者が精神障害者であるか否か、対象者に医療観察法の医療が必要か否かについての鑑定を精神保健判定医等に命じなければならない（第37条第1項)。鑑定を命じられた医師は、鑑定の結果に、この法律による入院による医療の必要性に関する意見を付さなければならない（第37条第3項)。

対象者の生活環境に関する情報については、裁判所は、保護観察所の長に対象者の生活環境に関する調査を依頼し報告を求めることになる（第38条)。この生活環境の調査を担うのは、法務省の職員である**社会復帰調整官**である（第20条第2項)。

❻処遇決定

裁判所は、鑑定を基礎とし、そして、対象者への入院医療の必要性に関する鑑定人の意見と対象者の生活環境を考慮して、❶入院による医療を受けさせる決定（入院決定)、❷入院によらない医療を受けさせる決定（通院決定)、❸医療観察法による医療を行わない決定（不処遇）のいずれかの決定を行わなければならない（第42条第1項)。

❼申立ての却下

裁判所は、心神喪失・心神耗弱により不起訴処分とされ、処遇の申立てが行われた対象者についてのみ、❶対象行為を行ったと認められない場合（第40条第1項第1号)、❷対象者に心神喪失・心神耗弱のいずれも認められない場合（第40条第1項第2号）には申立てを却下する決定を行わなければならない。

処遇決定の前提要件である対象行為の存在も心神喪失・心神耗弱の認定もない者に対して処遇を行うことはできないからである。

❽不服申立て

裁判所の決定に対しては、対象者、検察官、保護者または付添人などは、決定に影響を及ぼす法令の違反、重大な事実の誤認、または処分の

★鑑定
裁判所は、対象者について、医療観察法による処遇の要否およびその内容を判断するために、専門家である医師の意見を聴取する必要がある。鑑定を命じられた医師は、診察や検査などを通じて、精神障害者であるか否か、そして、対象行為を行った際の精神障害を改善し、これに伴って同様の行為を行うことなく、社会に復帰することを促進するためにこの法律による医療を受けさせる必要があるか否かについて判断を行う。

★精神保健審判員
処遇の要否および内容を決定する地方裁判所の合議体の構成員。医療観察法による処遇の要否および内容を的確に判断するために必要な学識経験を有する医師（精神保健判定医）のなかから、事件ごとに任命される。

★精神保健参与員
精神保健参与員の大多数は、精神保健福祉士の資格を有する者であり、ほとんどの審判手続で精神保健参与員の関与が求められている。特に、入通院の見きわめにおいて、精神保健参与員の果たす役割は非常に大きいと考えられる。

著しい不当を理由として、２週間以内に、高等裁判所に不服申立て（抗告という）を行うことができる[i]（第64条第１項・第２項）。

抗告裁判所の決定に対しては、憲法違反、憲法解釈の誤り、最高裁判所等の判例への違反を理由とする場合に限って、対象者、検察官、保護者または付添人などは最高裁判所に不服申立て（再抗告という）を行うことができる（第70条）。

❾審判手続における被害者保護

検察官の申立てに基づいて対象者の処遇を決定する審判（いわゆる当初審判）は、非公開で行われるが（第31条第３項）、被害者等[★]から申出がある場合には、裁判所は、被害者等に審判の傍聴を許可することができる（第47条第１項）。

さらに、裁判所は、被害者等からの申出があるときは、検察官の申立てを却下する決定を行った場合（第40条第１項）、入院・通院・処遇なしの決定を行った場合（第42条第１項）などに、原則として、対象者の氏名、住居、決定の年月日、主文および理由の要旨を通知することになっている（第48条第１項）。

2 入院による医療

❶入院処遇

入院決定（第42条第１項第１号、第61条第１項第１号）を受けた対象者は、**指定入院医療機関**[★]で入院治療を受けなければならない[ii]（第43条第１項、第61条第４項）。対象者の入院先は、裁判所ではなく厚生労働大臣が決定する（第43条第３項、第61条第４項）。

指定入院医療機関の管理者は、入院している対象者に、その医療または保護に欠くことのできない限度において、必要な行動制限を行うことができる（第92条第１項）。信書の発受や面会の制限等、隔離および身体的拘束に関しては、第92条第２項・第３項に加え行動制限に関する厚生労働省告示[★]も参照する必要がある。

対象者またはその保護者は、処遇に不服があれば厚生労働大臣に対し

---

i　ただし、抗告は執行を停止する効力（入院を止める効力）を有しないため（医療観察法第69条前段）、原則として、入院決定に対して対象者が抗告を行ったとしても、指定入院医療機関への入院は行われることになる。

ii　医療観察法では入院期間の上限が定められていないが、「入院処遇ガイドライン」（平成17年７月14日障精発第0714002号）によれば、おおむね18か月での退院が目標とされている。

★被害者等
被害者またはその法定代理人もしくは被害者が死亡した場合もしくはその心身に重大な故障がある場合におけるその配偶者、直系の親族もしくは兄弟姉妹をいう（医療観察法第47条第１項）。

★指定入院医療機関
入院決定を受けた者の入院による医療を担当させる医療機関として厚生労働大臣が指定した病院をいう（医療観察法第２条第４項）。国、都道府県または都道府県もしくは都道府県および都道府県以外の地方公共団体が設立した特定地方独立行政法人が開設する病院に限定されている（第16条第１項）。

★行動制限に関する厚生労働省告示
平成17年７月14日厚生労働省告示第336号、第337号が行動制限に関する具体的な規定を定めている。

て処遇改善請求を行うことができ（第95条）、厚生労働大臣は、社会保障審議会による処遇の適否の審査結果に基づいて、必要があれば、指定入院医療機関の管理者に対して処遇改善のための措置をとるよう命じることになる（第96条）。

❷外出・外泊・他の医療施設への入院

入院処遇中であっても、指定入院医療機関の管理者が、対象者の症状を考慮し、指定入院医療機関の敷地外に外出させて経過をみることが適当だと認めた場合等には、裁量により、医師または看護師の付添いその他の方法による医学的管理の下で、外出や1週間までの外泊をさせることができる（第100条第1項・第2項）。さらに、対象者が身体合併症を有するなど、精神障害以外の医療を受けることが必要な場合は、他の医療施設に入院させることも可能である（第100条第3項）。

Active Learning

医療観察法の目的である「対象者の社会復帰」の観点から、現行制度の改善点の有無とその理由を考えてみましょう。

❸無断退去

指定入院医療機関から対象者が無断で退去した場合、48時間が経過するまでは、指定入院医療機関の職員が、警察官の援助を求めながら、自由に対象者を連れ戻すことができるが（第99条第1項・第2項）、48時間経過後は、裁判官が発する連戻状がなければ連戻しに着手することができない（第99条第5項）。「無断退去」には、外出・外泊中の対象者が、その医学的管理の下から無断で離れた場合も含まれる。

なお、無断退去した対象者が行方不明の場合には、指定入院医療機関の管理者は、所轄の警察署長に、その所在調査を求めることが義務づけられている（第99条第3項）。

❹退院・入院継続

入院している対象者については、入院期間が不当に長期にわたらないように、6か月ごとに入院の必要性が審査される（第49条第2項）。しかし、指定入院医療機関の管理者は、6か月を待たなくても、精神保健指定医による診察の結果、対象者に入院医療の必要性がなくなったと考えたときには、保護観察所の長の意見を付して、直ちに、地方裁判所に退院許可の申立てを行わなければならない（第49条第1項）。

なお、対象者、保護者または付添人は、いつでも退院許可の申立て、処遇終了の申立てを地方裁判所に行うことが可能である（第50条）。

3 入院によらない医療

❶地域社会における処遇

通院決定（第42条第1項第2号、第51条第1項第2号）を受けた対象者は、**指定通院医療機関**★において、通院医療を受けなければならない（第43条第2項、第51条第3項）。通院医療は、**処遇の実施計画**に基づいて、対象者の通院だけではなく、訪問看護によっても行われ得る。

通院期間は、原則、決定の日から3年間であるが、裁判所は、2年を超えない範囲で期間を延長でき、最長5年となる[iii]（第44条）。

通院決定を受けた対象者は、通院治療を受けると同時に、その期間、社会復帰調整官による**精神保健観察**★に付される（第106条第1項）。

保護観察所の長は、通院医療の必要性がなくなったと考えたときには、指定通院医療機関の管理者と協議のうえ、地方裁判所に処遇終了の申立てを行わなければならない（第54条第1項）。他方、期間延長の必要性があると考えた場合には、延長の申立てを行う（第54条第2項）。

❷（再）入院

通院医療を受けている対象者については、（再び）入院の必要があると認められる場合★は、裁判所の決定により入院が認められることがある（第61条第1項第1号）。なお、入院によらない医療を受けている者については、迅速性を考慮し、精神保健福祉法の規定による入院を行うことも可能である（第115条）。

★指定通院医療機関
通院決定を受けた者の入院によらない医療を担当させる医療機関として厚生労働大臣が指定した病院もしくは診療所または薬局をいう（医療観察法第2条第5項）。民間が設置するものも対象となる（第16条第2項）。

★精神保健観察
社会復帰調整官が、対象者と適当な接触を保ち、必要な医療を受けているか否かおよびその生活の状況を見守ること、また、継続的な医療を受けさせるために必要な指導その他の措置を講ずることをいう（医療観察法第106条第2項）。

★（再び）入院の必要があると認められる場合
対象行為を行った際の精神障害を改善し、これに伴って同様の行為を行うことなく、社会に復帰することを促進するために入院させてこの法律による医療を受けさせる必要があると認めるに至った場合（医療観察法第59条第1項）や、対象者が医療を受ける義務を怠り、あるいは、守るべき事項を守らず、その結果、「継続的な医療を行うことが確保できない」と認める場合である（第59条第2項）。

◇引用文献

1）日本精神神経学会理事会保安処分に反対する委員会「保安処分制度新設に反対する意見書」『精神神経学雑誌』第77巻第9号，pp.688-699，1975.
2）池原毅和・水島広子・山本深雪「座談会『心神喪失者処遇法案』に反対する」『世界』第704号，pp.118-125，2002.

◇参考文献

・町野朔編『精神医療と心神喪失者等医療観察法』有斐閣，2004.
・白木功・今福章二・三好圭・稗田雅洋・松本圭史『「心神喪失等の状態で重大な他害行為を行った者の医療及び観察等に関する法律」及び「心神喪失等の状態で重大な他害行為を行った者の医療及び観察等に関する法律による審判の手続等に関する規則」の解説』法曹会，2013.
・日本弁護士連合会刑事法制委員会編『Q&A 心神喪失者等医療観察法解説 第2版』三省堂，2014.
・町野朔・中谷陽二・山本輝之編『触法精神障害者の処遇 増補版』信山社，2006.

●おすすめ

・平野龍一『精神医療と法――新しい精神保健法について』有斐閣，1988.
・町野朔「保安処分と精神医療」『ジュリスト』第772号，pp.23-28，1982.
・町野朔「精神障害者の犯罪」『ジュリスト』第1348号，pp.144-151，2008.
・山本輝之・柑本美和「心神喪失者等医療観察法における法的課題の検討」『犯罪と非行』第174号，pp.5-31，2012.

iii 「通院処遇ガイドライン」（平成17年7月14日 障精発第0714002号）では、36か月での処遇終了が治療目標として掲げられている。

第2節 社会復帰調整官の役割

学習のポイント

- 社会復帰調整官の業務を理解する
- 社会復帰調整官のかかわる処遇の流れを把握する

1 社会復帰調整官とは

社会復帰調整官★は、医療観察法★の成立によって誕生した職種で、各保護観察所に配属されている。

社会復帰調整官については、「社会復帰調整官は、精神保健福祉士その他の精神障害者の保健及び福祉に関する専門的知識を有する者として政令で定めるものでなければならない」と資格要件が定められている（第20条第３項）。精神保健福祉士以外の資格としては、保健師、看護師、作業療法士、社会福祉士が政令で示されており、さらに、精神障害者に関する業務に従事して一定の専門的知識を有する者とされている。

★社会復帰調整官
「社会復帰調整官は、精神障害者の保健及び福祉その他のこの法律に基づく対象者の処遇に関する専門的知識に基づき」事務（業務）を行うと規定されている（医療観察法第20条第２項）。

★医療観察法
心神喪失等の状態で重大な他害行為を行った者の医療及び観察等に関する法律。

2 社会復帰調整官の業務

社会復帰調整官の業務は、生活環境の調査、生活環境の調整、精神保健観察、そして関係機関相互の連携等である（医療観察法第20条第２項、第19条）。

1 生活環境の調査

❶生活環境の調査の内容

Active Learning
社会復帰調整官の業務内容を確認し、説明してみましょう。

生活環境の調査は、「裁判所は、保護観察所の長に対し、対象者の生活環境の調査を行い、その結果を報告することを求めることができる」（第38条）との規定に基づいて行われるものである。

生活環境の調査は、「求めることができる」とされており、審判の資料として必須ではない。しかし、当初審判において、処遇を決定する合議体には、対象者の情報として鑑定結果と同等に重視されており、調査が求められている。

調査事項は、住居の状況、生計の状況、家族の状況や家族関係、近隣の状況、生活歴、治療歴・治療状況、住居周辺の地域における指定通院医療機関の状況、利用可能な福祉サービスの内容や裁判所から依頼のあった項目等である。

なお、住居の状況としては、たとえば自宅を放火した事案では、今後対象者が住むことができるのか、近隣の状況としては、近隣住民から対象者が自宅に戻ることについて反対があるのかなどが、社会復帰に向けての重要な情報となる。

❷生活環境の調査の実施と留意点

生活環境の調査は、対象者本人や対象者の家族、関係者等に面接を行って情報を収集することになる。当初審判における生活環境の調査は、ケースワークにおけるインテーク段階と捉えてよいであろう。それゆえ、社会復帰調整官は、インテークにおける留意点を考慮しつつ面接をする必要がある。たとえば、対象者やその家族との関係は、この時点から始まるため、その後の支援関係への影響を考え、ラポールの形成に留意することなどが挙げられる。

なお、生活環境の調査は、当初審判に限るものではなく、退院に関する審判など各審判において、裁判所が必要とする場合に求められる。

2 生活環境の調整

❶生活環境の調整の内容

生活環境の調整は、「保護観察所の長は、第42条第1項第1号★又は第61条第1項第1号★の決定があったときは、当該決定を受けた者の社会復帰の促進を図るため、当該決定を受けた者及びその家族等の相談に応じ、当該決定を受けた者が、指定入院医療機関の管理者による第91条の規定に基づく援助並びに都道府県及び市町村による精神保健及び精神障害者福祉に関する法律第47条又は第49条、障害者の日常生活及び社会生活を総合的に支援するための法律第29条その他の精神障害者の保健又は福祉に関する法令の規定に基づく援助を受けることができるようあっせんする等の方法により、退院後の生活環境の調整を行わなければならない」（第101条）との規定に基づいて行われるものである。

すなわち、生活環境の調整とは、指定入院医療機関に入院している対象者の社会復帰に向けた準備といえる。

★医療観察法第42条第1項第1号
検察官による申立てがあった場合の医療を受けさせるために入院させる旨の決定。

★医療観察法第61条第1項第1号
保護観察所長による申立てがあった場合の医療を受けさせるために入院させる旨の決定。

❷生活環境の調整計画の作成と調整の実施

社会復帰調整官は、入院している対象者から退院後の生活に関する希望を聴くとともに、指定入院医療機関の協力を得て**生活環境の調整計画**★を作成し、生活環境の調整計画に沿って、対象者が入院した初期の段階から退院に向けた支援を行うことになる。その具体的な方法は、入院中の対象者のところに訪問する、指定入院医療機関のCPA会議★等に出席するなどである。また、退院後に必要となる地域精神保健福祉の支援、福祉サービス等が受けられるよう調整等を行う。

★生活環境の調整計画
退院後の住居および生計の確保、保護者その他家族との関係、退院後に必要となる医療および援助の内容等について、調整の方針を記載するもの。

★ CPA会議
Care Program Approach meeting. 入院している対象者の治療・処遇方針、退院支援等に関する会議。指定入院医療機関（医療観察法病棟）で開催され、対象者、家族、指定入院医療機関の関係職種及び地域関係機関等が参加する。

生活環境の調整は、対象者の居住地を管轄する保護観察所が担当することとなっているが、対象者が入院している指定入院医療機関が居住地と遠く離れている場合もあり、その場合は、指定入院医療機関の所在地を管轄する保護観察所の協力を求めて進めていくことになる。

対象者の居住地を退院地として生活環境の調整を開始するが、居住地への退院に支障がある場合は、対象者の希望に沿って、次の順によって退院地を設定し調整を行うこととなっている。❶居住地のある市町村、❷居住地のある都道府県、❸対象者の居住経験や生活環境を踏まえて適当と考えられる都道府県。

3 精神保健観察

❶精神保健観察の内容

精神保健観察とは、「第42条第1項第2号★又は第51条第1項第2号★の決定を受けた者は、当該決定による入院によらない医療を行う期間中、精神保健観察に付する」（第106条）との規定に基づいて行われるものである。

★医療観察法第42条第1項第2号
検察官による申立てがあった場合の入院によらない医療を受けさせる旨の決定。

★医療観察法第51条第1項第2号
指定入院医療機関の管理者による申立てがあった場合の退院を許可するとともに入院によらない医療を受けさせる旨の決定。

社会復帰調整官は、精神保健観察として、対象者が必要な医療を受けているか状況を把握するとともに、継続的な医療を受けるよう対象者への指導等を行う。また、対象者の生活状況について見守りを行う。

❷処遇の実施計画の作成

精神保健観察が必要とされた場合は、**処遇の実施計画**（第104条）の案を作成することになる。実施計画には、地域社会における処遇の実施により達成しようする目標、指定通院医療機関による医療の内容等、社会復帰調整官が実施する精神保健観察の内容等、指定通院医療機関・都道府県および市町村による援助内容等が記載される。

4 関係機関相互の連携

❶連携の目的と有効性

処遇の実施計画に基づいて、精神保健観察が適正かつ円滑に実施されるよう、関係機関と有機的な連携をとることが望まれている。それは、地域の行政機関や福祉事業所、指定通院医療機関、社会復帰調整官による連携によって、有効な支援が行われることを目的としている。

保健所や市町村が実施する精神保健福祉法★に基づく地域精神保健福祉活動による相談や指導等の支援、福祉事業所が行う障害者総合支援法★による障害福祉サービスによって、対象者の地域社会における生活が支えられていく。

また、指定通院医療機関による治療やデイケア、対象者の社会復帰に向けた援助や関係機関との連携調整（医療観察法第91条）等が、対象者を支えていく。それとともに、社会復帰調整官が実施する精神保健観察によって、対象者は医療を継続的に受けるよう指導等がされていく。

❷連携の構築と維持

社会復帰調整官は、地域社会における処遇を進める過程でケア会議★を開催する。ケア会議は、処遇の実施計画を作成するために開催するほか、定期的または必要に応じて、あるいは関係機関等からの提案を受けて開催し、情報交換や処遇方針の統一、処遇の実施計画の見直し等を行う。また、保護観察所が裁判所に行う各種申立て（処遇の終了、通院期間の延長、入院）の必要性の検討や、病状の変化等に伴う対応などについても検討する。

それぞれの機関が、必要な情報を交換するなどして協力体制を整備するとともに、処遇の実施状況を常に把握することによって、関係機関相互の緊密な連携が確保され、そのことによって対象者の地域での生活が維持されていく。社会復帰調整官は、この連携を構築し維持していくために、コーディネーターとしての役割を担うことが期待されている。

★精神保健福祉法
精神保健及び精神障害者福祉に関する法律。

★障害者総合支援法
障害者の日常生活及び社会生活を総合的に支援するための法律。

★ケア会議
保護観察所が主催する会議。処遇の実施状況など対象者に関する情報の共有や処遇方針の統一を図るための場。処遇の実施計画の見直しなども検討する。指定通院医療機関、地方裁判所、行政、保健医療機関、福祉サービス機関等の関係者等を招集するほか、本人やその家族等も協議に加わることがある。

◇参考文献
・「地域社会における処遇のガイドライン」（平成17年7月14日法務省保総第595号・障精発第0714003号）

第3節 地域におけるソーシャルワーカーの役割

学習のポイント

- 医療観察法にかかわる地域の関係機関のネットワーク構築の必要性を理解する
- 関係機関のソーシャルワーカーの役割を把握する

1 社会復帰調整官と対象者のかかわりの終了

1 利益処分と不利益処分

医療観察法★の対象者は、その処遇において**不利益処分**★を受ける一方で、**利益処分**を受けると捉えられる。

精神保健観察における社会復帰調整官のかかわりも同様のことがいえる。対象者の側からすると、社会復帰調整官の見守りや指導は、社会復帰調整官からの支援と捉えることができる。しかし、処遇終了によって社会復帰調整官とのかかわりは、対象者の希望とは関係なく終了する。すなわち、対象者が社会復帰調整官のことを頼り、本人を支える大きな存在になっていたとしても、処遇が終了することによって、社会復帰調整官の支援を求めることができなくなる。そもそも、その精神障害者は、処遇の終了によって「対象者」ではなくなるのである。

★医療観察法
心神喪失等の状態で重大な他害行為を行った者の医療及び観察等に関する法律。

★不利益処分（と利益処分）
入院処遇では、対象者は外出や外泊において強い制限を受けるなど不利益がある。しかし、その一方で、経済的負担なしに一般的な精神科医療に比べて多くのスタッフがかかわるなどといった手厚い治療を受けられるという利益がある。

2 処遇終了後を視野に入れたソーシャルワーク

そこで社会復帰調整官には、精神保健観察の初期段階から、処遇終了後を視野に入れたソーシャルワークが求められる。すなわち、再発防止や地域生活維持等を目的とした対象者を支える仕組みに移行すべく、関係機関の**ネットワーク構築**をすることになる。また、そのネットワークは、処遇終了後、社会復帰調整官が抜けても機能するものでなければならない。

ケア会議の実施は、ネットワークづくりの一つの方法になる。指定通院医療機関、都道府県、精神保健福祉センター、保健所、市町村、福祉事業所などが参加する。なお、対象者およびその保護者は、ケア会議に出席して意見を述べることができる。

Active Learning

社会復帰調整官の役割を踏まえて、医療観察における「処遇」とソーシャルワークにおける「支援」の違いや共通点について考えてみましょう。

2 地域における関係機関とソーシャルワーカーの役割

ケア会議への出席が想定される地域の機関に所属するソーシャルワーカーと医療観察制度とのかかわりにおけるその役割としては、以下のとおり示すことができる。

1 保健所

保健所★には、精神保健福祉法★第48条に規定された**精神保健福祉相談員**が配置されている。精神保健福祉相談員として任命される者の多くが精神保健福祉士である。

精神保健福祉相談員は、面接、訪問、社会資源の紹介などを展開し、対象者の社会生活維持等について支援していく。

医療観察法の対象者も自傷他害のおそれがある場合は、措置入院になる可能性がある。さらに医療観察法の対象であっても、本人自身が入院を希望すれば任意入院が可能であるし、家族等が同意することによって医療保護入院になる可能性もある。

措置入院にかかわる事務も保健所が担当しており、対象者が措置入院となった場合には、支援者としてかかわりをもつことになる。

★保健所
地域精神保健福祉活動の第一線機関であり、精神保健福祉法第47条に規定された相談指導等を実践する機関。地域保健法に規定されており、その設置者は都道府県、政令指定都市、中核市等である。

★精神保健福祉法
精神保健及び精神障害者福祉に関する法律。

2 市町村

医療観察法の対象者が利用する障害者総合支援法★のサービスとして、居宅介護（ホームヘルプ）、自立訓練（生活訓練）、就労移行支援、就労継続支援や、自立支援医療費の精神通院医療などが考えられる。

市町村の障害福祉主管課は、障害者総合支援法にかかわる障害福祉サービスの利用のための窓口や精神障害者保健福祉手帳の申請窓口となっている。

障害福祉主管課には、近年、精神保健福祉士や社会福祉士が配置されるようになってきた。障害福祉主管課のソーシャルワーカーは、社会資源の利用について保健所や保護観察所と連携しながら、対象者への面接、訪問を展開するなどして支援していくことになる。

また、対象者が生活保護を受けている場合は、福祉事務所の生活保護担当ソーシャルワーカーのかかわりが出てくる。

★障害者総合支援法
障害者の日常生活及び社会生活を総合的に支援するための法律。

3 精神保健福祉センター

★精神保健福祉センター
精神保健福祉法第６条に規定された地域精神保健福祉活動の中核的存在で、その設置者は都道府県、政令指定都市であり、都道府県に１か所以上設置されている。

精神保健福祉センター★は、「精神保健福祉センター運営要領」（平成８年１月19日健医発第57号）によると、保健所、市町村や関係機関に対する技術指導および技術援助や複雑困難な事例への対処などが、その業務として位置づけられている。医療観察法の関係では、地域精神保健福祉活動の一環として、保護観察所等関係機関相互の連携により、必要な対応を行うことが求められている。

精神保健福祉センターにも精神保健福祉相談員が配置されており、それらの業務を担当している。

4 指定通院医療機関

指定通院医療機関の精神保健福祉士は、対象者の通院に関する直接的な支援から、自身が所属する指定通院医療機関が実施する訪問看護やデイケア等の調整、外部の関係機関との連携・調整などを行うことになる。

指定通院医療機関は、指定されていることが公表されていないため、秘密保持に留意する必要がある。また、対象者の希望とは関係なく指定通院医療機関が決められるため、自由に通院先を変えることができない対象者の気持ちも理解・受容する必要がある。

5 福祉事業所

障害者総合支援法による障害福祉サービスを提供する事業所の精神保健福祉士や社会福祉士は、その事業所の提供するサービスに応じて、直接的な支援を行うとともに関係機関との連携・調整などを行うことになる。

日本では、医療観察法の対象者に限定した社会復帰のための施設などは整備されていない。そのような施設をつくることによって、偏見差別を助長しないようにするという意味がある。しかしその一方で、福祉事業所を利用しているのは医療観察法の対象者だけではないため、ほかの利用者との関係において、秘密保持などの配慮が必要となる。

精神障害者ということで受ける偏見差別に、医療観察法の対象者であるという偏見差別が加わることのないようにしなければならない。

第12章

多様なニーズを有する犯罪行為者②

高齢者・障害者による犯罪・非行と福祉

2000 年代に入り、刑務所には多くの高齢者や障害者が収容されており、刑務所が居場所にもなっている状況が明らかにされた。現在は、地域生活定着支援センターによるコーディネートをはじめとして、刑事手続のさまざまな段階で「司法と福祉の連携」の動きが活発化している。

本章では、「司法と福祉の連携」の展開、地域生活定着支援センターの役割と機能について確認し、犯罪・非行に至った高齢者・障害者の特徴を把握し、その支援の実際および課題について学ぶ。

ソーシャルワーカーは、犯罪・非行を繰り返す高齢者や障害者がいることにまず目を向け、犯罪・非行の背景にある生活状況や困難を、本人の目線に立って理解し、丁寧にニーズを見立て、さまざまな機関と連携しながら地域生活を支えていくことが求められる。

第1節 「司法と福祉の連携」の展開

学習のポイント

- 刑務所に収容された高齢者・障害者の「発見」を契機とした、「司法と福祉の連携」による支援の展開について学ぶ
- 被疑者・被告人段階での高齢者・障害者への支援の展開について学ぶ
- 福祉施設等における支援の課題と再犯防止の関係について理解する

1 犯罪・非行に至った高齢者・障害者の存在

1 刑務所における高齢者・障害者の「発見」

2000（平成12）年頃から、犯罪・非行のあった高齢者・障害者の存在が注目され、支援につながることの必要性が認識され、刑事司法と福祉の積極的な連携によるさまざまな取り組みが行われている。

その契機には、受刑経験者による刑務所内の実態を記した『獄窓記』★や、下関駅放火事件★がある。これらによって、刑務所に多くの高齢者や障害者が収容されており、支援を受けることなく受刑を繰り返す人がいる状況が広く知られることになった。

2 刑務所内の高齢者・障害者の実態

2000年代の刑務所は、犯罪に対する不安の高まりを受け、厳罰化の流れのなかで、過剰収容の状況にあった[i]。こうしたなか、高齢受刑者の割合は増加傾向にあり[ii]、また、新受刑者の約2割が**能力検査値**★70未満という状況であった[1)]。そのため、支援が必要な受刑者が多数おり、職員の負担が増大し、十分な処遇体制を整えることが難しい状況であった。

2006（平成18）年から行われた「罪を犯した障がい者の地域生活支援に関する研究」では、刑務所に知的障害の可能性のある受刑者が相当

★『獄窓記』
元代議士・山本譲司が、自身の受刑体験を元に刑務所の実態を示した実録記。2003（平成15）年12月に出版された。刑務所内における高齢者・障害者の存在を社会に認知させた。その後、2006（平成18）年には、刑務所内の障害者の存在に焦点を当てた『累犯障害者』が出版されている。

★下関駅放火事件
2006（平成18）年1月7日に西日本旅客鉄道（JR西日本）の下関駅東口駅舎などが放火により全焼した事件。事件を起こしたのは、いわゆる「累犯障害者」であった。

★能力検査値
受刑者の作業能力や知的能力を測定する検査として用いられているCAPAS能力検査結果。療育手帳の判定等に用いられる知能検査、発達検査とは異なるが、受刑者の知能をおおむね反映した結果とされている。

i　1993（平成5）年から2002（平成14）年にかけて刑事施設の収容率は大幅に上昇し、2001（平成13）年から2006（平成18）年にかけて100%を超えていた（法務省法務総合研究所編『令和元年版 犯罪白書』pp.144-145, 2019.）。

ii　高齢入所受刑者の割合は増加傾向にあり、1989（平成元）年の1.3%から2018（平成30）年には12.2%へ上昇している（法務省法務総合研究所編『令和元年版 犯罪白書』p.147, 2019.）。

数いるにもかかわらず、療育手帳保持者はごく一部にとどまっており、福祉の支援を受けることなく比較的軽微な犯罪を繰り返していることが見出された。また、釈放時にも援助が乏しく、社会生活が一層困難になって、累犯化している障害者の存在が示された[2)]。

2 犯罪・非行のあった高齢者・障害者への「司法と福祉の連携」による支援

1 出口支援の開始と福祉専門職の配置

高齢または障害のある受刑者は、自立した生活を行うのに困難があるうえ、住居が不安定、頼りになる親族が不在など、出所後の生活の基盤が脆弱（ぜいじゃく）である。さらに、適切な支援体制が確保されないまま出所する状況があった。そのため現在は、いわゆる**出口支援★**が行われている。

2009（平成21）年度にはほぼすべての刑務所に社会福祉士や精神保健福祉士（以下、社会福祉士等）が配置された。また同年から、少年院にも社会福祉士等の配置が行われている。さらに、地域生活定着支援事業（2012（平成24）年度に**地域生活定着促進事業★**に名称変更）の開始により、各都道府県に地域生活定着支援センターが設置されていった。

2 出口支援の展開

地域生活定着促進事業は、矯正施設の入所者のうち、出所後の適当な帰住先がなく、高齢あるいは障害により福祉的支援が必要だと認められる者を対象として、在所中から支援を行うものである。保護観察所と地域生活定着支援センターが協力し、出所後速やかに、適切な介護、医療、年金等の福祉サービスを利用できるよう、通常とは異なる手続をとる**特別調整**の運用が開始された。また、特別調整の対象以外の者への生活環境調整（一般調整）についても、出所後に福祉サービス等を受けることが必要と認められるときには、保護観察所は地域生活定着支援センターに協力を求めるとされている（**図12-1**）。

また、出所後直ちに福祉による支援を受けることが困難な者は、いったん更生保護施設において受け入れ、福祉への移行準備および社会生活に適応するための指導や助言を行うことになった。そのために、**指定更生保護施設**では、福祉専門職の配置、バリアフリー化等の施設整備等を行い、必要な福祉サービスにつなぐための特別処遇を行っている。

なお、「地域生活移行個別支援特別加算★」や「社会生活支援特別加

★出口支援
刑事手続が終わる段階での支援を出口支援と呼んでいる。特に、高齢または障害のある受刑者が刑務所等を出所するにあたって行われる福祉的な支援を意味している。

★地域生活定着促進事業
高齢または障害により自立が困難な矯正施設からの出所者を対象として、出所後の地域生活の定着を図るために、地域生活定着支援センターと保護観察所が協働して実施する。「生活困窮者就労準備支援事業費等補助金」のメニュー事業として実施されている。事業開始当初は全センターが同一の事業費配分であったが、現在は、各都道府県の人口規模や矯正施設の設置数によって取扱い件数に差異があることから、対応件数に応じた事業費配分となっている。

★地域生活移行個別支援特別加算
矯正施設等を出所した障害者を受け入れ、地域で生活するために必要な相談援助や個別支援等を提供する障害者支援施設等に対する報酬の加算。

図12-1　社会復帰支援に関連する多機関連携の概要

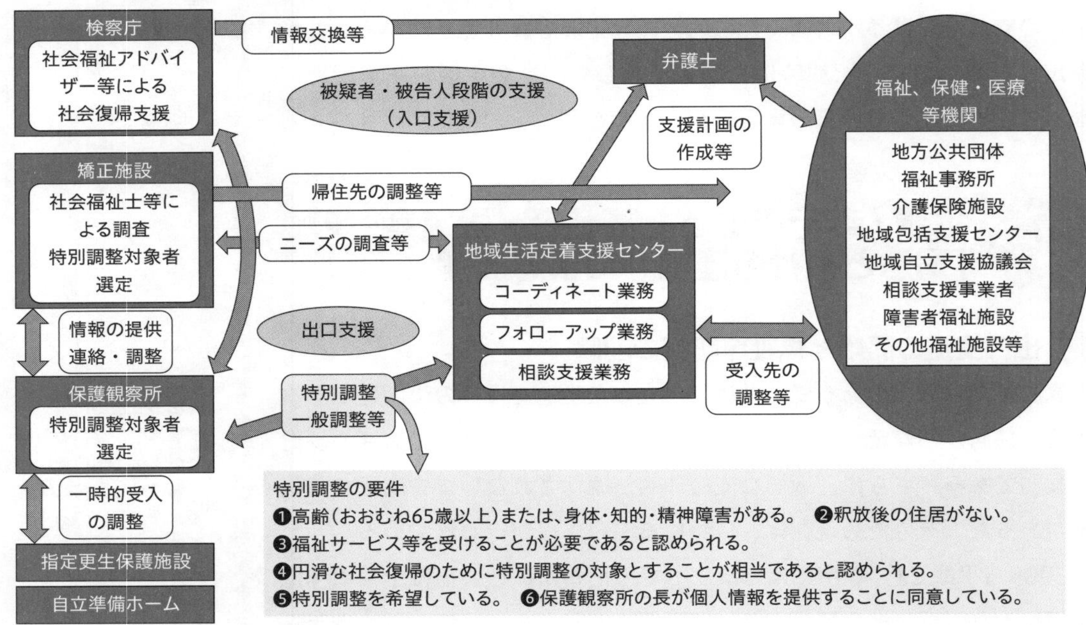

算★」も設けられている。

★社会生活支援特別加算
医療観察制度の対象者や刑務所出所者等の社会復帰を促すための、訓練系、就労系サービス事業所に対する報酬の加算。

3　連携の拡大と入口支援・再犯防止

1　連携の拡大

矯正施設では、**福祉専門官**の配置が進められ、特別調整が行われているほか、居住地はあるが福祉的支援が必要な高齢または障害のある受刑者への支援等が行われている。福祉専門官は、福祉サービスのニーズのある高齢者や障害者の発見および課題の分析を行い、帰住先を調整する。受刑者が特別調整を希望すれば、選定に向けての手続をとるが、希望しない場合、状況に応じて出所後の帰住先を矯正施設が独自に調整することもある[iii]。

また、矯正施設に入ることで社会から隔絶された状況にいるため、入所中に社会福祉サービスにつなぐための申請や手続の支援など、再び社会で生活するのに必要な基本的な行政手続をスムーズに行えるようサ

iii　特に、判断能力が低下した認知症高齢者や自立した生活が営めないことを自覚できない障害者については対応が難しく、何度も面談を繰り返し本人の理解を求め、適切な福祉や医療につないでいる。

ポートしている。加えて、福祉に関する知識や社会適応力を高めるために**社会復帰支援指導プログラム**★を実施している。

少年鑑別所では、地域援助業務として、福祉、教育等の機関と連携し、地域における非行・犯罪の防止に関する活動や健全育成に関する活動の支援に取り組んでいる。

★社会復帰支援指導プログラム
高齢または障害等により円滑な社会復帰が困難と認められる受刑者が、基本的な生活能力、社会福祉制度に関する知識等を身につけ、出所後、必要に応じて福祉的な支援を受けながら、地域社会の一員として健全な社会生活を送るための動機づけを高めることを目標としたプログラム。

2 入口支援の取り組み

出口支援の広がりに伴う連携の拡大により、刑事手続の初期に当たる被疑者・被告人段階での支援の必要性も指摘されるようになり、**入口支援**と呼ばれる取り組みが行われるようになっている。入口支援はさまざまな主体によって行われ、その目的も多様である。

検察においては、再犯防止のために、高齢または障害のある被疑者の社会復帰支援等の取り組みが急速に拡大している。2013（平成25）年からは、社会復帰支援を充実させるために検察庁に**社会福祉アドバイザー**を採用するとともに、社会復帰支援や再犯防止に関する情報収集、関係機関との意見交換、協力体制の構築に努めている。

保護観察所と検察庁との連携では、捜査段階で釈放される起訴猶予者に対して、釈放後の安定した社会生活に必要な福祉サービスの受給や住居確保等のために福祉機関などとの調整を図る取り組みが「起訴猶予者に係る更生緊急保護の重点実施等の試行」として実施された。2018（平成30）年度からは、保護観察所に特別支援ユニットが設置され、起訴猶予者等を対象に更生緊急保護として福祉的支援が行われている。

そのほか、社会福祉士や精神保健福祉士と弁護士との連携による、**更生支援**が行われている。これは、生きづらさの解消や再犯防止を目的とし、福祉等の支援が有効だと見込まれる被疑者・被告人を対象に支援計画（更生支援計画★と呼ばれることが多い）を作成し、情状証拠を提供するものである。

なお、刑事手続そのものが高齢または障害のある被疑者・被告人の特性に配慮した取扱いになっていないという課題があり、よりいっそうの「司法と福祉の連携」が望まれる。

★更生支援計画
更生支援計画には、犯罪に至った経過や、これまでの成育歴や生活歴、再犯に至らないための方法等が提示される。福祉的な視点を取り入れた意見書として、裁判において、情状証拠として取り扱われることがある。近年、一部の地域では、実刑になった場合に、拘置所から刑務所に更生支援計画を引き継ぎ、生活環境の調整に活用する取り組みも行われている。

3 再犯防止の推進と高齢者・障害者

2008（平成20）年に策定された「犯罪に強い社会の実現のための行動計画2008」では、高齢または障害のある刑務所出所者等への福祉との連携による施策が示された。さらに、2012（平成24）年に決定された「再犯防止に向けた総合対策」では、出所後直ちに福祉サービスにつながることを推進している。

★再犯防止推進法
再犯の防止等の推進に関する法律。

2016（平成28）年には**再犯防止推進法**★が公布・施行された。犯罪行為のあった高齢者や障害者へ保健医療サービスや福祉サービスが提供されるように施策を講じることが明記され、政府は再犯防止推進計画を定めること、都道府県等は地方再犯防止推進計画を定めるように努めること等が規定されている。

4 福祉施設における課題

福祉等の支援が再犯防止に必要とされ、福祉施設には犯罪・非行のあった人への支援が求められるようになっている。

それにより、福祉施設の支援目的は、生活上のニーズを満たすことと再犯防止が混在するようになっている。この点は課題である。再犯防止を支援目的の一つにする施設もあれば、支援目的は生活上のニーズを満たすこととし、支援の結果として再犯防止につながるという立場をとる施設もある。

また、福祉施設は薬物依存や性犯罪等に対する専門的な介入を実施する体制にはなっておらず、犯罪に対する知識や支援方法が十分でないといった課題もある。さらに、福祉施設が、再犯防止を目的として対象者のリスク要因に焦点化してしまうと、サービスを強制したり、監視的、管理的な対応をしたりすることにつながる危険性がある。

支援を引き受ける福祉施設には、利用者による再犯のリスク、再犯に付随した問題が生じるリスクがある。福祉施設にはこうしたリスクに対するマネジメントの認識や方法が確立していないという課題がある。

◇**引用文献**

1）法務省「矯正統計調査」各年版
2）田島良昭（研究代表）「罪を犯した障がい者の地域生活支援に関する研究（平成18～20年度）」厚生労働科学研究（障害保健福祉総合研究事業）報告書，2009.

◇**参考文献**

・浜井浩一『実証的刑事政策論――真に有効な犯罪対策へ』岩波書店，2011.
・水藤昌彦「近年の刑事司法と福祉の連携にみるリスクとセキュリティ――福祉機関が『司法化』するメカニズム」『犯罪社会学研究』第41号，pp.47-61，2016.
・法務総合研究所編「知的障害を有する犯罪者の実態と処遇」『法務総合研究所研究部報告』第52号，2014.
・法務総合研究所編「高齢者及び精神障害のある者の犯罪と処遇に関する研究」『法務総合研究所研究部報告』第56号，2017.
・法務総合研究所編「再犯防止対策等に関する研究」『法務総合研究所研究部報告』第59号，2019.

● **おすすめ**

・山本譲司『獄窓記』ポプラ社，2003.
・山本譲司『累犯障害者――獄の中の不条理』新潮社，2006.

第2節 地域生活定着支援センターの役割と機能

学習のポイント

- 地域生活定着支援センターの役割や機能について理解する
- 矯正施設から地域へ移行するにあたっての課題や留意点を把握する
- 複合的な課題を解決するための多機関によるネットワーク構築について学ぶ

1 地域生活定着促進事業と地域生活定着支援センターの役割

2009（平成21）年の地域生活定着支援事業（現・地域生活定着促進事業）の開始により、地域生活定着支援センターが全国に設置された。

地域生活定着支援センター★の役割は、罪を犯し、矯正施設に入所することで社会生活から隔絶され、社会生活に戻ることが困難な状況になってしまった高齢者や障害者を、さまざまな社会資源（制度・人・機関）を活用して、地域住民として自立できるように支援することである。既存の社会保障制度や地域のインフォーマルサービスを活用し、本人らしい生活が営めるよう、さまざまな機関と手を取りあって支援している。

具体的な事業内容、つまり業務として、矯正施設から出所するための準備から、社会で安定して生活できるまでを一貫して支援する「**特別調整（❶コーディネート**★**、❷フォローアップ**★**）**」がある。❶コーディネートでは、矯正施設在所中にあらゆる角度からアセスメントしたうえで、出所後の生活を調整し、❷フォローアップでは、矯正施設出所後の生活を地域の支援者とともに支えている。また、地域の福祉関係者や行政機関、弁護士、受刑者やその家族から相談を受ける「**❸相談支援**」や、福祉や医療と司法をつなぐための「ネットワークづくり」や「啓発活動」などがある（図12-2）。

特別調整の手続では、まず矯正施設で特別調整の要件★を満たすか否かの調査を行い、調査の結果を踏まえ、特別調整の候補者として、施設の所在地を管轄する保護観察所に通知する。そして、通知を受けた保護観察所は、必要に応じて面接等の調査を行い、特別調整の対象者とするかを決定する。対象者とした場合、保護観察所は地域生活定着支援セン

★地域生活定着支援センター
人員体制は、所長と相談員を合わせて6名が基本だが、予算規模により異なっている。センターは、2009（平成21）年から順次整備されて、2012（平成24）年3月には全国47都道府県に開設された。北海道には2か所設置されている。

★コーディネート
保護観察所からの依頼に基づき、矯正施設在所者等を対象として、福祉サービス等に係るニーズの内容の確認等を行い、受入先の施設等のあっせんまたは福祉サービス等に係る申請支援等を行うこと。

★フォローアップ
矯正施設から出所したあと、社会福祉施設等を利用している者に関して、本人を受け入れた施設等に対して必要な助言を行うこと。

図12-2　地域生活に至る支援の流れと各関係機関の役割

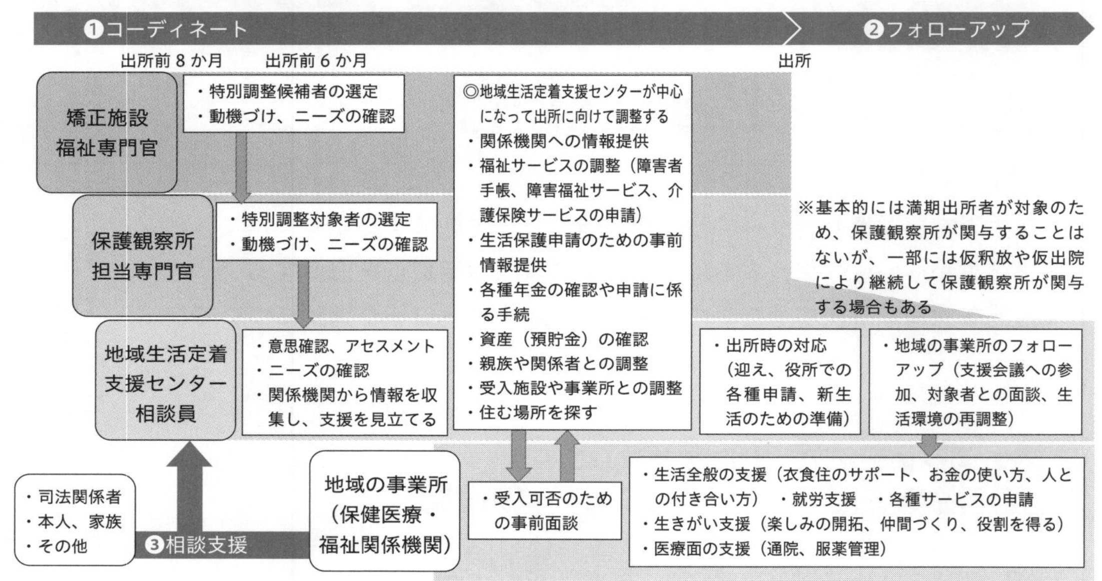

★特別調整の要件
❶高齢（おおむね65歳以上）または身体障害、知的障害もしくは精神障害がある、❷出所後の住居がない、❸出所後の生活に福祉サービスが必要と認められる、❹円滑な社会復帰のために特別調整の対象とすることが相当と認められる、❺特別調整の対象となることを希望している、❻必要な範囲内で関係機関への個人情報の提供に同意している、の六つ。

Active Learning
地域生活定着支援センターがどのようなタイミングでどのように介入するのか、確認してみましょう。

ターに協力を求め、三者で連携しながら、対象者の受入先の確保や福祉サービス等の受給に向けた支援等の調整を行う[i]（**図12-3**）。

地域生活定着支援センターの支援は、福祉事業であるため、権利擁護、自己決定、自己実現と本人の利益を基本とし、「本人の同意」が要件となり、強制力をもたない。支援開始時点では受刑者という立場であるが、そうではない高齢者や障害者と同様に対等な関係を前提として支援が開始される。出所後は保護観察のような不利益処分は課されず、対象者の自己決定が尊重される。犯罪から遠ざかるよう、環境、認知、生活習慣に働きかけ、結果的に、再び犯罪に結びつかない生活を自ら選べる力の向上を支援する。なかには途中で支援を拒否する人もいて、矯正施設の福祉専門官や保護観察所の保護観察官とともに役割分担を行いながら、対象者の目線に立って、理解しやすいよう説明を工夫し、信頼関係を築いている[ii]。

2　地域生活に向けた他機関連携やネットワークづくり

法務少年支援センター★等と連携し、より専門的な助言や情報提供を得

i　調整に際し、対象者がいる施設の所在地と帰住予定地が異なる場合は、帰住予定地の保護観察所と地域生活定着支援センターも関与した広域での調整が行われる。

図12-3　対象者の変化と他機関連携における支援のイメージ

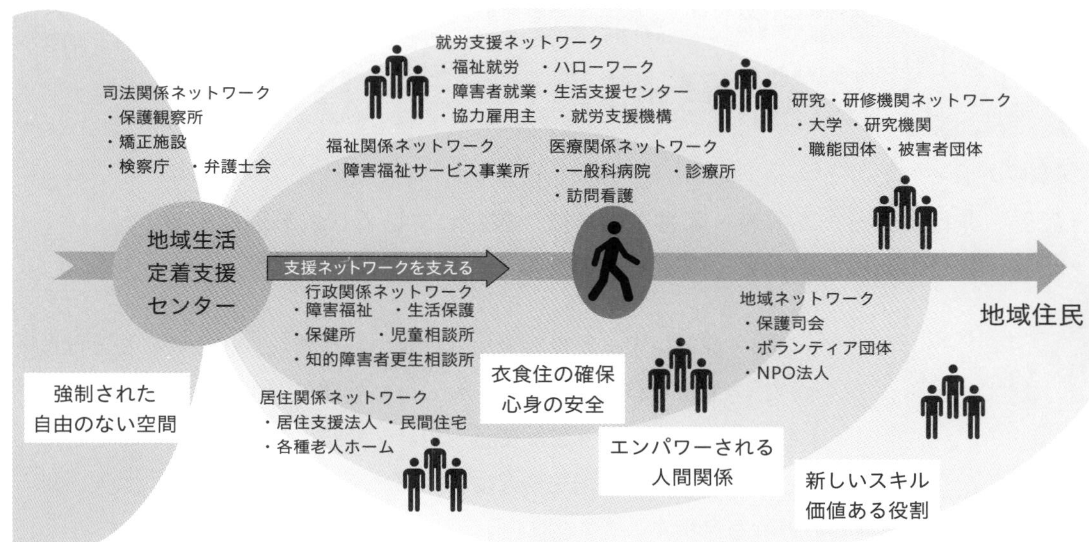

注：図の中に示している「衣食住の確保、心身の安全」「エンパワーされる人間関係」「新しいスキル、価値ある役割」という要素とこれらの順序性については、B. M. ヴェイジー，浜井浩一訳「基調講演　離脱，異なるアイデンティティへの転換プロセス――将来有望な新たな方向性」『日本犯罪社会学会第41回大会報告要旨集』pp.9-10，2015．を参照した。

て、犯罪性を理解した支援を構築している。成人に比べて数は少ないが、少年院出院者も支援対象である。軽度～中度の知的障害、発達障害を抱えている少年が多く、こだわりやコミュニケーションの課題を理解した支援体制が目指されている。なぜなら、多感な時期の少年に対しては、成長を見据えた重層的で多様な支援が求められているからである。

支援対象者の自立した地域生活には、医療、福祉、行政、司法の連携に加え、地域ネットワークなども視野に入れた支援体制の構築が必要となる。連携先との勉強会や地域住民に理解を求める研修会の開催、リーフレットや教材の作成等、ソーシャルアクションが求められている。

地方公共団体も再犯防止推進法★を根拠とする地方再犯防止推進計画の策定が努力義務となっている現在、自治体独自の再犯防止策に、地域生活定着支援センターが協働するような取り組みが求められている。

★法務少年支援センター
少年鑑別所が法務少年支援センターと名乗り、「非行及び犯罪の防止に関する援助（地域援助業務）」として、地域の保護者や学校関係者、地域生活定着支援センターなどの支援関係者への相談、助言などを行う。

★再犯防止推進法
再犯の防止等の推進に関する法律。

● おすすめ
・宮口幸治『ケーキの切れない非行少年たち』新潮社，2019.
・掛川直之編著『不安解消！出所者支援――わたしたちにできること』旬報社，2018.
・水藤昌彦編著，関口清美・益子千枝，服止ネネ画『当事者と援助者の「共助する関係」――刑事司法領域での対人援助の基本』現代人文社，2020.

ii　広域調整が必要な対象者との面談においては、矯正施設、保護観察所が連携し、受刑中であってもテレビを通した面談ができるようなシステムも導入されている。

犯罪・非行に至った高齢者や障害者の理解

学習のポイント

- 犯罪・非行のあった高齢者・障害者の特徴や置かれている状況を理解する
- 犯罪・非行のあった高齢者・障害者への支援上の留意点について学ぶ

犯罪・非行に至った高齢者や障害者の心理状況を想像することはたやすいことではない。しかし、その人の家族関係、生活状況、障害特性による影響など、さまざまな背景が犯罪・非行につながっていることがわかる。本節では、事例を参考に、犯罪に至る背景を見立て、本人の視点の理解を目指す。

1 犯罪行為があった高齢者の特徴と置かれている状況

事例

Aさん(80歳、男性)は、覚せい剤の使用で5回目の服役となり、養護工場に配属され生活のサポートを受けている。今回の受刑中に初めて地域生活定着支援センターの説明を受けた。Aさんは脳梗塞の後遺症があり、受刑生活が体力的に厳しく、これを最後にしようと心に決め、特別調整の支援を受けることを申し出た。

Aさんの成育歴をみると、6歳のときに父親が働く炭鉱が閉鎖し集団移住を経験している。中学校卒業後、夜間高校に通いながら工場で働き始めた。夜間高校卒業後もまじめに働き、23歳で結婚し、2人の子をもうけた。家庭は円満で、仕事も順調だったが、子どもが成人した頃、ふとしたことから仕事の疲れが溜まるたびにヒロポンを使用するようになった。実は、Aさんは10代の頃、夜勤時に先輩の勧めで眠気覚ましにヒロポンを常用していた。

妻に内緒で時々使用する程度だったが、50代になった頃から使用が増え、妻には愛想をつかされ、55歳で離婚した。以降、仕事を辞め、ギャンブルや覚せい剤がやめられない生活となっていた。

58歳のときには、覚せい剤取締法違反で逮捕され、執行猶予判

★養護工場
一般の刑務作業についていけない高齢者や障害者を対象にした軽作業工場。紙の手提げ袋や洗濯バサミを作るなどわかりやすく簡単な工程での内職作業が作業の中心である。

★ヒロポン
戦中から戦後にかけて、疲労回復薬として一般に流通した覚せい剤（アンフェタミン系の向精神薬）の一つ。依存症者が増加したことから、1951（昭和26）年の覚せい剤取締法の制定により使用・所持が規制され、合法薬物から違法薬物となった。

決となったものの、釈放後に頼れる人はおらず、日雇い労働でつなぎ、家族を思い出しては悲しみ、覚せい剤で気持ちを紛らわせていた。ほどなく２度目の逮捕となり、執行猶予期間中の再犯のため、実刑判決となった。その後も何度か覚せい剤を使用し、実刑判決を受けてきた。

1 犯罪行為があった高齢者の特徴

『令和元年版 犯罪白書』によると、2018（平成30）年に窃盗で検挙された被疑者（20歳以上）のうち、高齢者は約２割である。高齢者の検挙人員の罪名別構成比をみると、万引きをはじめとする窃盗が最も多い。特に女性高齢者では、万引きが約８割となっている。

また、**高齢受刑者の増加**が深刻な問題となっている（第２章第１節参照）。非高齢者と比べて再入者の割合が高く、その要因として、経済基盤、人間関係、学歴等の文化的基盤、社会的役割などさまざまな問題が重なり合っていると考えられている。

犯罪行為のあった高齢者は、犯罪を繰り返し続ける累犯型、高齢期になって犯罪行為に至る後発型、重大犯罪により長期間受刑することで高齢者になる長期型の大きく３タイプに分けられる。特に、後発型は日本の高齢者の特徴とみられており、ごく一般的な生活をしていた人が、親族との死別や、高齢期の貯蓄が少ないことへの不安、認知症等による判断能力の低下等をきっかけに、犯罪に至る。また、知的障害があったにもかかわらず、社会保障制度が未確立な時代背景から障害が見過ごされ、高齢期に受刑して初めて発見されることもある。

2 高齢者の受刑生活による弊害

高齢者は、非高齢者に比べて、心身機能の衰えがみられ、生きていくための回復能力が低い。特に、新たな環境へ挑戦する気持ちや順応する能力が脆弱（ぜいじゃく）になる。

受刑を繰り返す高齢者の多くは、再犯せずにやり直したい気持ちはあっても、就労の機会や家を借りる資金を得られないために、最低限の衣食住が整った刑務所生活を選ばざるを得ない状況がある。事例のAさんも、頼れる人がおらず、日雇い労働で生活を維持していた。なかには、住民票も抹消されている人や、十数年にわたり所定の住まいがなく、社会のなかに存在しないかのような状況に陥っている人もいる。

2 犯罪・非行のあった障害者の特徴と置かれている状況

事 例

Bさん（42歳、男性）は知的障害があり、２回の受刑生活後、グループホームで生活している。

成育歴をみると、経済的には裕福な家庭で育ったが父親が威圧的だった。中学生のときには、ほかの生徒から「気持ち悪い」と言われ避けられており、小学生へのつきまといが問題となり、家族で市外への転居を経験している。転校先の中学校へは行かず、両親もBさんが外へ出ないようにしていた。

中学校卒業後、Bさんは就職し、まじめに働き続けていたが、20歳のとき、下着窃盗を両親に見つかり、仕事をやめさせられ、１人で外出することを禁止された。他県に転居し、再就職したが、雑談が苦手で人間関係がうまくいかず、短期間でやめていた。26歳のとき、下着窃盗で逮捕されたが、起訴猶予処分となる。そのときは親が被害弁償を行い、家族は再び転居した。

27歳のときに下着窃盗で執行猶予判決となる。療育手帳を取得して相談支援事業所につながり、グループホームで生活するようになった。作業や生活態度はまじめで素直だが、「俺ばかり怒られる」と不満をもっていた。34歳のとき、下着窃盗で実刑判決を受ける。釈放後は、別のグループホームに入居したが、下着窃盗は続き、39歳で再び実刑判決を受けた。出所後は、相談支援専門員を中心とした支援体制がつくられ、相談支援専門員と定期的に地域生活を続けるための話し合いをしている。Bさんは自分１人では犯罪をやめることが難しいと感じて、支援者に自ら悩みを打ち明けるようになり、今の生活を続けたいと思っている。

1 犯罪・非行のあった障害者の特徴

新受刑者の約２割が能力検査値70未満という状況は継続している[1)]。ただし、これは、犯罪・非行を行う者の２割が知的障害者ということではない。

そもそも、犯罪行為者のうち、矯正施設に入る者はごく一部であり、警察による事件の認知、被疑者の検挙、検察による起訴、裁判による判決といったプロセスを経る過程で、多くの犯罪行為者が矯正施設に入るというルートからはずれていく。その一方、知的障害のある者は、被害の弁済、適切な謝罪、身元引受人の存在といった要件を満たせない者が多く、拘禁（矯正施設入所）を回避しにくいといったことが指摘されている。また、身元引受人がいないことから、仮釈放率が低くなっている。

精神障害者においても、同様の課題があり、入所中は作業にも参加できず単独室や病舎で過ごし続け、出所と同時に精神科病院に入院せざるを得ない人さえいる。また、知的障害者や精神障害者に比べて身体障害者や難病患者の数は少ないが、入所中に障害状態になった人は、社会での生活イメージをもちにくく、医療機関との連携が課題となっている。

2 犯罪・非行のあった障害者の心理・社会的背景

犯罪・非行のあった知的障害者の生活状況をみると、事例のＢさんのように、過去に虐待やネグレクト、いじめの被害体験があり、教育や就労、結婚の機会が限られ、人間関係の困難や社会的な孤立といった問題を抱えていることが多い。

適切な養育、教育、福祉を受けられず、家族や同僚、地域住民等からのサポートもないなかで生活してきたため、安心できる人間関係の体験に欠け、対人関係や仕事等、わからないことに囲まれ、失敗経験を積み重ねている。そのため、自己肯定感や自己効力感は低く、不安感、疎外感、無力感をもち、他者からの援助を期待しにくい状態になっていることがある。ただし、多くの被害体験があり、社会的に困難な状況に置かれているからといって、そういった障害者が必ず犯罪・非行に至るわけではない。出所後に十分な支援を受けることなく、立ち直りを果たしていることもある。

3 犯罪・非行のあった高齢者・障害者への支援

1 犯罪・非行を繰り返し、支援を求めない背景

犯罪・非行という不適切な手段であっても、本人にとっては何らかの重要なニーズを満たす方法となっており、代替となる適応的で効果的な方法がないために、再犯・再非行を繰り返している状況がある。

高齢または障害のある受刑者が支援を拒む背景には、福祉に関する理解不足、過去の被害体験による他者への不信感、希望する生活のイメー

Active Learning

犯罪・非行のあった高齢者・障害者の支援にあたり、アセスメントする必要があることを整理してみましょう。

ジの欠如等がある[i]。また、自分自身の犯罪・非行の動機・機序や、繰り返す理由等が十分にわからず、再犯しないために支援を受けることの必要性を理解していないことがある。

矯正施設は、衣食住が整い、刺激が少なく見通しのもちやすい、一見安心な環境であり、仲間が得られるなど、人や社会とつながる数少ない場になっている。しかし、自ら選択・判断し、獲得するというスキルが徐々に失われ、犯罪をやめる動機やメリットが十分に自覚されにくくなったりする。

2 本人の目線に立った支援──支援の留意点

今まで支援の機会に恵まれなかった人のなかには、福祉サービスを受けることに感謝する人もいれば、拒否する人もいる。本人の目線に立ち、本人の声をしっかり聴くことが重要である。

支援にあたっては、本人が拒否しても、それをそのまま受けとめるのではなく、出所後の生活をイメージできないのか、本音が言いにくい面談環境だったのかなど、本人の言葉の背景に込められた体験や話の文脈を読みとることが必要である。これまでの本人の人生を追体験できるよう想像し、その生きづらさに深く共感する姿勢が求められるのである。

◇引用文献

1）法務省「矯正統計調査」各年版

◇参考文献

・法務総合研究所編「知的障害を有する犯罪者の実態と処遇」『法務総合研究所研究部報告』第52号，2014.
・法務総合研究所編「高齢者及び精神障害のある者の犯罪と処遇に関する研究」『法務総合研究所研究部報告』第56号，2017.
・法務省法務総合研究所編『令和元年版 犯罪白書』2019.
・安田恵美「高齢犯罪者と『社会的排除』（特集 高齢犯罪者と社会的排除──傷つきやすさと社会参加）」『法学セミナー』第62巻第11号，pp.12-14，2017.
・加藤幸雄・前田忠弘監，藤原正範・古川隆司編『司法福祉──罪を犯した人への支援の理論と実践』法律文化社，2013.
・S.マルナ，津富宏・河野荘子監訳『犯罪からの離脱と「人生のやり直し」──元犯罪者のナラティヴから学ぶ』明石書店，2013.

---

i　マルナ（Maruna, S.）の離脱研究では、犯罪を続けている人は自身を社会の被害者であるとみており、権威や規制、外側からの規制を嫌悪する傾向があった。一方、犯罪行為から離脱した回復者は、「本当の私」を確立する信念を形成し、自己の運命に対する自己の支配という楽観的な認識をもち、生産的になって社会に恩返ししたいという気持ちがあったとしている。

第4節 犯罪・非行のあった高齢者・障害者への支援の実際と課題

学習のポイント

- 地域生活定着支援センターによる支援の実際について理解する
- 犯罪・非行のあった高齢者・障害者への支援における課題について学ぶ

本節では、事例を題材に、地域生活定着支援センターの支援の実際および留意点とそこで直面する課題をみていく。

 1 福祉関係機関と連携した支援の実際

事例

Cさん（75歳、女性）は、高校卒業後、20歳で結婚し2人の子を授かったが、夫のDV★により30歳で離婚し、子どもは児童養護施設（当時は養護施設）に預けられた。

Cさんはパートを掛け持ちして必死で働き、40歳で再婚して子どもを引き取った。その後は4人で円満な家庭を築いていたが、55歳のときに再婚した夫が病死したのをきっかけに、Cさんは極度の落ち込みからうつ病を発症した。闘病しながら60歳を超え、少額だが年金を受給し生活が幾分か楽になったものの、金銭的に余裕のある仲睦（なかむつ）まじい夫婦を見ると羨ましく思えた。そんなとき、出来心から日用品を万引きしてしまった。執行猶予判決で釈放されたが、その後も万引きがやめられず、再び逮捕された。

Cさんについた国選弁護人は、再犯しない生活のためには福祉サポートが必要と判断し、D県地域生活定着支援センターにつなぎ、更生支援計画書を作成・提出したが、懲役2年の実刑判決となった。Cさんは子どもたちに謝罪の手紙を書いたが、面会も引受も拒否された。高齢で引受人不在との判断から特別調整の対象に選定され、Cさんの希望が「住み慣れた町での一人暮らし」だったことから、再びD県地域生活定着支援センターが担当することになった。

★ DV
Domestic violence.

支援にあたって、改めて事件に至る背景など全体像を整理し、うつ状態が悪化したときに、少ない年金で単身生活を続ける不安やわびしさから、結果を予測できずに万引きに至っていると見立てた。また、実刑期間中も老齢基礎年金★が貯蓄されており、金銭管理は第三者による支援が必要と判断した。そして、病状の安定を図るための通院支援、日常生活の見守りのサポート体制を、民生委員や地域包括支援センターにも協力を求め整えることにした。

Cさんは、出所して6か月頃には、老人会などにも参加するようになり、少しずつ地域とつながり始めている。

★年金
無拠出年金を除いて、老齢（基礎、厚生）年金、障害（厚生）年金は受刑中でも支給される。そのため、受刑期間中に、貯蓄されていることもある。人によっては年金手帳や支給先の銀行を把握していない、もしくは、年金があることさえも忘れている場合があり、保護観察所や矯正施設と連携し、年金額や納付先銀行などを職権で確認することもある。

1 被疑者・被告人段階におけるかかわり

逮捕を契機に刑事手続が開始されると、被疑者や被告人は一定の自由を制限され、日常から遮断される。警察や検察での取調べや弁護士との接見では、高齢や障害によって、防御能力や供述能力、訴訟能力が十分に発揮できないことが考えられる。そのため、被疑者・被告人段階では福祉的支援として、**更生支援計画書**の作成や**情状証人**としての証言を期待されることがある。

更生支援を目的に、本人の希望を基に、事件に関係する資料やこれまでの関係者からの情報を参考にまとめていく。たとえば、事例のCさんは、うつ病を発症しているため、福祉サポートに加えて、医療との連携強化が計画書を作成するうえでのポイントになる。ただし、勾留されている本人との面会は、1回15分程度（特別面会として1時間程度設定されることもある）、アクリル板越しで係官立会いで行われるなど、ニーズや本音を聞き取ることが容易ではないことが課題の一つである。

2 特別調整段階（出所前6か月頃）におけるかかわり

矯正施設内での生活が後半にさしかかると、特別調整対象者の多くが出所後の漠然とした不安を抱えているため、地域生活定着支援センターによる**特別調整**へのかかわりは、まず信頼関係構築から始まる。

事例では、地域生活定着支援センターはすでに事件概要を把握し支援体制を整えているが、矯正教育の内容や心理検査結果なども参考にし、あらためて本人とともに犯罪に至る機序やリスクを整理、共有し、出所後の生活をプランニングしている。本人が気づかなかったことや、また気づいていても言葉で表現できないことも細かくアセスメントする。

出所後の生活場所としては、福祉施設やグループホーム、NPO法人などが運営する見守りサポート付き住宅、民間アパートなどのほかに、更生保護施設や自立準備ホーム★などを出所後の一時的な居所として活用するなど、矯正施設、保護観察所、地域生活定着支援センターとで役割分担をしながら、シームレスな地域生活を目指した連携を展開している。

★自立準備ホーム
出所時に引受人がおらず、帰る場所もない人を対象に、生活基盤を確保し、円滑な社会復帰ができるよう自立を促す施設。NPO法人、社会福祉法人、民間事業者、宗教法人などが保護観察所に登録をし、委託され、出所者の生活を支えている。

3 つながりを回復する支援と予防的支援

生育歴や社会的背景から、対象者がどのように生きてきたのか、**生物・心理・社会モデル**★で、本人の強みや希望を含めた全人的なアセスメントをして、支援につなげていく。

★生物・心理・社会モデル
エンゲル（Engel,G.）が提唱したモデルで、相互・交互作用する生物、心理、社会の各側面から人を統合的に理解する。多職種との連携においても共通のアセスメントの枠組みとして重要である。

犯罪・非行のあった高齢者・障害者は、良好な人間関係、やりがいのある仕事や充実した余暇をもてずにいたことが多く、また、支援なしにこうした資源を得ることが難しい状況がある。

再犯防止では「居場所」と「出番」をつくることが重視され、良好な人間関係の構築や、よりよい生活のための資源をもつこと、社会とのつながりや社会的な役割をもつこと等が重要だとされている[i]。

特に無職者は、有職者に比べて再犯率が高くなるため、「出番」を感じられるようさまざまな就労支援が行われている。

また、犯罪行為の背景に加齢に伴う心身機能の低下の影響がみられる場合もある。地域包括支援センターを中心とした認知症高齢者を支えるネットワーク（認知症高齢者支援ネットワーク）などにより、警察で把握した情報を、地域が連携し医療や福祉につなぐことで、結果として犯罪予防の側面を担っている場合もある。

2 犯罪・非行のあった高齢者・障害者への支援における課題

1 多機関・多職種連携による支援と家族への支援

犯罪が何らかのニーズを満たす限られた方法であったり、依存症や嗜(し)

i　ウォード（Ward, T.）らが提唱するグッドライフ・モデル（Good Lives Model）では、他者との親密な関係性や社会集団とつながることのように、すべての人が生まれつき求める基本財（「よさ」ともいう）を、犯罪という誤った手段で獲得することに対し、適応的に獲得できるような援助が必要であるとされる。基本財を獲得することと、リスク管理の間に直接的な関係があるべきで、よりよい生活の獲得という接近目標の促進が「再犯をしない」という回避目標の達成に役立つとしている（D.R. ローズ・T. ウォード，津富宏・山本麻奈監訳『性犯罪からの離脱――「良き人生モデル」がひらく可能性』日本評論社，pp.210-245，2014.）。

癖行動となっていたりするなど、本人が犯罪行為を容易にやめられないことがある。そのため、地域生活支援に加え、再犯に至らないための支援や過去の被害体験に対するケア等の複雑なニーズに対応する必要がある。

たとえば、暴力等の背景に過去の虐待やいじめ等によるトラウマがある場合には、トラウマインフォームドケア★などが必要になる。

また、犯罪・非行に当たる行為に対しては、依存症治療を行う医療機関、ダルク★、性犯罪等への心理カウンセリングの実施機関等他の専門機関との連携によって対応する。ただし、再犯を防ぐための支援は、行動制限や監視につながるおそれがあるため、望む生活に近づくこととのバランスが重要である。

さらに、支援者は犯罪・非行の被害についても理解し、被害者支援団体等との連携も検討する（第 14 章第 2 節参照）。

前節の事例における B さんのように、犯罪行為によって家族が被害弁償や転居をせざるを得ないこともあり、家族も犯罪による被害を受けている側面がある。犯罪・非行がある本人へのかかわりは難しく、家族は適切な対応ができないことも少なくない。そのため、犯罪行為者だけでなく、その家族への支援も検討が必要になる。

★トラウマインフォームドケア
トラウマの影響を理解して対応するストレングスベースのアプローチ。詳しくは、第 14 章第 2 節参照。

★ダルク
Drug Addiction Rehabilitation Center：DARC.

Active Learning

犯罪・非行のあった高齢者・障害者の社会復帰にあたり、何が課題となるか具体的に考えてみましょう。

2 再犯リスクのある支援

福祉につながっても、再犯がまったくなくなるというわけではない。支援中に再犯が生じ、事業所内や地域に被害が出るリスクがある。一方で、リスク回避や再犯防止のための行動制限や監視が強調されると、本人のニーズに沿った支援との両立が難しくなる。

再犯を防ぐ効果的な支援体制の構築や、弁護士と連携する等の工夫が必要になる。さらには、再犯や矯正施設への再入所があっても継続して支援できる体制の構築も求められる。

◇**参考文献**

- 法務総合研究所編「再犯防止対策等に関する研究」『法務総合研究所研究部報告』第59号，2019.
- 法務省法務総合研究所編『令和元年版 犯罪白書』2019.
- S. マルナ，津富宏・河野荘子監訳『犯罪からの離脱と「人生のやり直し」――元犯罪者のナラティヴから学ぶ』明石書店，2013.
- D.R. ローズ・T. ウォード，津富宏・山本麻奈監訳『性犯罪からの離脱――「良き人生モデル」がひらく可能性』日本評論社，2014.
- 掛川直之編著『不安解消！出所者支援――わたしたちにできること』旬報社，2018.
- 堀江まゆみ・水藤昌彦監，東京 TS ネット編『更生支援計画をつくる――罪に問われた障害のある人への支援』現代人文社，2016.

第13章

多様なニーズを有する犯罪行為者③

アディクションを抱える人と刑事司法

本章では、アディクションのメカニズムやその治療、そして回復に必要なものを確認し、刑事司法におけるアディクション対応やソーシャルワークについて学ぶ。

アディクションを抱え、覚醒剤取締法違反や窃盗等の犯罪に至ると、刑事司法での対応となるが、アディクションの背景には社会的排除やさまざまな生きづらさが指摘されており、その回復には、生活全般にかかわるニーズの充足が重要である。そのため、刑事司法機関のみならず、地域の関係機関や団体と連携し、アディクションからの回復を支えていくことが求められる。

アディクションにはさまざまな誤解もあるため、ソーシャルワーカーは適切にそのメカニズムを理解し、地域社会の協力を得ながら支援することが求められる。

第1節 アディクションとは何か

学習のポイント

- アディクションがどのようなものかを理解する
- アディクションを抱える人の生きづらさと自己治療仮説について学ぶ

1 アディクションの定義と三つの類型

1 アディクションとは

★アディクション
Addiction：嗜癖（しへき）。日本では、依存症・嗜癖などと訳されることが多い。

アディクション★とは、ある特定の物質（アルコールや薬物）や行動（ギャンブル等）に「のめり込む」「はまる」ことである。もともと習慣的であった行動が自分の意思でうまくコントロールできなくなる状態のことをいう（**表 13-1**）。

アディクションの状態になると、日常生活や心身の健康、大切な人間関係などに問題が起こっているにもかかわらず、対象となる物質使用や行動をコントロールすることができなくなる。

2 アディクションの三つの類型

❶物質アディクション

気分を変える物質（アルコール、大麻、覚せい剤、薬物、ニコチンなど）への嗜癖を**物質アディクション**という。「やけ食い」という言葉があるように、食べ物も気分を変える物質に含まれる。食べ物へのアディクションは、摂食障害（拒食、過食など）としても扱われる。過度のダ

表13-1　医学的なアディクションの対象と分類

対象	ICD	DSM
アルコール	アルコール依存症	アルコール使用障害
薬物	薬物依存症	薬物使用障害
ギャンブル	ギャンブル障害	ギャンブル障害
ゲーム	ゲーム障害	—

注：アディクションは、ICD では物質使用および嗜癖行動による障害に位置づけられている。厳密には、依存症候群（dependence syndrome）はアルコールや薬物などの物質使用による障害を指し、嗜癖（addiction）はギャンブルやゲームなどの行動による障害も含まれるとされているが、嗜癖という言葉はなじみが薄いため、我が国ではギャンブル依存症などの言葉が一般的には使用されている。
出典：ICD と DSM をもとに筆者作成

イエットに伴う拒食、過食を経て、摂食障害が形成されることも多い。

❷行為（プロセス）アディクション

それを行うことで高揚感を得られたり、承認欲求が満たされる一連の行為（ギャンブル、仕事、買い物、恋愛や性行為、スポーツ観戦など）へののめり込みを**行為（プロセス）アディクション**という。たとえば、ギャンブルで大当たりしたとき、仕事に打ち込み成功したとき、高級ブランド品を次々と購入しているときの達成感、周囲の羨望のまなざしや賞賛、承認などを求めてやめられなくなる。

ゲームやテクノロジーを介したメディアへの依存などが、現代的な病理現象として現れてきている。また近年は、万引きなどの窃盗癖についても、アディクションとしての対処が刑事司法領域で求められている。

❸関係アディクション

人間関係へののめり込みを**関係アディクション**という。たとえば、互いに傷つけあいながらも離れられなかったり、相手を自分の思いどおりに行動させようと必死になったり、自分を犠牲にして誰かのために奔走したりする。配偶者への度を越した世話焼きや行動の束縛、子どもへのしがみつき、憧れの人へのしがみつきなどを含む。

関係アディクションが配偶者や子どもへの暴力や虐待につながることもある。関係アディクションもほかのアディクションと同様に、自らの意思でコントロール、もしくは手放すことができなくなる。また、物質や行為へのアディクションが収まったあとに、関係アディクションを抱える人もいる。

2 アディクションのメカニズム ——アディクションは病気

アディクションは、うつ病や統合失調症などと同様に、医学的に認められた精神疾患（病気）である。意志の弱さや性格がうつ病や総合失調症の原因ではないのと同じように、アディクションを抱えるのも本人の意志の弱さや性格が原因ではない。

習慣的なアルコール・薬物の使用などにより、脳や心、体の機能が変わってしまうことから、アディクションを抱えることになるのである。ギャンブルやゲームも、アルコールや薬物と同様の変化を脳に起こし、その結果、**コントロール障害**★が起こることがわかっている。

★コントロール障害
自分の意思に反しうまくコントロールが取れなくなること。

1 脳の報酬系を刺激する

アルコールや薬物、ギャンブルやゲームは脳の報酬系回路を刺激するため、これらの行為を素早く学習してしまい、食欲・性欲と同じように意志とは関係なく反復する癖がついてしまう。

アディクションにより得られる報酬は、体や心の痛みの軽減、気分やパフォーマンスの向上など、多岐にわたり、人それぞれである。たとえば、「お酒を飲んだらよく眠れた」「薬物を使ったら仕事がうまくいった」「ギャンブルをしたら嫌なことが忘れられた」「ゲームをしたら楽しく過ごせた」などが挙げられる。学習した脳は、似たようなストレスがかかる場面でアディクション対象を思い出し、「今すぐこの苦痛や嫌な気分を切り替えたい」と渇望するようになる。その際、ほかの大切な物事（仕事や家族や友人との人間関係など）よりも、アディクション対象のことで頭がいっぱいになってしまいやすい。

★報酬系回路
報酬系。人類が生存・存続するために反復する必要がある行動（食事や性行為など）を癖にさせる機能をもつ神系回路。

2 耐性がつき離脱症状が現れる

特定の物質（アルコール、薬物など）を習慣的に摂取し続けると、体はその物質によって得られる変化に慣れてしまい、**耐性**がつく。耐性がつくと、今までと同じ量を摂取しても、今までどおりの効果が得られなくなる。そのため、気づかぬうちに使用量や使用頻度がどんどん増えてしまう。摂取したアルコールや薬物が体内から抜けてきたり、摂取をやめたり、減らしたりすると、不快な**離脱症状**が起こる。ギャンブルやゲームなどの場合も、それらを中断するとイライラや落ち着きのなさ、気分の落ち込みなどの一部の離脱症状が起こる。

つらい離脱症状の緩和のために、アルコール摂取や薬物使用、ギャンブルやゲームを再度行ってしまうことが多く、「やめたい」「減らしたい」と思っても、自分の力だけで変えることが難しい状況が生じる。

★離脱症状
摂取した物質にもよるが、離脱症状の例として、頭痛、発汗、吐き気、嘔吐、寒気、イライラ、血圧や心拍数の上昇、不安、体の痛み、意欲の低下、手または体のふるえ、不眠、痙攣、発熱、幻覚、幻聴などがある。

3 アディクションと治療

1 日本における依存症の治療——心理療法と薬物療法

依存症治療では、動機付け面接、認知行動療法に基づく治療プログラム、**SMARPP**などマトリックスモデルをもとに開発された治療プログラムなどの心理療法が用いられ、薬物療法が補助的役割を担う。

認知行動療法やSMARPPは、特定の行動（アディクション）に焦点

★動機付け面接
Motivational interviewing：MI.

★認知行動療法
Cognitive behavioral therapy：CBT.

★SMARPP
Serigaya Methamphetamine Relapse Prevention Program：せりがや式覚せい剤再発予防プログラム。アメリカで依存症者の治療に成果を上げているマトリックスモデルを基に開発された。各地の精神保健福祉センターやダルクなどで依存症当事者支援に活用されている。利用者の特性などを踏まえてプログラムのボリューム（回数など）には各地で工夫が凝らされている。「スマープ」と発音する。

を当て、認知に働きかけることで、その行動の変容を目指すものである。現在、このアプローチは多くの専門医療機関、精神保健福祉センターなどで、個人または集団療法として提供されている。機関によっては、家族療法やCRAFT★などの家族向けプログラムを提供している。

薬物依存症の場合には、使用薬物の影響で生じた幻覚や妄想、睡眠障害の治療に対して薬物療法を行うことがあるが、「薬物をやめられない」という本質的な病態に対する薬物療法はほとんど実施されていない[i]。

アルコール依存症の場合には、❶ベンゾジアゼピン系薬物などの不快な離脱症状を軽減する薬、❷ジスルフィラム、シアナマイドなどの抗酒薬★、❸アカンプロサートなどの断酒補助薬、❹ナルメフェンなどの飲酒量低減薬が用いられる。

2 アディクションの背景と自己治療仮説

❶自己治療仮説の考え方

アディクションがどのように起こるかについては諸説あるが、ここでは、当事者に対する支援の観点から最も説得力があると思われる**自己治療仮説★**について紹介する。

アディクションを抱える人が特定の物質を繰り返し使ったり、特定の行為を繰り返したりするのは、それが少なくとも、一時的には、彼らが生きるうえで役に立っているからだというのが自己治療仮説の考え方である。自己治療仮説では、薬物が、もともとある知的障害や発達障害、すでに発症した精神障害の症状を緩和するのに効果的だからこそ、乱用状態になるのではないかと考えられている。

❷自己治療につながる背景要因

自己治療につながる背景要因は多様である。たとえば、中高年の男性のなかには、抑うつ的な症状による不眠や不安・焦燥感を和らげようとしてアルコールを飲用する人がいる。一方、女性の場合には、こうした症状に対して、睡眠薬や抗不安薬★（ベンゾジアゼピン系）を処方してもらう傾向がある。

また、思春期・青年期発症のうつ病患者のなかには、市販薬★を乱用する人もいる。さらに、統合失調症患者のなかには、つらい幻聴を消す、あるいは抑えるために、大量のアルコールを摂取したり、大麻（マリファナ等）を使用したりする人もいる。つまり、うつや不安症状への対処と

i　ギャンブル障害・ゲーム障害の場合には、現在、治療に有効な薬の研究・開発が進められている。

★CRAFT
Community reinforcement approach and family training：コミュニティ強化と家族訓練。

★抗酒薬
アルコールを摂取したときに不快反応を引き起こす薬。

★自己治療仮説
1980年代に、アメリカの精神科医、カンツィアン（Khantzian, E. J.）が提唱した。欧米では、薬物アディクションを抱える人の3～7割に、他の精神障害の合併が認められている（我が国では、約55％）（松本俊彦『薬物依存症』筑摩書房，p.287, 2018.）。そして、その大半で、まず先に精神障害を発症し、そののちに薬物を使用するようになっている。

★抗不安薬
不安や関連する心理症状・身体症状の緩和に用いられる薬。うつ病や不安障害など精神的な疾患に対して用いられることが多い。代表的なものがベンゾジアゼピン系であり、精神安定剤とも呼ばれる。

★市販薬
感冒薬（風邪薬）や鎮（ちん）咳（がい）薬（やく）（咳（せき）止（ど）め）、鎮痛薬（痛み止め）。

してアルコールや薬物を用いるようになり、使用するうちにアディクションに陥ることがある。

★ **ADHD**
Attention deficit hyperactivity disorder：注意欠陥多動性障害。

ADHD★もまた、薬物依存症と密接に関連がある。海外の研究によれば、子どもの頃からADHDのある一般成人の間で最も広く使用されている物質が、ニコチンとマリファナである。また、ADHDのある成人の薬物依存症患者の間で、最も多く選択されている薬物は、覚せい剤やコカインなどの中枢神経興奮薬である。これらの薬物はADHD治療薬と同様の薬理作用をもっており、一時的には患者の生活機能の改善に役立っている。

★ **PTSD**
Post traumatic stress disorder：心的外傷後ストレス障害。

PTSD★との関連でみると、PTSD症状に対処するためにアルコールや薬物を使用するうちにアディクションに陥ることがある。たとえば、他者に対する警戒的な態度を緩和させ、社会生活に適応しようと、日中から飲酒したり、睡眠薬等を摂取したりしてしまう。あるいは、自尊心の低さや虚無感、離人感、失快楽症の改善、意欲増進や気分の高揚を意図して、覚せい剤のような中枢神経興奮薬を用いる。また、トラウマ★記憶のフラッシュバックから生じる、耐えがたい激しい怒りや暴力的衝動を抑えようと、薬剤を過量服薬★し、意識を自ら消失させる人もいる。

★ **トラウマ**
心的外傷。その人の生命や存在に強い衝撃をもたらす出来事を外傷性ストレッサーと呼び、その体験をトラウマ体験（外傷体験）と呼ぶ。外傷体験により、長期間それにとらわれ、否定的な影響が生じることがある。

★ **過量服薬**
Overdose：OD.

一般に、アルコール依存症や薬物依存症を合併するPTSD患者は、合併症のないPTSD患者と比べ、就労や対人関係などの面で社会生活能力が高い傾向にある。これは、アルコールや薬物が一時的にPTSDの症状を緩和するためとされており、こうした患者が急に断酒・断薬をした場合、精神症状が悪化することや自殺リスクが高まることがある。

アディクションについて確認し、犯罪とどのようにかかわるのか考えてみましょう。

3 「治療」の限界

治療できるのは、基本的にその人の肉体的・心理的な部分である。また多くの治療は、アディクションの「中断」を目標としている。

しかし、アディクションを抱える人は、自己治療的に飲酒、薬物、ギャンブルに耽溺（たんでき）することで問題を重層化させている。それゆえ、アディクションからの回復に向けては、脳や体が得ていた肉体的な報酬を治療で補うだけでなく、幸福感や承認などの精神的な報酬を、より健康的な方法で補うことが重要な課題となる。

◇**参考文献**

・E.J. カンツィアン・M.J. アルバニーズ，松本俊彦訳『人はなぜ依存症になるのか――自己治療としてのアディクション』星和書店，2013.
・大嶋栄子『生き延びるためのアディクション――嵐の後を生きる「彼女たち」へのソーシャルワーク』金剛出版，2019.

第2節 回復のために必要なものは何か

学習のポイント

- アディクションからの回復に向けて必要なものについて考える
- 当事者活動の効用と課題について把握する

1 アディクションからの回復とは——全人的ニーズの充足

1 全人的ニーズの充足

世界保健機関★は、人々の健康を、肉体的・心理的・社会的な面から示しているが、アディクションを抱える人たちは、肉体的・心理的な課題だけでなく、家族関係を含む人間関係の問題、失業や負債などの就労や金銭に関連する問題、逮捕や勾留など法的問題を含む社会的な課題、さらに、自尊心や尊厳にかかわる霊的な課題を抱えており、全人的なニーズ（肉体的・心理的・社会的・霊的ニーズ）を有している（**図 13-1**）。これらの課題の解消、つまり全人的なニーズを満たす支援は、医療的な治療とは別に考慮されなければならない。

★世界保健機関
World Health Organization：WHO.

図13-1　全人的なニーズ

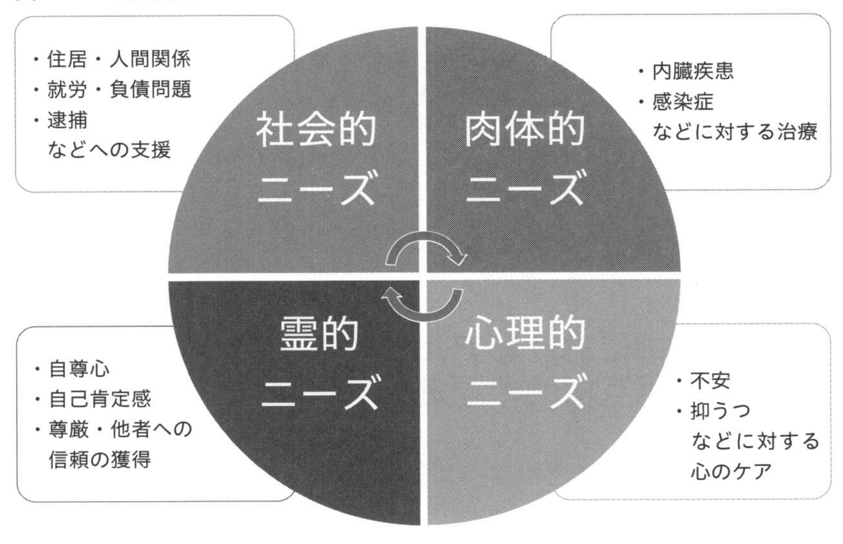

2 生きづらさの解消

アディクションの背景として、近親者による子どもの頃からの身体的暴力、精神的・心理的暴力（無視や暴言、否定など）、性的暴力などの被虐待経験、知的障害や発達障害などによる**生きづらさ**、社会的排除などが指摘されている。

アディクションからの回復は、単なる飲酒・薬物使用・ギャンブル等の対象行為の中断にとどまらず、生きづらさの解消を図るもの、つまり、人間関係を含む生活全般にかかわる**全人的なニーズの充足**を図るものとなり、その過程は継続的である。なにより孤立からの脱却と**つながりの再生**が大切であり、その過程において、自己を肯定し、尊厳を取り戻すことが重要だといわれている。

3 つながりの再生

アディクションから回復していくためには、つながりを紡ぎ直していく必要がある。アディクションを抱える人は、元々抱えている課題が何であれ、それぞれの経験から低い自尊傾向を示すことが多く、周囲に助けを求めるのが苦手で、１人で抱える傾向にある。そのため、いったんお酒や薬物をやめたあとも、人間関係がうまくいかず、再び孤立してアディクションの再発に至ることも少なくない。

そのため、アディクションからの回復においては、単にアディクションを中断するだけでなく、回復の過程を励まされ、同伴してもらう経験がとても大きな意味をもつ。他者への信頼を取り戻すこと、そして自らの存在に肯定感をもつことがとても大切となる。ただし、単に専門家からの支援を受けるだけでは自己肯定感につながらず、かえって自己評価を下げてしまう人もいる。ここに、一般的な福祉的支援との違いがある。

自己肯定感を高めるためには、人から支えられるだけではなく、その人自身が自分の人生と向き合い、自己効力感を感じる必要がある。自己肯定感を高めるのに効果を発揮するのが、**自助（セルフヘルプ）**であるといえる。

2 日本におけるアルコール・薬物依存症者の相互援助の歴史

1 当事者の自助（セルフヘルプ）グループ

日本では、1887（明治 20）年、浄土真宗の門徒によって「京都反省会」という禁酒組織が誕生し、最盛期には5000名を超える会員を擁した。しかしその後、「断酒」「節酒」「機会飲酒」等、考え方がバラつき、会の方向性が統一されず自然消滅した。1953（昭和28）年には、断酒友の会ができ、改組して1957（昭和32）年に東京断酒新生会が誕生している。

断酒会★は、アメリカで始まったAA★の活動をモデルにしながら、日米間の文化、思想、宗教観の差異を考慮し、より日本的な性格づけとして独自に運営されている。日本におけるAAの活動は断酒会に遅れること約20年、1975（昭和50）年に始まった。その後、薬物依存症者の自助グループとしてNA★が日本にも紹介され、活動を続けている。日本では、1980（昭和55）年に東京で最初のグループが立ち上がった。

さらに今日では、ギャンブル依存者の自助グループとしてGA★、窃盗癖の自助グループとしてKA★などが活動を行っている。

2 家族会・家族の自助グループ

アディクションを抱える本人はもちろんだが、家族もまた、ある意味でのアディクション当事者だといえる。本人のための自助グループがあるように、家族のための自助グループが存在する。たとえば、アルコール依存症者の家族グループとしてはアラノン（Al-Anon）が、薬物依存症者の家族グループとしてはナラノン（Nar-Anon）が、ギャンブル依存者の家族グループとしてはギャマノン（Gam-Anon）などがある。

3 ダルク（DARC）

1985（昭和60）年に、薬物依存からの回復者である近藤恒夫が、カトリック教会のロイ・アッセンハイマー神父とともに東京荒川区に共同生活の場（ダルクホーム）を開設したのが、ダルク★の始まりである。セルフヘルプの手法を用い、「薬物をやめたい仲間の手助け」を目的に、全国の薬物依存症者を受け入れている。

2005（平成17）年以降、ダルクは、薬物依存症者への直接支援のほかに、全国の刑務所における薬物依存離脱指導教育への協力などを行うようになり、日本の薬物政策にも大きな影響を与えている。精神保健福祉センターとダルクの連携も各地で展開されている。

★断酒会
酒害（アルコール依存症、問題飲酒等）から回復するための自助グループ。断酒会の活動の基本は例会である。2020（令和2）年現在、日本全国で約50の連合会が活動しており、会員数は6000名程度である。

★AA
Alcoholics Anonymous. 1939年にアメリカで始まったアルコール依存症者の自助グループ。2020（令和2）年現在、日本全国で500グループ余りが活動し、メンバー数は5000名程度である。

★NA
Narcotics Anonymous. 1953年にAAから派生し、南カリフォルニアで始まった匿名の薬物依存症者の自助グループ。2020（令和2）年現在、日本全国で400グループ余りが活動し、メンバー数は3000名程度である。

★GA
Gamblers Anonymous.

★KA
Kleptomania Anonymous.

★ダルク
Drug Addiciton Rehabilitation Center：DARC. 2019（令和元）年現在、全国で約70団体が支援活動を行っている。

3 自助グループとエンパワメント——その意義と限界

1 自助グループの意義——つながりの再生

❶回復のモデル

自助グループでは、その問題から解放されたい人であれば、基本的に無条件に受け入れられる。アディクションを抱える人は、そこで、たくさんのアディクションからの回復者と出会い、その物語を聴く。そうして、問題を抱えているのが自分だけではないことに気づき、徐々に孤立からの回復が始まる。同じような挫折を経験した人が新しい人生を手に入れた姿を見て、自分も回復できるかもしれないという希望を抱く。

アディクションから解放されるための具体的な生き方・方法は、回復中の人に聞くのが一番である。必要なのは指導者ではなく、**少し先行く仲間（回復のモデル）**である。

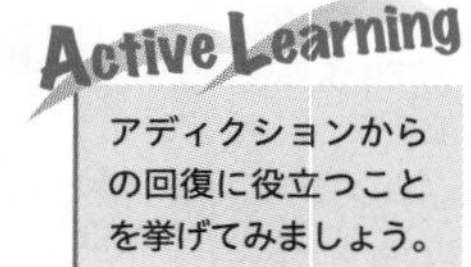

アディクションを中断できたからといって、それで問題が解決されるわけではなく、アディクションによってもたらされた負債、失った人間関係や信用など、むしろ、それまでに積み上げられてきた問題に直面することになる。問題との直面化により、ネガティブな感情になることも多い。だが、それも先行く仲間たちは経験済みなので、叱咤激励ではなく、「わかるよ」という共感の姿勢で、その課題をどう乗り越えていけるかを穏やかに伝えてくれる。こうして、自分だけでなんとかしなければという生き方（自己治療）から、必要な手助けを求めていく生き方（分かちあい）へと変化していく。

❷回復の主体化

さらに、こうしたセルフヘルプの関係性のなかでは、アディクションを抱える人は、ただ援助を受ける客体として存在するのではなく、自らも誰かの力となり希望となる。自助グループでは、誰もが別の人を助ける人になれる。そこでの関係性・経験がその人自身の自尊心を高めることにつながる。アディクションの結果として起こる負債や失業、キャリアの中断や喪失、さらに、逮捕や受刑に伴う処遇（刑罰など）により、自尊心が下がってしまう悪循環から脱却するのはこのときである。

これにより、回復は主体化される。単にアディクションによってもたらされたマイナスが０に戻るのではなく、人生そのものがアディクションを抱える以前にも増して豊かなものとなるからこそ、回復が持続されていく。その人は、もう誰かの言いつけでアディクションをやめているのではなく、自ら新しい生活に価値を見出し、自分の足でその道を歩いているのである。

このように、ただアディクションを中断するのではなく、生きていくためのつながりの再生が大切である。ここが病院などでの治療や刑務所などでの処遇との根本的な違いであり、セルフヘルプ活動の美点だといえる。

2 自助グループの限界点

自らの経験を活かし、前向きな生活を送ることは、本人にとってとても大切なことである。だが、それだけでは、アディクションを抱える人のニーズを満たすのに十分ではない。

前述したとおり、アディクションを抱える人の背景は多様である。

なかには、知的障害や発達障害のある人も少なくない。当然、アディクションを中断できただけでは、社会生活上の不利な条件や環境は変わっておらず、高い再発のリスクを抱えることになる。こうした、アディクション以外の重複する生活課題を抱える人たちは、自助グループの経験だけでは支えきることができない。生活保護や障害年金など、生活保障のための制度活用や、その能力にあった就労・自立のサポートなど、より専門的で福祉的な介入が求められる。

◇**参考文献**

- 森田展彰「アディクションにおける関係性への回復――オープンダイアローグへの期待」『アディクションと家族』第33巻第1号，pp.22-24，2017.
- ダルク編『ダルク 回復する依存者たち――その実践と多様な回復支援』明石書店，2018.
- ワンデーポート編『本人・家族・支援者のためのギャンブル依存との向きあい方――一人ひとりにあわせた支援で平穏な暮らしを取り戻す』明石書店，2012.
- 信田さよ子編著『実践アディクションアプローチ』金剛出版，2019.
- 市川岳仁「アディクトの人生に寄り添う――治療でも更生でもなく」『犯罪社会学研究』第44号，pp. 63-79，2019.

第3節 刑事司法における アディクション

学習のポイント

- アディクションに関連する犯罪行為をした人への対応について学ぶ
- 刑事司法におけるアディクション対応の課題を理解する
- アディクションを抱える犯罪行為者へのソーシャルワークについて考える

1 刑事司法における アディクションへの対応

1 刑事手続段階における取り組み

アディクションに関連する犯罪行為（**表 13–2**）により逮捕されると、警察での勾留・取調べを経て検察庁に送られ、起訴されると裁判を受けることになる。その後、裁判所での判決により、釈放もしくは実刑（刑務所への収容）となる。

アルコール依存や薬物依存に関連する犯罪の場合、警察での取調べ期間中に、弁護士や家族などを通して依存症専門病院への入院や民間支援団体などへの入所を前提に調整し、起訴後に保釈を申請するケースがある。また、裁判中、弁護士等を通じて民間支援団体等に今後の支援に関する相談を行い、情状証人を求め、今後の支援計画を示すことがある。

アディクションを抱える人は、逮捕がきっかけとなって、自分のアディクションの問題性を自覚し、改善に取り組む意欲が喚起され、回復への大きな転換点（ターニング・ポイント）になることも多い。

表13–2　アディクションの対象と関連して起きやすい犯罪

アディクションの対象	関連して起きやすい犯罪
薬物	覚醒剤取締法違反・麻薬取締法※違反等
アルコール	暴力犯・交通犯等
ギャンブル	強盗・窃盗・横領・詐欺等
窃盗	万引き等
性行為	痴漢・強制わいせつ・児童福祉法違反等
食べ物	万引き等

※　麻薬取締法とは、麻薬及び向精神薬取締法のことである。

しかし、執行猶予判決となって意欲が減退し、治療につながらないケースも多い。また、保釈中にダルクや自助グループへの参加を開始した人が、裁判で実刑となり、回復のための取り組みが中断されることもある。現在は、自治体主催による民間団体と協働した初犯執行猶予者向けの本人プログラム・薬物検査・家族プログラムが行われている地域もある。

2 刑務所における取り組み——特別改善指導等

現在、日本の刑務所では、入所時にスクリーニング（刑執行開始時調査）を行い、アディクションの重症度（リスク・段階）に応じて改善指導が行われている。

アディクションに関する改善指導は、**特別改善指導**★として実施される。また、全国で４か所にある社会復帰促進センター★では、より専門的な教育プログラムが行われている。さらに、刑務所出所時に行われる釈放前教育を活用して、出所後のアディクションの改善に資する社会資源の情報提供、相談を行っている刑務所もある。

3 保護観察所における取り組み——処遇プログラム

保護観察所においては、対象者の犯罪的傾向に直接働きかけて、その犯罪性の除去に焦点を当てた専門的処遇プログラム★を**特別遵守事項**として定めるようになっている。また、2016（平成28）年より施行された**刑の一部執行猶予制度**では、対象者（主に薬物事犯者）に**簡易薬物検査**★と薬物再乱用防止プログラムが義務化されている。

薬物再乱用防止プログラムでは、簡易薬物検出検査により対象者の断薬の意志を強化しながら、再発防止計画を立てさせ、薬物使用に結びつく問題行動を避けるよう働きかける（第10章第２節参照）。

飲酒運転防止プログラムでは、アルコールが心身および自動車運転等に与える影響を対象者に認識させ、飲酒運転に結びつく自己の問題性について理解させ、再び飲酒運転をしないよう働きかける。

2 アディクションを刑事司法の枠組みで取り扱うことの課題

現在の刑事司法における依存症対策・再犯防止対策では、「対象行為がない」ことだけに焦点を当てアディクションからの回復や立ち直りを判断している。その点は大きな課題といえる。さらに、認知行動療法に

★特別改善指導
❶薬物依存離脱指導、❷暴力団離脱指導、❸性犯罪再犯防止指導、❹被害者の視点を取り入れた教育、❺交通安全指導、❻就労支援指導があり、その多くで認知行動療法を用いた改善指導教育が行われている。

★社会復帰促進センター
官民協働刑務所。PFI（private finance initiative）という、公共施設等の建設、維持管理、運営等を民間の資金、経営能力、技術を活用して行う手法が用いられている刑務所。美祢社会復帰支援センター（山口県）、喜連川社会復帰促進センター（栃木県）、播磨社会復帰促進センター（兵庫県）、島根あさひ社会復帰促進センター（島根県）がある。

★専門的処遇プログラム
❶性犯罪者処遇プログラム、❷薬物再乱用防止プログラム、❸暴力防止プログラム、❹飲酒運転防止プログラムの四つがある。いずれも認知行動療法に基づいている。

★簡易薬物検査
専用キットを用いた薬物使用を判定するための簡易検査。尿を採取して行うものと、唾液を採取して行うものがある。

Active Learning

刑事司法において、どのようなアディクション対応が行われているのか説明してみましょう。

ついても、刑務所など矯正施設の中で権力性のある他者から強制的に現実を直面化させられること、認知を修正されることが、その人の主体的な取り組みとなり得るかという点は疑問である。能力的な制限から、文章の多い認知行動療法のテキストになじめない受刑者も多いという。

1 単純執行猶予の課題

★単純執行猶予
保護観察の付かない執行猶予。

執行猶予には、受刑による職や人間関係の喪失を回避できるという利点がある。一方で、単純執行猶予★の場合には、判決後に何らかの介入や処遇がなされるわけではないので、判決によって「すべてが終わった」かのように捉えてしまい、逮捕から裁判という刑事手続のプロセスを経たことが、自らのアディクションの問題性を認めて改善につなげるきっかけとならず、薬物等の再使用を繰り返す人が多い現状がある。

2 施設内処遇の課題

刑務所などへの入所により、一定期間社会から隔絶されることは、職業や住居を失うことにつながるため、むしろ逮捕前よりも生活が困難になるケースがある。アディクションのように、反省を促すだけでは改善が見込みにくい反復性・習慣性のある課題を抱えている場合、刑事司法のシステムを経ることで、以前よりも不利な環境に置かれてしまい、さらに問題が重層化し、解決から遠ざかってしまうことがある。

また、刑務所などの薬物の入手が不可能な環境では、薬物そのものの欲求を感じなくなるため、「治った」と誤解してしまい、かえって出所後に必要な治療・支援につながらなくなるケースがある。また、受刑により失った時間を取り戻そうと、治療や回復の取り組みよりも、生活(特に仕事)を優先する傾向があり、それが再発の一因にもなっている。

3 保護観察の課題

❶補導援護の性質の変化と「福祉の司法化」

★ウェルビーイング
Well-being. 個人またはグループの状態(コンディション)を指す概念であり、身体的、精神的、社会的に良好な状態を意味する概念として用いられる。「幸福」「福利」などと訳される。

従来、保護観察においては、社会生活上さまざまな問題を抱えていることが多い対象者に対し、問題を解決し自立した生活を営むことができるよう働きかけるソーシャルワーク的な取り組みが補導援護として行われていたが、近年、補導援護は再犯防止の色が濃くなり、対象者のウェルビーイング★よりも、再犯しないことが重視される傾向がみられる。

これに伴い、対象者の支援に携わる民間団体や地域生活を支えるソーシャルワーカーまでもが再犯の有無に捉われ、その人自らの意思決定に基づいてよりよく生きようとすることを支える福祉本来の視点ではなく、特定の行為、状態を制限・コントロールする視点でかかわることで、「福祉の司法化」といえる状態に陥ってしまうことが懸念される。

❷保護観察期間の長期化と再犯による回復の取り組みの中断

刑の一部執行猶予における保護観察では、対象者は長い期間、保護観察下に置かれることとなり、毎月の面接のための呼び出し等による学業や就業への影響など、対象者の日常生活への影響が懸念される。

さらに、回復の過程で再犯（たとえば、薬物の再使用）が起きてしまった場合、不良措置がとられる。なかなかやめられないアディクション（薬物使用）において、対象者が、やめたいという動機づけをもって治療や回復支援を受けるようになっていたとしても、一度の再犯（再使用）でその取り組みが中断され、再び施設内処遇となってしまう。

このような理由から、ふだんの支援を受けるなかでは、再使用や暴力などの問題に関する相談をしづらいことが挙げられる。

❸権力的な関係で行われるグループワーク

さらに、保護観察所で行われるグループワークでは、対象者と対等な立場ではない保護観察官がグループワークのファシリテーター★を務めるため、自助グループのような効力が得られず、保護観察終了とともにグループ参加を終了してしまう事例が多い。刑事司法機関におけるグループワークも、アディクションからの回復者を交えた実践が望まれる。

★ファシリテーター
司会、進行役。

3 刑事司法におけるアディクションとソーシャルワーク

1 地域社会、社会構造の問題への対応――ソーシャルアクション

もともとの生きづらさに自己治療的に対応しようとしてアディクションを抱えた人々の一部は、その行為によって罪に問われ、逮捕され、刑務所などに送られたあと、再び地域に戻り社会生活を営んでいく。

その人たちが立ち直りたいと思ったときに、受け入れてくれる地域や社会がなかったらどうなるだろうか。残念ながら、犯罪行為者に対する世間の偏見はゼロとはいいがたい。また、福祉施設などにも、犯罪歴や薬物使用歴のある人の受入を拒否する傾向がある。アディクション支援のための民間施設建設に反対する運動なども起こっている。

アディクションと関連する犯罪からの立ち直りに関する普及啓発も、ソーシャルアクションの観点からは重要なソーシャルワークとなる。

犯罪行為者の多くは「生育環境での適切な保護としつけの欠如、学力不足、学校教育からの早期離脱、職業技能の不備、コミュニケーション力の欠如、失業、不安定雇用[1)]」などの負因を複合して抱えており、それが犯罪を促進する要因となっていることが指摘されている。

これらの負因を抱えるのは、必ずしも当人の責任ではなく、社会構造的な要因も大きい。社会に居場所を失った人が、将来への希望や社会への信頼感を失い、高いストレスがかかる事態に遭遇すればアディクションを再発しやすくなるのは想像に難くない。

ソーシャルワーカーは、対象者が抱える負因が複合的に連鎖していくのを断ち切るために支援を行い、対象者が再び社会に包摂されていくことを目指す必要がある。これは、彼らを犯罪者としてではなく、生活人としてエンパワメントしていくための支援であり、そのためには、刑事司法機関のみならず、地域のさまざまな機関・団体とも連携しながら、対象者の**人としての暮らしに寄り添う視点**をもつことが必要である。

2 全人的な幸福を目指す支援

もともと抱えている課題が何であれ、アディクションを抱える人たちは、それぞれの経験から低い自尊傾向を示すことが多い。刑罰に代表される懲罰的な対応は、かえってその人の自尊心を下げてしまい、問題を「こじらせる」場合がある。そして、低い自尊感情のまま社会参加することで、本来安全で健康的であるはずの関係・場所に居心地の悪さを感じ、自ら、以前の問題ある関係・場所に戻ってしまうこともある。同様に、治療や支援といった行為が、その人の自尊心を傷つけてしまう場合があることも心にとめておく必要がある。

ソーシャルワーカーは、アディクションからの回復支援において、その人の全人的なニーズを把握するように努めなければならない。アディクションそのものだけでなく、地域生活の視点から、経済的状況、福祉ニーズなどの相談に応じ、必要な助言や支援、その人の居場所を提供する。その際、アディクションを抱える人を単なる援助の客体として扱わず、その立ち直りの主体と捉えて寄り添うことが重要である。自助グループとも連携しながら、その人の全人的な幸福を探ることが大切である。

◇**引用文献**

1）松本俊彦・原田隆之・丸山泰弘・市川岳仁・土山希美枝「特集 薬物依存からの回復支援」『都市問題』第110巻第11号，pp.1-38，2019.

◇**参考文献**

・丸山泰弘『刑事司法における薬物依存治療プログラムの意義――「回復」をめぐる権利と義務』日本評論社，2015.

第14章

犯罪被害者等支援

本章では、犯罪被害者等支援に関する制度の概要を把握し、支援における考え方、そして支援の実際を学ぶ。

映画やドラマは、犯罪行為者とそれを捕まえようとする警察との物語が多い。そのなかでは、被害者は端役でしかない。まして、被害者家族が登場することは少ない。

それは、我々の現実生活でもいえることで、犯罪行為者には関心をもつが、被害者は意識の外であることが多い。犯罪被害者等に苦痛があることは想像できても、その真のところは、正直想像できないでいる。

だからこそ、犯罪被害者等支援について学ぶことは重要である。そもそも犯罪被害者等支援の視点を定めるところから学びを始めなければならないかもしれない。

第1節 犯罪被害者等支援に関する制度の概要

学習のポイント

- 犯罪被害者等の支援がどのように行われるようになってきたかを学ぶ
- 犯罪被害者等にかかわる支援機関とその役割を把握する
- 犯罪被害者等が活用できる制度等について理解する

1 犯罪被害者等とは

★犯罪等
犯罪およびこれに準ずる心身に有害な影響を及ぼす行為。犯罪といってもさまざまで、凶悪犯（殺人、強盗、放火、強制性交等罪）、粗暴犯（暴行、傷害等）、窃盗犯（窃盗）、知能犯（詐欺、偽造、汚職等）、風俗犯（賭博、わいせつ）などがある。

★DV
Domestic violence.

犯罪被害者等とは、犯罪等★により害を被った者およびその家族または遺族を指すとされる。数が多いのは危険運転致死傷などの交通犯罪による犯罪被害者等である。DV★や児童虐待も犯罪被害者等施策の対象になっている。

犯罪等の被害により、犯罪被害者等は多大な身体的・精神的不調の状態に置かれることが知られている。また、休学・休職、長期入院、別居・離婚、家庭内不和等のネガティブな変化が一般人よりも多いことも知られている[1)]（**図14-1**）。

図14-1　犯罪被害者等が過去30日に身体的・精神的問題を感じた比率

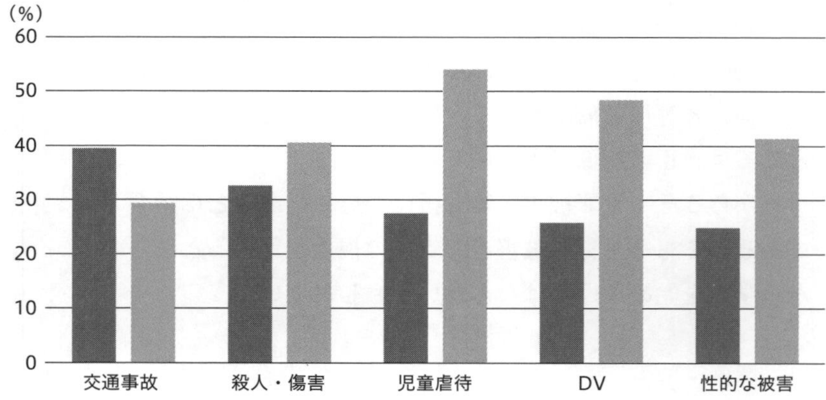

注：数値は、犯罪等被害に遭ったと回答した本人または遺族が、過去30日の間に身体的・精神的な問題や悩みを感じた割合を示す。
出典：警察庁「平成29年度 犯罪被害類型別調査 調査結果報告書（平成30年３月）」2018. をもとに筆者作成

2 歴史的経緯と法律

1 犯罪被害者等支援全般の歴史的経緯

❶犯罪被害者等支援の創成期

近年まで、犯罪被害者等は、新聞等のメディアの話題には上がっても支援の対象ではなかった。

1980（昭和55）年に**犯給法**★が成立しているが、本格的な犯罪被害者等支援は、1991（平成３）年に開催された「犯罪被害給付制度発足10周年記念シンポジウム」において犯罪被害者遺族が精神的援助の必要性について発言をしたことに端を発する。1992（平成４）年に東京医科歯科大学内に犯罪被害者相談室（現在の公益社団法人被害者支援都民センター）が開設され、警察庁は、1996（平成８）年に被害者対策要綱を策定し、被害者対策室の設置など組織的対応の改善を図った。

1990年代後半から全国で相次いで民間被害者支援団体が設立され、1998（平成10）年には、八つの民間被害者支援団体が**全国被害者支援ネットワーク**を結成した[i]。2001（平成13）年には、**犯罪被害者等早期援助団体**★の指定制度が開始され、警察が被害者の同意のもとで、被害者の情報を早期援助団体に提供し、同団体から被害者にアプローチする仕組みもつくられた。

検察庁は、1999（平成11）年に被害者支援員制度や全国統一の被害者等通知制度を開始した。2000（平成12）年には、いわゆる**犯罪被害者等保護二法**★が制定され、被害者が証人として刑事裁判で証言する際の負担軽減が図られ、被害者の刑事裁判での意見陳述なども認められた。

少年事件については、少年法改正により2001（平成13）年から、記録の閲覧・謄写が認められ、被害者からの意見聴取や、被害者への審判結果等の通知が実施され始めた。

❷犯罪被害者等基本法の成立

2000（平成12）年前後に、各地で被害当事者らによる草の根の運動組織が設立され始め、そのなかで**全国犯罪被害者の会（あすの会）**★は全国的な署名活動を展開し、その活動が2004（平成16）年の犯罪被害者等基本法の成立につながった。

犯罪被害者等基本法は、犯罪被害者等のための施策を総合的かつ計画

---

i　2009（平成21）年に47都道府県すべてに被害者支援センターが設置され、全国被害者支援ネットワークの加盟団体となっている。

★犯給法
犯罪被害者等給付金の支給等による犯罪被害者等の支援に関する法律。1974（昭和49）年に、8人が死亡、約380人が負傷した三菱重工ビル爆破事件をきっかけに犯罪被害者補償制度の確立を求める声が高まり、成立した。

★犯罪被害者等早期援助団体
犯罪被害者等の早期支援を行う営利を目的としない法人で、都道府県公安委員会から指定を受けた団体。具体的事業として、広報・啓発活動、犯罪被害者等の相談対応、犯罪被害者等給付金の裁定の申請補助、物品の貸与または供与等を行う。2015（平成27）年に全都道府県で全国被害者支援ネットワークの加盟団体がその指定を受けた。

★犯罪被害者等保護二法
2000（平成12）年に公布された「刑事訴訟法及び検察審査会法の一部を改正する法律」および「犯罪被害者等の保護を図るための刑事手続に附随する措置に関する法律」の二つを指す。

★全国犯罪被害者の会（あすの会）
2000（平成12）年に、被害者遺族で弁護士の岡村勲らを中心に結成された。あすの会は、2018（平成30）年の解散後は、関東で「にじの会」、関西で「つなぐ会」が設立され活動が継承されている。

表14-1　犯罪被害者等基本法の概要

■目的■（犯罪被害者等の権利利益を保護） ○犯罪被害者等のための施策に関する基本理念を規定 ○国・地方公共団体・国民の責務、施策の基本事項を規定 　→犯罪被害者等のための施策を総合的かつ計画的に推進 **■対象■**（犯罪被害者等） ○犯罪等（犯罪及びこれに準ずる心身に有害な影響を及ぼす行為）の被害者、その家族・遺族 **■基本理念■** ○犯罪被害者等は個人の尊厳が尊重され、その尊厳にふさわしい処遇を保障される権利を有する ○被害の状況及び原因、犯罪被害者等が置かれている状況等の事情に応じた適切な施策を講じる ○再び平穏な生活を営めるまでの間、途切れることなく支援を行う **■国・地方公共団体・国民の責務、関係団体も含めた連携協力等■** **■基本的施策■** ○相談及び情報の提供等（第11条）、損害賠償の請求についての援助等（第12条）、給付金の支給に係る制度の充実等（第13条）、保健医療サービス及び福祉サービスの提供（第14条）、犯罪被害者等の再被害防止及び安全確保（第15条）、居住及び雇用の安定（第16～17条）、刑事に関する手続への参加の機会を拡充するための制度の整備等（第18条）、保護、捜査、公判等の過程における配慮等（第19条）、国民の理解の増進（第20条）、調査研究の推進等（第21条）、民間の団体に対する援助（第22条）、意見の反映及び透明性の確保（第23条）

出典：警察庁「犯罪被害者等基本法の概要」

的に推進することによって、犯罪被害者等の権利利益の保護を図ることを目的としている（**表14-1**）。

❸犯罪被害者等基本法施行後の歴史的推移

2005（平成17）年には、具体的施策が**犯罪被害者等基本計画**としてまとめられ、犯罪被害者週間の実施（2006（平成18）年）、更生保護法の成立（2007（平成19）年）など、被害者支援につながる法制度整備が急速に進んでいった。

2008（平成20）年に、犯罪被害者等が一定の要件のもとで刑事裁判に参加する被害者参加制度が設けられ、同時に、損害賠償命令制度も開始された。同年、少年法も改正され、一定の重大事件の被害者は少年審判の傍聴が可能になった。

2010（平成22）年には、被害当事者らの要望を受け、殺人罪や強盗殺人罪等の公訴時効★は廃止され、強姦（ごうかん）致死罪（現在の強制性交等罪）や傷害致死罪、危険運転致死罪等についても公訴時効が延長された。

★公訴時効
公訴の時効。犯罪が行われたとしても、法律の定める期間が経過すれば、犯罪行為を処罰することができなくなることを指す。

2011（平成23）年には第2次犯罪被害者等基本計画が策定され、潜在化していた性犯罪被害者への支援体制の充実[ii]が図られた。2016（平成28）年には、第3次犯罪被害者等基本計画が策定され、地方公共団

ii　国は、2012（平成24）年に「性犯罪・性暴力被害者のためのワンストップ支援センター開設・運営の手引」を作成し、2015（平成27）年に閣議決定された第4次男女共同参画基本計画では全都道府県に最低1か所設置するとの目標が掲げられ、2018（平成30）年10月に、全都道府県に性犯罪・性暴力被害者のためのワンストップ支援センターが設置された。

体や民間団体による中長期的な被害者支援の充実が目指された。[iii]

同年、国外犯罪行為により死亡した遺族や重度の障害が残った被害者に対する国外犯罪被害弔慰金等の支給に関する法律も成立した。

2 女性等の暴力被害者支援の経緯

女性等の暴力被害としては、配偶者等からの暴力をはじめ、性犯罪、ストーカー行為、売買春、人身取引やセクシュアル・ハラスメント等に加え、近年ではデートレイプドラッグやデートDV、AV出演強要、JKビジネス等がある。

ここでは、DV防止法およびストーカー規制法の成立とその後の動きについてふれる。

❶ DV防止法の成立

2001（平成13）年、配偶者からの暴力の防止及び被害者の保護に関する法律（DV防止法）が成立した。配偶者からの暴力に係る通報、相談、保護、自立支援等の体制を整備して、配偶者からの暴力を防止し、人権の擁護と男女平等の実現を図ろうとするものであった。

2004（平成16）年に配偶者からの暴力の定義の拡大や保護命令制度の拡充、2007（平成19）年に市町村に施策の実施に関する基本的な計画の策定を努力義務として課す改正が行われ、2014（平成26）年には、**配偶者からの暴力の防止及び被害者の保護等に関する法律**★への改称が行われた。2019（令和元）年、児童虐待防止対策の強化を図るための児童福祉法等の一部を改正する法律の成立により、被害者保護のために相互に連携・協力すべき関係機関として児童相談所が明記された。

医師その他の医療関係者が、配偶者からの暴力によるけがなどを発見したときは、配偶者暴力相談支援センターや警察に通報★できることとなっている。また、配偶者等から身体に対する暴力を受けている被害者が、さらなる生命または身体に重大な危害を受けるおそれが大きいときには、被害者からの申立てにより、裁判所が配偶者等に**保護命令**★を出すことができる（**表14-2**）。

iii 地方公共団体において犯罪被害者等の生活支援を効果的に行うために、福祉専門職等との連携・協力の充実・強化が要請され、犯罪被害者等に関する専門的な知識・技能を有する社会福祉士や精神保健福祉士の養成および研修の実施を促進することが明記された。犯罪被害児やその兄弟姉妹の相談支援体制の拡充として、スクールソーシャルワーカー等の配置など教育相談体制の充実等に取り組むことも盛り込まれた。また、被害者が受けるカウンセリング費用を警察で公費負担する制度の拡充も盛り込まれた。

★配偶者からの暴力の防止及び被害者の保護等に関する法律
この法律は、配偶者等からの暴力を対象として被害者の保護を図るものであり、国籍や在留資格を問わず、日本にいる外国人にも適用される。交際相手からの暴力や、別居中の配偶者からの暴力も対象になる。男性が被害を受けた場合も、この法律による保護等を受けることができる。

★通報
DV防止法第6条第1項に「配偶者からの暴力を受けている者を発見した者は、通報するよう努めなければならない」と規定されており、本人の意思が尊重されるため、通告義務は課せられていない。一方、児童・高齢者・障害者虐待の場合は、関連法規により通告義務が課せられている。

★保護命令
配偶者から受ける身体に対する暴力により、その生命または身体に重大な危害を受けるおそれが大きいときに、裁判所が被害者からの申立てにより、配偶者に対して発する命令。DV防止法では、保護命令に違反すれば、「1年以下の懲役又は100万円以下の罰金」が科される。

表14-2　DV 防止法による保護命令の種類

接近禁止命令	6 か月間、被害者の身辺につきまとったり、被害者の住居（同居する住居は除く）や勤務先等の付近を徘徊することを禁止する命令。
退去命令	加害者と被害者が同居している場合に、加害者に対して、2 か月間、住居から出て行くことを命じ、住居付近を徘徊することを禁止する命令。
子への接近禁止命令	6 か月間、被害者と同居している子の身辺につきまとったり、住居や学校等の付近を徘徊することを禁止する命令。
親族等への接近禁止命令	6 か月間、被害者の親族等の身辺につきまとったり、住居（その親族等が加害者と同居する住居等は除く）や勤務先等の付近を徘徊することを禁止する命令。

図14-2　ストーカー事案・配偶者からの暴力事案等に関する手続の流れ

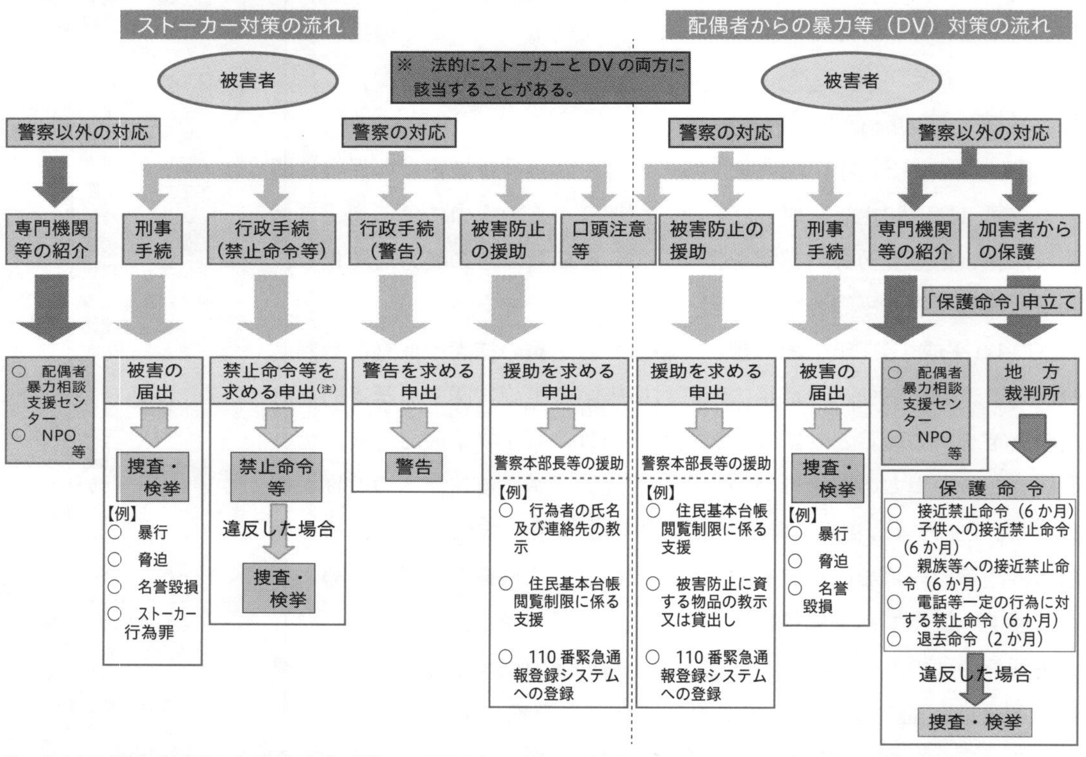

注：禁止命令等は、被害者の申出によらず、職権により行うことができる（緊急の場合は被害者の身体の安全が害される場合のみ）。
出典：警察庁編『警察白書2017 平成29年版』p.104，2017.

❷ストーカー規制法の成立

★ストーカー規制法
ストーカー行為等の規制等に関する法律。

2000（平成 12）年、ストーカー規制法★が成立した。つきまとい等★を繰り返すストーカー行為者に警告を与え、悪質な場合は逮捕することで被害者を守る法律である。手続の流れは**図 14-2** のとおり。

ストーカー規制法は、2013（平成 25）年に改正が行われ、拒まれたにもかかわらず連続して電子メールを送信する行為が新たに規制対象とされた。2017（平成 29）年には、住居等の付近をみだりにうろつく行為や、SNS のメッセージ送信等、ブログ等の個人のページにコメント等を送ることも規制対象となった。また、ストーカー行為罪は、告訴が不要な非親告罪となり、罰則が強化されている。

3 支援機関の役割

❶警察

2016（平成28）年に内閣府から国家公安委員会（警察庁）に犯罪被害者等施策の所管が移されており、警察は被害者支援を施策上で中心的に率いていく立場になった。

各警察署では、殺人事件、性犯罪事件、ひき逃げ事件、交通死亡事故などが発生した場合、**指定被害者支援要員**★を指名し、犯罪被害者およびその家族等に対し、初期支援および訪問・連絡活動を行っている。

犯罪被害者支援の連携の仕組みとしては、**被害者支援連絡協議会**★が都道府県単位で設置されている。また、協議会の下部組織として分科会（性犯罪、被害少年、交通事故、DV、ストーカー等）が組織されており、連携を図り支援を行っている。第3次犯罪被害者等基本計画施行以降、ソーシャルワーカーの職能団体を加える協議会も出てきている。

❷検察庁

被害者支援として、犯罪被害者等からのさまざまな相談に応じたり、事件に関する情報を提供したりしており、**被害者ホットライン**★を各検察庁に設置しているほか、**被害者支援員制度**を設けている。

被害者支援員は、被害者のさまざまな相談への対応、法廷への案内・付添い、事件記録の閲覧、証拠品の返還などの各種手続の手助けをするほか、被害者の状況に応じて、精神面、生活面、経済面等の支援を行う関係機関や団体等を紹介するなどの支援活動を行っている。

❸犯罪被害者団体（自助（セルフヘルプ）グループを含む）

被害当事者組織[iv]の活動は、前述の**全国犯罪被害者の会**（あすの会）をはじめ、2008（平成20）年より全国各地で開催されている「生命（いのち）のメッセージ展」の活動など、全国に広がるものから、固有の地域で展開されている活動まで幅広い。

全国の犯罪被害者団体や自助グループの連合体である**犯罪被害者団体ネットワーク（ハートバンド）**が2005（平成17）年に結成され、毎年全国大会を主催している。ハートバンドは、切実な現状と制度改善などの課題を訴え続けている。

---

iv　犯罪被害者団体（自助グループ含む）として警察庁の把握している団体数は、2020（令和2）年4月時点で23か所となっているが、ほかにも多数存在している。

★つきまとい等
つきまとい・待ち伏せ・押し掛け・うろつき等、監視していると告げる行為、面会や交際の要求、乱暴な言動、無言電話・連続した電話・ファクシミリ・電子メール・SNS等、汚物等の送付、名誉を傷つける、性的羞恥心の侵害のような行為を指す。

★指定被害者支援要員
警察職員が事件発生直後から犯罪被害者等への付添い、情報提供等を行ったり、部内外のカウンセラー、弁護士会、民間の団体等の紹介・引継ぎを行ったりする。

★被害者支援連絡協議会
警察のほか、検察庁、弁護士会、日本司法支援センター、関連する職能団体、地方公共団体の担当部局、民間被害者支援団体等による協議会として、年に1回開催されているところが多い。警察署等を単位とした協議会（被害者支援地域ネットワーク）もある。

★被害者ホットライン
被害者の相談に応じたり、事件の処分結果を知らせる検察庁の電話相談先。

❹民間被害者支援団体

日本の被害者支援は1990年代よりボランティアによる民間被害者支援団体によって行われてきた。現在は、全国被害者支援ネットワークの加盟団体等が都道府県に約1か所ずつ存在し、電話相談や面接相談、裁判所や警察などへの付添い支援等の直接支援を行っている[v]。

また、犯罪被害者のなかでも性犯罪・性暴力被害者に特化した支援枠組みとして、産婦人科医療をはじめとして、心理的支援、捜査関連の支援、法律的支援等の多様な支援を1か所で受けられる体制を目指した**性犯罪・性暴力ワンストップ支援センター**が各都道府県に設置されており、民間団体が委託を受けている場合が大多数となっている。

Active Learning

自分が住む区・市町村には犯罪被害者等のための総合的対応窓口がどこにあるか調べてみましょう。

❺地方自治体（犯罪被害者等のための総合的対応窓口）

地方自治体の**犯罪被害者等のための総合的対応窓口**で、電話・面接による相談や情報提供、一時的に利用できる住居の提供、家事・育児等の日常生活の支援、さまざまな手続の補助や付添い、資金の貸付等が行われるようになってきている。

犯罪被害者等基本計画の下ですべての都道府県に総合的対応窓口が整備され、第2次犯罪被害者等基本計画の下で市区町村における総合的対応窓口の整備が行われた。直近の第3次犯罪被害者等基本計画では、さらなる体制整備に取り組んでいくことになった[vi]。

「犯罪被害者等の支援に特化した条例（**犯罪被害者支援条例**★）」の施行が、地方自治体による支援を後押ししている。

★犯罪被害者支援条例
犯罪被害者等の支援に関する地方自治体の基本理念、責務、施策等を規定した条例。犯罪被害者支援条例を制定している地方自治体は、2019（平成31）年4月時点で29.1％となっている。

❻日本司法支援センター（法テラス）

日本司法支援センター★（法テラス）では、犯罪被害者等が、最も必要な支援が受けられるよう、問い合わせ内容に応じて、さまざまな支援情報を提供している（**図14-3**）。

★日本司法支援センター
総合法律支援法に基づき、2006（平成18）年4月10日に国によって設立された法的トラブルの解決のための「総合案内所」。通称、法テラス。利用者からの問い合わせ内容（「借金」「離婚」「相続」「犯罪被害」など）に応じて、法制度に関する情報と、相談機関・団体等（弁護士会、司法書士会、地方自治体の相談窓口等）に関する情報を無料で提供する。また、経済的に余裕のない者の法律相談を無料で行ったり、弁護士・司法書士の費用等の立替え等も行っている。

❼医療機関、保健所、精神保健福祉センター等

犯罪被害のなかでも児童虐待については、医療機関内で児童虐待に対応する組織（児童虐待防止医療ネットワーク）を立ち上げる動きが全国的に広がっている。

保健所や精神保健福祉センターにおいては、精神保健に関する相談支援を実施している。厚生労働省により、医療機関等[vii]が犯罪被害者等の支

v　民間被害者支援団体の一覧は、警察庁のホームページで参照できる。

vi　設置状況は、2019（平成31）年に全国で100%となった。しかし、稼働率は、低調である。地方自治体で過去1年間に相談があった総合的対応窓口は2割未満であり、担当者も約9割が兼務となっている。今後、さらなる国民への周知と窓口機能の充実が求められている。

図14-3　法テラスによる犯罪被害者支援業務

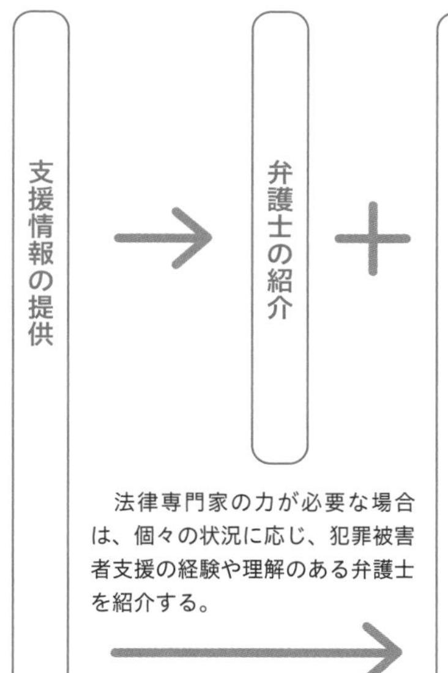

相談窓口の案内、利用できる法制度等、犯罪被害者支援に関する情報を無料で提供する。

〈経済的援助制度の利用〉
※経済的援助を受けるには、資産等の一定の要件を満たす必要がある。

被害者参加人のための国選弁護制度
殺人、傷害、性犯罪、過失運転致死傷等の犯罪の被害者等のために、国選被害者参加弁護士の候補を指名し、裁判所に通知する。

被害者参加旅費等支給制度
被害者参加制度を利用して、刑事裁判に出席された方に支給する旅費等の算定および送金業務等を行う。

民事法律扶助制度
損害賠償や保護命令の申立て等、民事裁判等の手続を希望する被害者の方に、弁護士費用等の立替えを行う。

DV等被害者法律相談援助制度
DV、ストーカー、児童虐待を現に受けている者に、資力にかかわらず、弁護士による速やかな法律相談を実施。

日弁連委託援助
殺人、傷害、性犯罪、ストーカー等の犯罪に遭った方、虐待、体罰、いじめを受けている未成年者に、刑事裁判や犯罪被害者等給付金申請等の行政手続に関する弁護士費用等を援助する。

出典：法テラス「犯罪被害者支援業務」を一部改変

援を行っている関係機関・団体と連携・協力できるよう情報提供等が行われることになっている。

❽女性等の暴力被害者のための支援機関

配偶者からの暴力の防止および被害者の保護を図るための業務を行う**配偶者暴力相談支援センター**は、市町村が設置するものと、都道府県が設置する婦人相談所等★がその機能を果たしているものがある。

業務として、相談対応や相談機関の紹介、医学的または心理学的な援助等、被害者やその同伴家族の緊急時における安全の確保および一時保護、自立支援のための情報の提供等、保護命令制度の利用についての情報の提供等、被害者を居住させ保護する施設の利用についての情報の提供等を行っている。

★婦人相談所等
婦人相談所では、女性のさまざまな問題に対して、相談・保護・自立支援など専門的支援を行っている。婦人保護施設では、利用者の自立に向け、中長期的に生活を支援（生活支援や就労支援）している。また、暴力を受けた被害者が緊急一時的に避難できる施設として、民間シェルターが、民間団体によって運営されている。

4　刑事手続における犯罪被害者等支援

❶刑事裁判にかかわる制度等

犯罪被害者等には、加害者の刑事裁判の公判で意見陳述する方法が二

vii　犯罪被害者等が罹患（りかん）することがあるPTSD（post traumatic stress disorder：心的外傷後ストレス障害）の治療が可能な医療機関については、厚生労働省ウェブサイトの医療機能情報提供制度（医療情報ネット）で検索できる。

★心情等の意見陳述制度
被害者や遺族等が法廷で心情等の意見を述べたい希望をもっている場合に、公判期日に、意見を述べることができる制度。

★被害者参加制度
殺人、傷害などの故意の犯罪行為や業務上過失致死傷などの被害者等が、一定の要件のもとで、刑事裁判に直接参加することを可能とする制度。

★国選被害者参加弁護士制度
一定の犯罪の被害者で、かつ、資力の乏しい被害者参加人を対象に、被害者参加弁護士の報酬および費用を国が負担する制度。

つある。一つ目は、2000（平成12）年に設けられた**心情等の意見陳述制度**★（刑事訴訟法第292条の２）、二つ目が、2008（平成20）年に創設された**被害者参加制度**★（第316条の38）である[viii]（**図14-4**）。

また、被害者参加人のための国選弁護の制度として、**国選被害者参加弁護士制度**★も2008（平成20）年に創設された。さらには、刑事事件について有罪の言渡しをしたあと、当該損害賠償請求についての審理・決定をする**損害賠償命令制度**★が創設された。これによって、通常の民事裁判よりも簡易・迅速な解決が犯罪被害者等にもたらされる。

裁判外で和解（示談）が成立した場合には、**刑事和解**★の制度もある。

その他、裁判所は、被害者等には原則として公判記録の閲覧・謄写を認めることとされている。また、裁判の傍聴希望者が多数いる事件は、抽選で傍聴者を決めるのが通常であり、抽選に漏れると被害者等でも傍聴できなかったが、現在は、被害者等から傍聴を希望する申し出があるときは、傍聴席の確保に可能な限り配慮することになっている。

❷出廷時等の配慮

裁判で証言する際の精神的な負担を軽くするため、裁判所の判断に

図14-4　被害者参加制度の概要

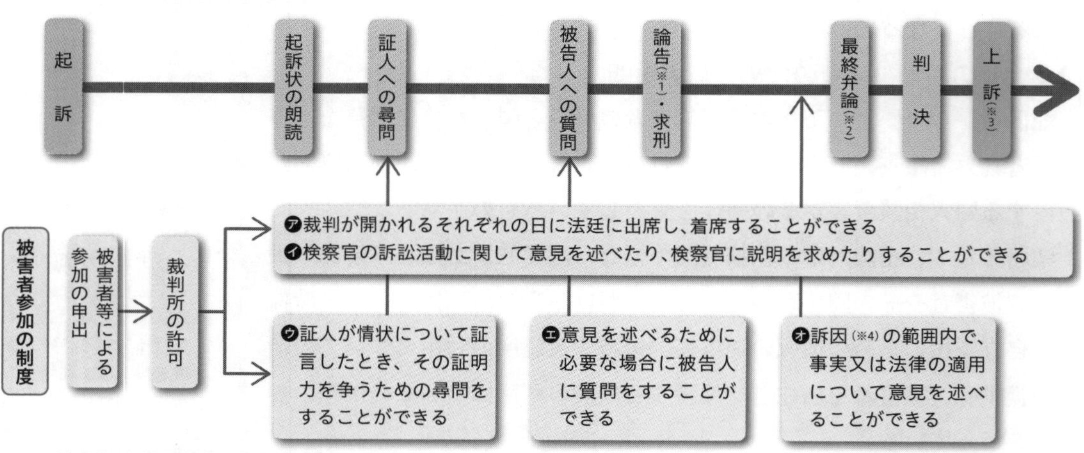

※１　検察官が証拠調べの結果から、事実や法律の適用などについて述べる最終意見。
※２　弁護人が証拠調べの結果から、事実や法律の適用などについて述べる最終意見。
※３　上訴された場合でも、裁判所の許可により被害者参加制度が利用できますが、参加できる範囲が異なる場合もあります。また、参加の申出や弁護士への委任の届出は、改めて行う必要がありますので、詳しくは、事件を担当する検察官にご相談ください。
※４　検察官が起訴状に犯罪事実として記載した具体的な事実。
出典：法務省「犯罪被害者の方々へ」

viii　少年審判に関する被害者支援制度として、少年事件の記録の閲覧・コピー、被害者等による少年審判の傍聴、被害者等に対する審判状況の説明、審判結果等通知制度がある。また、心神喪失等の状態で重大な他害行為を行った者の医療及び観察等に関する法律（医療観察法）の審判に関連する被害者支援制度として、被害者や遺族等による審判の傍聴の制度、被害者や遺族等に対する審判結果の通知制度がある。

表14-3　証人尋問の際の措置

証人への付添い	性犯罪の被害者や子どもが刑事事件の証人として法廷で証言するときは、不安や緊張を和らげるため、証人が証言している間、家族や心理カウンセラーなどが証人のそばに付き添うことができる。
証人の遮へい	証人が、法廷で証言する際に、被告人や傍聴人から見られていることで心理的な圧迫を受けるような場合、証人と被告人や傍聴人との間についたてなどを置き、相手の視線を気にしないで証言できるようにする。
ビデオリンク方式	性犯罪の被害者などが、関係者の全員そろった法廷で証言することに大きな精神的な負担を受けるような場合、証人に別室で在席してもらい、法廷と別室とをケーブルで結び、モニターを通じて尋問を行う。

よって、証人への付添い、証人の遮へい、ビデオリンク方式での証人尋問の三つの措置をとることができる（**表14-3**）。

❸更生保護における犯罪被害者等のための制度

2007（平成19）年に更生保護における犯罪被害者等施策が開始された。また、犯罪被害者等基本計画では被害者等の心情を踏まえた適切な加害者処遇が、2017（平成29）年に策定された再犯防止推進計画では被害者等の視点を取り入れた指導等の充実がそれぞれ規定されたことから、被害者の視点を踏まえた保護観察の実施が求められている。

更生保護における犯罪被害者等のための制度として、**意見等聴取制度**、**心情等伝達制度**、**被害者等通知制度**、**相談・支援**の四つがある[ix]（**図14-5**）。

5 生活面における犯罪被害者等支援

近年では、各地方自治体が犯罪被害者支援条例を制定し、犯罪被害者等に必要な支援等の具体的施策を講じる動きが目立っている。

❶経済的負担の軽減

犯罪被害者等の支援制度として、最も古いものが**犯罪被害給付制度**★となる。犯罪被害者等給付金には、遺族に対して支給される**遺族給付金**と、犯罪行為により重大な負傷または疾病を受けた者に対して支給される**重傷病給付金**、身体に障害が残った者に対して支給される**障害給付金**の3種類がある（**図14-6**）。

ix　少年審判に関する被害者支援制度として、被害者等通知制度（少年審判後の通知）がある。なお、医療観察法の審判に関連する被害者支援制度としても、被害者や遺族等の申し出がある場合、対象者の処遇の状況等に関する情報提供を受けることができるようになった。対象者の氏名、処遇段階（入院処遇、地域社会における処遇、処遇終了）およびその開始または終了年月日、事件が係属している（係属していた）保護観察所の名称、所在地および連絡先、地域社会における処遇中の保護観察所による接触状況（直近6か月間における面接等の回数）の情報提供が受けられる。

★損害賠償命令制度
刑事事件を担当した裁判所が、殺人、傷害などの故意の犯罪行為により人を死傷させた罪に係る事件などの犯罪被害者等から被告人に対する損害賠償命令の申立てがあったときに用いられる。しかし、賠償額決定後に実際に支払われた額は、賠償命令額の2％に満たないと報告されており、加害者の支払い状況はきわめて悪い状況にある。

★刑事和解
被告人と被害者等との合意（示談）内容を、事件を審理している刑事裁判所に申し立てると、公判調書（刑事裁判の記録）に記載され、民事裁判上での和解成立と同じ効力が与えられる。

★犯罪被害給付制度
故意の犯罪行為により、不慮の死を遂げた被害者の遺族または身体に障害を負わされた被害者に対し、国が犯罪被害者等給付金を支給し、その精神的、経済的打撃の緩和を図ろうとする制度。被害者にも原因がある場合等には給付金の全部または一部が支給されないことがある。また、犯罪行為による死亡、重傷病または障害の発生を知った日から2年を経過したとき、またはこれらの被害が発生した日から7年を経過したときには申請ができない。

図14-5　更生保護における犯罪被害者等のための制度

裁判 審判	受刑 少年院入院	仮釈放 仮退院の審理	保護観察 の開始	保護観察 の終了

「意見等聴取制度」
加害者の仮釈放や少年院からの仮退院を許すか否かを判断するために地方更生保護委員会が行う審理において、被害者や遺族等が、仮釈放・仮退院に関する意見や被害に関する心情を述べることができる。意見などは、仮釈放・仮退院を許すか否かの判断にあたって考慮されるほか、仮釈放・仮退院が許された場合に加害者が期間中守るべき特別の事項を決定する際などに考慮されることになる。

「心情等伝達制度」
被害者や遺族等の被害に関する心情、その置かれている状況、保護観察中の加害者の生活や行動に関する意見を聴き、これを保護観察中の加害者に伝える制度である。保護観察中の加害者に対しては、被害の実情等を直視させ、反省や悔悟の情を深めさせるよう指導監督を行うことになっている。

「被害者等通知制度」
検察庁では、被害者や親族等に対し、できる限り事件の処分結果、刑事裁判の結果、犯人の受刑中の刑務所における処遇状況、刑務所からの出所時期などに関する情報を提供できるようにしている。

「相談・支援」
保護観察所の被害者専任の担当者が相談に応じることになっている。被害者や遺族等のための制度や手続等に関する情報を提供したり、相談に応じて関係機関・団体等の紹介等を行っている。

出典：法務省保護局「更生保護における犯罪被害者等の方々のための制度」をもとに筆者作成

図14-6　犯罪被害者等給付金の概要

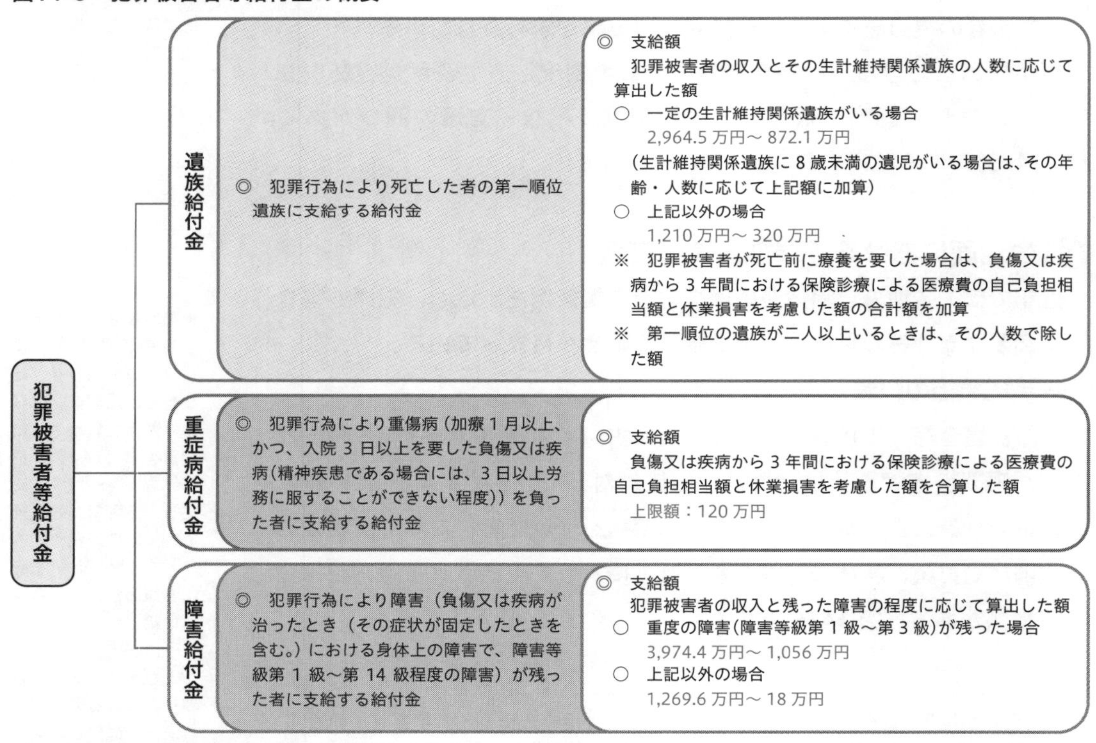

出典：国家公安委員会編『犯罪被害者白書 令和 2 年版』p.11, 2020.

そのほかにも、**表 14-4** にあるとおり近年、犯罪被害者等に適用される経済的側面を支える制度が創設されている。

表14-4　犯罪被害者等を支える諸制度（経済的負担）

被害回復給付金支給制度（検）	詐欺罪や高金利受領罪（出資法違反）といった財産犯等の犯罪行為により犯人が得た財産（犯罪被害財産）は、刑事裁判により犯人からはく奪（没収・追徴）することができる。それらの犯人からはく奪した犯罪被害財産を給付資金として保管し、被害を受けた方などに給付金を支給することになっている。ただし、対象は、刑事裁判で認定された財産犯等の犯罪行為の被害者等となっている。
奨学金	生命身体犯罪の被害者の子どもへの奨学金は、犯罪被害救援基金により奨学金を給与する仕組みがある。交通事故の子どもへの奨学金は、交通遺児育英会により無利子で貸与される仕組みもある。2016（平成28）年、振り込め詐欺の被害者に返還できなかったお金（預保納付金）を活用し、交通事故、詐欺被害、傷害、殺人などの犯罪に遭遇し、経済的に不安定となった家庭の子どもを対象に、奨学金を給付制で実施し始めた（窓口：日本財団）。
見舞金制度等	地方公共団体によって見舞金制度等の導入が図られている。2019（平成31）年4月現在、犯罪被害者等を対象とし得る見舞金の制度を導入しているところは、2県、4政令指定都市、244市町村、貸与金の制度を導入しているところは、3県、11市区町となっている。額については10～30万円の見舞金、50万円の貸付金程度のものになっている。
国外犯罪被害弔慰金等支給制度（警）	海外での犯罪被害者に対する経済的支援として、国外犯罪被害障害見舞金として1人当たり100万円を支給する。

注：制度横のカッコは、（警）は警察、（検）は検察が窓口になることを指し、無記載のものは、行政はじめその他関係機関が窓口になることを指す。

❷医療費等の負担の軽減

犯罪被害者が負傷した場合、**第三者行為による傷病届**★を保険者へ提出することで医療機関では健康保険を使って治療を受けることができ、被害者自らが医療費を全額負担しないで済む。

犯罪被害者等は精神的苦痛に苛(さいな)まれることが多い。その対策として都道府県警察では、臨床心理士資格等を有する警察部内カウンセラーを配置し対応してきたが、2016（平成28）年度に、**カウンセリング費用の公費負担制度**★も創設した。

また、性犯罪被害者の医療については、初期受診への付添いを実施するとともに、精神的・経済的負担の軽減のために緊急避妊等に要する経費（初診料、診断書料、性感染症等の検査費用、人工妊娠中絶費用等を含む）を都道府県警察の公費で負担している。

性犯罪被害以外の身体犯被害についても、犯罪被害に係る診断書料、死体検案書料、初診料の費用を公費により負担している。また、司法解剖後の遺体修復および遺体搬送経費支出の負担も警察により公費で行われるようになった。

さらに、交通事故による重度後遺障害者への医療は、国土交通省が整備している[x]。

❸日常生活支援

犯罪被害者等に関しては、全国一律の公的な日常生活支援制度は存在しない。それを代替すべく、一部の地方自治体が条例等を策定し、日常生活支援制度・サービスの導入を図っている[xi]。家事援助や、介護を行う

★第三者行為による傷病届
第三者である「他人」の行為によって被害者が受傷したとき、保険者が加害者の情報を把握し、後日、加害者に対して、立て替えた治療費を請求しやすくするための書類。

★カウンセリング費用の公費負担制度
犯罪被害者等が自ら選んだ精神科医、臨床心理士等を受診した際の診療料またはカウンセリング料を警察において支払うもの。ただし、一般身体犯や性犯罪の比較的急性期の被害者が対象とされている地域が多く、犯罪被害者遺族は対象外のこともある。PTSD治療については、原則1割負担となる自立支援医療（精神通院医療）の活用を周知することになっている。

者の派遣に係る支援、一時保育に要する費用の補助、家賃補助、就職に必要な資格取得費用の一部助成、配食サービス実施に係る費用の助成、住居復旧に係る費用の助成などを実施する地方自治体が出てきている。

❹居住の安定

犯罪被害者のなかには、自宅が犯行現場となり、事件以降の居住が難しくなる者がいる。一部都道府県警察では緊急一時避難場所のホテル代等を公費で負担したり、民間賃貸住宅の仲介手数料を免除したりする制度を設けている。

また、被害直後および中期的な居住場所の確保として、犯罪被害女性（ストーカー被害女性や性犯罪・性暴力被害女性を含む）や子どもに対して、児童相談所・婦人相談所の一時保護所や、婦人相談所が一時保護委託先として契約している母子生活支援施設、民間シェルター等による一時保護が実施されている。さらに、地方自治体では公営住宅への優先入居★等の制度を設けている。

★公営住宅への優先入居
2019（平成31）年4月現在、60都道府県・政令指定都市、342市区町村において、犯罪被害者等が優先的に公営住宅等へ入居できるようにするなどの配慮が行われている。

❺雇用の安定

犯罪被害者等は、事件や事故の直後は、警察の事情聴取、証拠提出、病院の診察、役所の手続などに、裁判が始まると、裁判所への出頭・傍聴や、弁護士との相談・打合せなどに時間が必要となり、年次有給休暇だけでは対応できない場合が多い。また、事件・事故後、心身の不調により仕事をしばらく休んだり、職場の人々との関係が悪化したり、仕事を辞めたり、変えたりという状況に置かれやすい。そのため国は、犯罪被害者等が仕事を続けられるよう、**被害回復のための休暇**の導入を各事業者に呼びかけている。

❻安全の確保

犯罪被害者は、再被害★におびえることも多い。DV、ストーカー、児童虐待の被害者は、住民基本台帳の一部の写しの閲覧、住民票の写し等の交付および戸籍の附票の写しの交付を制限する措置がとれるように

★再被害
一次被害の加害者から再び被害を受けること。

---

x　自動車事故による重度後遺障害者で在宅介護を受けている者の入院を積極的に受け入れる病院が全国で合計193病院（2019（令和元）年現在）、障害者支援施設等の短期入所協力施設が合計127施設（2019（令和元）年現在）指定されている。独立行政法人自動車事故対策機構（NASVA（ナスバ））は、全国10か所（2019（令和元）年現在）の療護施設を有し、自動車事故による遷延性意識障害者（植物状態：vegetative state）に対する高度な治療・手厚い看護を行っている。介護料や生活資金貸付等の独自の制度を運用したり、「友の会の集い」を開催して子どもたちや家族の交流の場を設けたりしている。

xi　神戸市や明石市、横浜市、三重県の犯罪被害者等支援条例では全国的にみても充実した日常生活支援制度・サービスが設定されている。多様な日常生活支援のサービスをもつ地方自治体はまだまだ少なく、今後に期待されている。

なっている。

◇**引用文献**

1）警察庁「平成29年度 犯罪被害類型別調査 調査結果報告書（平成30年３月）」2018.

◇**参考文献**

・警察庁「令和元年における少年非行、児童虐待及び子供の性被害の状況（令和２年３月）」2020.
・警察庁「令和元年におけるストーカー事案及び配偶者からの暴力事案等への対応状況について（令和２年３月）」2020.
・国家公安委員会編『犯罪被害者白書 令和２年版』2020.
・犯罪被害者等暮らし・支援検討会「平成28年度 地方公共団体における犯罪被害者支援総合対応窓口調査報告書」2016.
・「『犯罪被害者支援弁護士フォーラム』追跡調査結果」『読売新聞』（夕刊），2015年５月28日
・諸澤英道『被害者学』成文堂，2016.

● **おすすめ**

・国家公安委員会・警察庁編『犯罪被害者白書』

第2節 犯罪被害者等支援にあたっての考え方

学習のポイント

- 犯罪による被害者には潜在化している者がいることを理解する
- 犯罪被害者等の支援に多機関連携、ケアマネジメントや権利を守る視点が求められることを学ぶ

1 潜在的な被害者の理解

犯罪被害者「等」とは、被害者およびその家族または遺族を指す。家族・遺族を含めれば、被害の認知件数1件につき、その何倍もの潜在的な被害者が存在することになる。

第3次犯罪被害者等基本計画の基本方針において、兄弟姉妹が犯罪の被害に遭ったことなどにより、その心身に悪影響を受けるおそれがある子ども等（きょうだい）への支援に言及され、今まで支援の対象とされてこなかった存在がようやく支援の対象と認識されるようになった。

犯罪の認知件数は、被害者の氷山の一角である。2012（平成24）年の「犯罪被害実態調査★」をみると、被害態様別被害申告率（個人犯罪被害のみ抽出）は、「届出なし」の回答が強盗等で約2割、性的事件では約7割に及んでいる。

★犯罪被害実態調査
1989（平成元）年から、犯罪被害の国際比較を目的として、国連機関の指導等の下に行われている。暗数調査とも呼ばれる。

警察庁の調査においても、警察への通報率は、交通事故が91.1％、殺人・傷害が48.8％、児童虐待が5.0％、DV（domestic violence）が9.6％、性的な被害が20.1％となっており、事件が警察に認知されていない事案は多数あることがわかる[1)]。

Active Learning
自分は、どのような被害に遭ったときに、警察に届け出るか考えてみましょう。

また、いじめ、ハラスメント、ヘイトクライムといった「犯罪と認知されていないものによる被害」も多数存在している。さらに、窃盗や詐欺、過失傷害罪、業務上等過失致死罪による被害者は、施策上は犯罪被害者とみなされていないが、身体はすぐに元気になっても、元の生活には戻れない者もいる。

2 多機関連携、ケアマネジメントの必要性

1 援助希求力の低さ

国際的に、犯罪被害者は治療ニーズに対する自己認識が乏しいなど、help-seeking（援助希求力）の低さが指摘されてきた。

実際、犯罪被害者等のためのさまざまな制度が創設されたものの、2018（平成30）年の警察庁による調査[2)]では、事件に関連して給付・支給・賠償等を「いずれも受けたことがない」とする回答が78.5％となっている[i]。また、犯罪被害者等のための支援機関について、「いずれの機関・団体の支援も受けていない／制度も使っていない」との回答が77.1％と高かった。さらに、地方自治体に設置されている犯罪被害者等のための総合的対応窓口の認知状況も19.2％にとどまっていた。

2 求められる早期の支援開始

犯罪被害者等の置かれている状況は深刻であり、被害回復のためには、多様な支援が必要である。できるだけ早期に支援を開始することが、PTSD[★]発症を予防するともいわれる。そのため、犯罪被害者等支援では、つなぎ目がなく取りこぼしのない支援が行われるよう、司法関係機関を含めた関係機関の連携が切に求められている。

★ PTSD
Post traumatic stress disorder：心的外傷後ストレス障害。

各地域の被害者支援連絡協議会・ネットワークを活用しつつ、多機関が顔の見える関係でつながる必要がある。そして、連携のためには、機関や制度をつなげるコーディネートの役割が欠かせない。犯罪被害者等個々の生活再建に向けては、ケアマネジメントの視点も必要になる。

現在、民間被害者支援団体をはじめ、地方自治体でも、社会福祉士や精神保健福祉士を雇用し、コーディネートやケアマネジメント業務を行うところが出てきている。「被害者支援ソーシャルワーク」を行うなかで、被害者の声を代弁し、社会システム変革に向けて声を上げていくことも求められている。

i 同調査で、「何らかの支援を受けた」者の内訳は、「民間団体の給付・支給」が10.0％、「加害者からの賠償」が8.8％、「公的な給付・支給」が4.8％であった。

3 犯罪被害者等の権利を守る視点の必要性

★二次被害
被害者についての無理解や偏見などが原因となって、被害者がその心身に傷を受けること。日本では、第３次犯罪被害者等基本計画までは「二次的被害」の用語を使ってきたが、国際的には、「二次被害（secondary victimization）」が一般的である。

★トラウマインフォームドケア
Trauma informed care：TIC．児童虐待等をはじめとした逆境的小児期体験（Adverse Childhood Experiences：ACEs）が人々に甚大な影響を与えることなどの科学的知見から、トラウマの害を知り、その適切な対応を社会全体で行おうとする、近年欧米で広がる概念。犯罪被害者等も直接的にトラウマを負わされる存在となる。この概念を用いると、不遇な幼少時代を経て加害行為に及んだ加害者も、被害者性の一側面をもつとされる。

二次被害★や再被害（以下、二次被害等）については、第３次犯罪被害者等基本計画をはじめ、犯罪被害者支援条例にも盛り込まれ、二次被害等から被害者の権利を守るべく社会が支援していくことになっている。

そのような被害者の権利を守っていく社会の基盤に必要な視点として、近年、トラウマインフォームドケア★という概念が注目を集めている。被害者が受ける深刻な被害状況（トラウマ）やその影響について社会や人々が共有して対応する社会づくりを指す概念である。

アメリカ連邦保健省の薬物依存精神保健サービス部（Substance Abuse and Mental Health Services Administration：SAMHSA）によると、トラウマの理解には、３Ｅの視点が必要だとされている。３Ｅとは、トラウマとなる出来事（Events）があったとき、出来事をどう体験したか（Experiences of Events）によって、個人の機能および心身の健康を脅かす影響（Effects）が出てくることを指す。また、トラウマインフォームドケアの実践には、トラウマの影響を理解して（Realize）、トラウマのサインを認識して（Recognize）、トラウマに配慮した対応をする（Respond）、そして、再トラウマ化を予防する（Resist re-traumatization）という４Ｒの視点（トラウマインフォームドな視点）が大切だとされている。

さらに、被害者等への対応（トラウマインフォームド・アプローチ）で重要な六つの主要原則として、「安全」「信頼性と透明性」「ピアサポート」「協働と相互性」「エンパワメント、意見表明と選択」「文化、歴史、ジェンダーに関する問題」が挙げられている。

被害当事者の声に耳を傾け、尊厳を守り、意思を尊重したうえで理解し、その傷（トラウマ）に丁寧に対応していく姿勢が欠かせない。

◇**引用文献**

1）警察庁「平成29年度 犯罪被害類型別調査 調査結果報告書（平成30年３月）」2018.
2）同上

◇**参考文献**

・諸澤英道『被害者学』成文堂，2016.

● **おすすめ**

・『はじめて担当になったあなたへ――犯罪被害者等相談支援マニュアル 行政職員編（第一版）』犯罪被害者等暮らし・支援検討会（くらしえん），2016.
・日本精神保健福祉士協会司法精神保健福祉委員会編「加害者（犯罪をした人）／被害者（犯罪被害にあった人）のこと知っていますか」2020.

第3節 犯罪被害者等支援の実際

学習のポイント

- 犯罪被害者等支援の実際を理解する
- 犯罪被害者等支援におけるソーシャルワーカーの視点を理解する

1 地方自治体における犯罪被害者等支援の実際

1 犯罪被害者等の個別相談、支援

犯罪被害者等支援において、ソーシャルワーカー等の対人援助職への期待が高まっている。とくに第３次犯罪被害者等基本計画では、「重点課題に係る具体的施策」の一つとして、犯罪被害者等の地域での生活に深くかかわる地方自治体の犯罪被害者等総合的対応窓口（以下、窓口）において、生活支援を担う専門職の活用が求められている。

❶犯罪被害者等支援の流れ

実際の事案では、被害直後から支援に入る都道府県警察の被害者支援室や犯罪被害者等早期援助団体、被害者支援弁護士などから窓口に支援要請が入ることが多い。また、窓口の存在を知った市民から直接電話等で相談が入ることもある。ただし、現在の各地方自治体の窓口★では、いずれの場合でも相談件数は少なく、今後の課題である。

とくに支援機関から窓口への支援要請の場合、今まさに経済的な問題や生活上の困難に直面している事案があり、適切な支援制度の情報提供や活用に速やかに結びつけることが求められる。窓口のソーシャルワーカーは、二次被害を与えないよう十分留意したうえで、犯罪被害者等が利用できる制度の説明と調整を丁寧に行い、その結果を犯罪被害者等と確認していく。

支援の第一歩は、相談者の訴えを傾聴し、そのニーズを把握して相談者と共有することから始まる。犯罪被害者等は多種多様なニーズを有し、しかもニーズを自覚（または言語化）できていない場合★がある。犯罪被害者等の現状を受けとめつつ、心情に配慮しながら多角的にニーズ把握に努めることが必要である。

次に、ニーズに応じたさまざまな制度やサービスの情報提供、活用に

★地方自治体の窓口
横浜市の窓口では、年間延べ800件ほどの相談支援を行っている。そのうち、市民からの直接の相談では、契約不履行や金銭貸借等の民法上の問題、被害届が出されていないDVや対人関係上のトラブルといった「犯罪に準ずる」内容、過去の犯罪被害による現在の精神的影響に関する相談などが多い。一方で、支援機関からの支援要請では、被害から比較的間もない時期の生活上の問題に関する相談が多い。

★ニーズを自覚できていない場合
とくに被害直後は、あまりに突然なことで被害事実を現実として受けとめきれず、何をどうしてよいか、何に困っているかもわからないといった趣旨の発言を犯罪被害者等から聞くことは少なくない。被害直後の混乱ということだけではなく、たとえばトラウマ反応としての麻痺や解離として表れていることもあり得る。

つなげていく。この際、犯罪被害者等は、被害に遭ったことで社会への不信感を感じていたり、悲しみや怒りなどの感情に圧倒されていたりして、被害に遭う前であればできていたことに大変な困難を感じることが少なくないという点に留意が必要である。そのため、単なる情報提供ではなく、関係部署との調整や申請時の窓口への付添い、申請書類の記入の手伝いなど、きめ細かい支援が大切である。

❷犯罪被害者支援条例による新たな支援と連携支援

従来の保健福祉サービスの多くは、高齢者、ひとり親、障害者や生活困窮者など、対象者が限られているため、犯罪被害者等支援に特化した支援制度とそれを可能にする犯罪被害者等支援に関する条例の整備が求められてきた。

近年、全国の地方自治体で**犯罪被害者支援条例**の制定とそれに基づく新たな支援制度の創設が相次ぎ、日常生活支援の拡充が図られている。横浜市では2018（平成30）年12月に横浜市犯罪被害者等支援条例★を制定している。

しかしながら、司法や精神的ケア、医療等における専門的なニーズについては、警察や民間支援団体、被害者支援弁護士、医療機関などとの連携による支援につなげていく必要がある。この場合も、各関係機関等への丁寧な支援の引継ぎを行うことが大切である。

なお、地方自治体が行う支援制度には、その対象として罪種★や被害届の受理、傷病の状態などによる制約がある。こうした施策は市民からの税金を財源としているため、一定の制約は必要だが、一方で市民に身近な窓口として、現状では支援対象となりにくい、過失犯や財産犯等の被害者も、可能な限り支援の対象とすべきである。

★横浜市犯罪被害者等支援条例
見舞金の支給や日常生活支援（家事介護、一時保育、転居の費用助成）、専門相談（カウンセリング、法律相談）など、被害に遭ったことを事由とする固有の支援を規定。横浜市では、条例に基づく支援を従来の支援と併せて行っている。なお、過失犯・財産犯等の被害者等は見舞金等の支援の対象としていないが、カウンセリングや法律相談は支援対象としている。

★罪種
犯罪の種類。たとえば、殺人罪や傷害罪、強制性交等罪など。

2 個別支援以外の取り組み

犯罪被害者等への地域社会の理解はいまだ十分とはいいがたく、犯罪被害者等の多くが周囲の無理解や心ない言動といった二次被害に苦しんでいる。講演会やリーフレット、SNSによる情報提供などのさまざまな媒体を活用した啓発活動で、地域住民等の犯罪被害者等に関する知識や理解の促進を図り、地域における身近な資源としての人材の育成を図ることも、支援の一環として大切な取り組みである。

犯罪被害者等支援における多機関連携を進めるには、各機関の支援実務者がそれぞれの機関の役割や機能を把握し、いわゆる「顔の見える関係」が構築されていることが不可欠である。もし、こうした関係性が希薄であったり、社会資源となる各種支援制度が不足している場合には、連携支援体制の整備や地域資源の開発などに積極的に取り組んでいく姿勢が望まれる。

2 犯罪被害者等支援におけるソーシャルワーカーの視点や手法——エンパワメントとケアマネジメント

近年、犯罪被害者等が利用できる社会資源★は増えてきている。しかし、犯罪被害者等の本来もっている生活力の回復、発揮という視点をもたずに一方的な支援を行うことは、回復を妨げることになりかねない。

被害に遭うことで、自責感や「あのとき、こうしていれば……」という後悔の念をもち犯罪被害者等は**自己効力感**を大きく低下させてしまうことが多い。支援の重複を恐れず積極的に多機関で連携し、選択できる支援の幅を広げ、支援を取捨選択できるようにすることが、自己効力感の回復の一助となるであろう。

犯罪被害者等は被害に遭うまでは地域で「生活者」として生活していたが、被害に遭うことで「被害者」としての側面に圧倒されて、それまでどおりの生活を送ることが困難になることが多い。

支援者が寄り添い、適切に支援をしていくことで、「生活者」としての側面を取り戻し、少しずつではあるが自らの生活をコントロールする感覚を取り戻すことができる。

ただし、どれほど犯罪被害者等が回復したとしても、被害に遭った事実や記憶がなくなることはない。元の生活に完全に戻ることは大変困難であり、犯罪被害者等が「被害者」としての側面をもち続けながら生活していくことを忘れてはならない（図14-7）。

★社会資源
社会資源としては、公的なサービスだけでなく、地域に存在する自助（セルフヘルプ）グループやボランティアグループなどのインフォーマルなサービスもある。

図14-7 犯罪被害者等の「生活者」としての支援

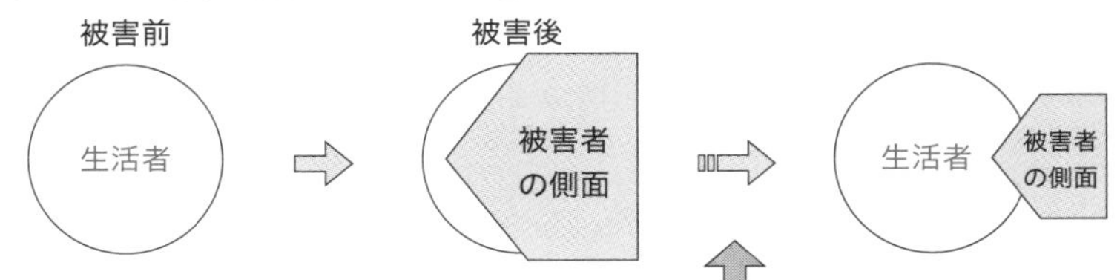

犯罪被害者等の支援にかかわる多くの専門機関のなかで、犯罪被害者等の「被害者」としての側面に共感し、必要な支援を提供しつつも、「生活者」としての側面に注意を払い、本来もっている力を確認し共有していくことは、ソーシャルワーカーの大きな役割である。犯罪被害者等支援においては、犯罪被害によって奪われた日常生活と本来の力の回復という、エンパワメントの視点を常にもち続けることが大切である。

Active Learning

犯罪被害者等のエンパワメントの具体的な方法や注意点について考えてみましょう。

刑事司法機関を中心に発展してきた犯罪被害者等支援においては、ケアマネジメントという方法論はまだ一般的とはいいがたい状況である。多機関連携による途切れない支援を実現するために、今後ケアマネジメントなどの福祉的な手法の導入、活用が有効と思われる。

友人、知人や職場の仲間が、心ない言動で犯罪被害者等に二次被害を与えることがある一方で、ちょっとした家事の手伝いや付添い、職場での配慮などが犯罪被害者等にとって大きな支えになることがある。

そのため支援者は、公的サービスのみではなく、犯罪被害者等が活用できる社会資源について注意深くアセスメントし、その活用について検討していく必要がある。

窓口に対人援助職が配置されている地方自治体はまだ少なく、窓口自体も十分に機能しているとはいいがたい現状であるため、さまざまな機関に所属するソーシャルワーカーが犯罪被害者等に接する際は、ニーズに沿って活用できる資源がないか注意を払い、適切な情報を提供し利用の調整を行うことが、連携支援として求められている[1)]。

なお、小西は「トラウマについての話を聞く者は、無力感と自責感を感じる」「バーンアウトが起きやすい★」と指摘している[2)]。犯罪被害者等支援においても支援者自身の支援やセルフケアが重要となる。

★バーンアウトの起きやすさ
この問題は、一般的には「二次的外傷性ストレス」「代理受傷（トラウマ）」「共感疲労」といった言葉で知られている。詳しい内容や対処については、関連書籍を参照されたい。

◇**引用文献**

1）大岡由佳「被害者の理解と支援」『精神保健福祉』第49巻第３号，pp.246–251，2018.
2）小西聖子『犯罪被害者の心の傷 増補新版』白水社，p.196，p.201，p.208，2006.

◇**参考文献**

・高橋哲「第２章 心のケアの今日的課題」杉村省吾・本多修・冨永良喜・高橋哲編『トラウマとPTSD の心理援助――心の傷に寄りそって』金剛出版，pp.25–39，2009.
・山下由紀子「第13章 援助職のメンタルヘルスとその支援」小西聖子編著『犯罪被害者のメンタルヘルス』誠信書房，pp.236–251，2008.

● **おすすめ**

・P. ウォリス，野坂祐子・大岡由佳監訳『犯罪被害を受けた子どものための支援ガイド――子どもと関わるすべての大人のために』金剛出版，2016.
・酒井肇・酒井智恵・池埜聡・倉石哲也『犯罪被害者支援とは何か――附属池田小事件の遺族と支援者による共同発信』ミネルヴァ書房，2004.

第15章

コミュニティと刑事司法

専門職としての眼を養うことは重要である。しかし、ソーシャルワーカーも、専門職である前に一人の市民である。市民である以上、社会のなかの犯罪という現象にも刑事司法にも、一切無関係といえる人は誰一人としていない。

本章では、刑事司法への市民参加のあり方、犯罪現象への向きあい方、対話という問題解決のあり方を学び、自分と犯罪との関係について考える。

刑事司法とかかわった人へのソーシャルワークにおいて、何をもってその人のニーズへの対応や課題解決とするか、ソーシャルワークの先にある「自らが生きていたい社会」をどのような社会と考えているかということが指針となるであろう。

第1節 刑事司法への市民参加

学習のポイント

- 刑事司法制度に対して、市民はどのように関与してきたのかを学ぶ
- 犯罪という現象や犯罪をした人に対して、市民にできることを考える

1 刑事司法と市民のかかわり

我々が刑事司法を身近に感じるのはどんなときであろうか。ニュースで事件の報道を見たとき、あるいは、被疑者・被告人、犯罪被害者等、事件の当事者になったときであろうか。そもそも裁判官・検察官・弁護士といった法曹三者や警察や刑務所等の刑事司法機関で働く人々以外は、犯罪という現象自体を縁遠いものと感じているかもしれない。

しかし歴史的にみると、刑事司法と我々市民がかかわる場面は一貫して存在し、また拡大する傾向にある。本節では、日本における刑事司法への市民参加の現状についてまず確認したい。

1 更生保護における市民参加

日本における更生保護は、官ではなく民から始まった（第９章第１節参照）。現在もなお、保護司、**更生保護女性会**★、**BBS**★など多様なボランティアや民間団体が更生保護において大きな役割を果たしており、日本における刑事司法への市民参加として、最も長い歴史を有している（第９章第２節・第10章第２節参照）。

一方、2007（平成19）年に成立した更生保護法においては、更生保護に対する国の第一義的な責務に加え、地方自治体や国民にもその協力義務が法律上明記された（更生保護法第２条）。更生保護は、すでに刑の執行を終えた人や刑事手続上の身体拘束を解かれた人に対する社会内における支援を中心とすることから、ともに暮らす一般市民の協力が事実上不可欠である。

しかし、近年の（更生保護も含む広義の）刑事司法への市民参加の拡大は、義務や責務としてのかかわりが拡大してきたというより、むしろ、「適正な刑事司法制度とはどのようなものか」を追求する機会が拡大し

★更生保護女性会
全国1301地区（2020（令和２）年12月現在）、会員数は16万人程度の、女性によるボランティア組織。大正末期の少年保護婦人協会に端を発し、刑務所や少年院、更生保護施設での行事への協力や、犯罪予防活動等を行っている。近年、会員数はやや減少傾向にある。

★BBS
BBS（Big Brothers and Sisters Movement）は、主に学生を主体として、非行少年等への学習支援やレクリエーション等を通した、成長支援活動を行うボランティア団体である。戦後、1947（昭和22）年に京都少年保護学生連盟の結成によって始まった。全国約500地区会、会員数は約5000人程度（2020（令和２）年12月現在）で、現在も各大学等で例年新たなボランティアを募り、活動を続けている。

てきたと捉えるべきであろう。つまり、主権者たる国民として、刑事司法にどのようにかかわっていくべきかが問われている。

2 矯正における市民参加――刑事施設視察委員会

名古屋刑務所事件後の刑務所改革の一環として、2005（平成17）年に刑事収容施設法★が成立し、同法で規定された新たな市民参加の形態が**刑事施設視察委員会**★（以下、委員会）である。「国民に開かれた」刑事施設であることを標榜（ひょうぼう）した当時の刑務所改革において、このような第三者委員会の設置は重要な意義を有していたといえる。

❶刑事施設視察委員会の役割

委員会は、各刑事施設で全国76委員会が設置され、第三者委員会としてその置かれた刑事施設を視察し、その運営に関し刑事施設の長に対して意見を述べる[i]（第7条）。

刑事施設の長は、刑事施設の運営の状況について、定期的または必要に応じ、委員会に対し情報提供を行う。委員は刑事施設の視察、必要に応じて被収容者との面接を行うこともできる（第9条）。実際には、被収容者が委員会宛の意見を直接投函（とうかん）できる箱が各施設内部に設置され、その意見をもとにした面接が行われている。なお、被収容者が委員会に対して提出する書面を、施設職員は検査してはならない。

❷刑事施設視察委員会の立場

第三者委員会である委員会は、個別の被収容者による訴えを聴取するが、その個別の紛争や訴訟等へ関与するのではなく、その訴えを契機として、当該刑事施設の運営のあり方全体を一般市民の立場で外部から検証・検討し、施設に対して改善のための提言を行うことに責任を有している。弁護士や医師等も委員として所属してはいるものの、彼らもあくまで専門知識を有する一市民として、そのモニタリングに参加することが求められている。

3 刑事裁判における市民参加――裁判員制度

❶裁判員制度の意義と目的

司法制度改革の一環として、2009（平成21）年、刑事裁判への市民参加の新たな形態として開始されたのが**裁判員制度**★である。

★刑事収容施設法
刑事収容施設及び被収容者等の処遇に関する法律。

★刑事施設視察委員会
委員会は、人格識見が高く、刑事施設の運営の改善向上に熱意を有する者のうちから法務大臣が任命した、10人以内の非常勤の委員（任期1年、再任可）で組織される（刑事収容施設法第8条）。具体的には、各地の公私団体から推薦を受けた、弁護士、医師、地方公共団体職員、大学教員、地域の住民等が委員に就任している。

★裁判員制度
裁判員制度は、死刑または無期の懲役もしくは禁錮に当たる罪、故意の犯罪行為により被害者を死亡させた罪等の事件を対象とする（裁判員法第2条第1項）。具体的には、殺人、強盗致傷、傷害致死、危険運転致死、現住建造物等放火、身代金目的誘拐、保護責任者遺棄致死等、比較的重い事件が対象となる。

---

i　法務大臣は毎年、委員会が刑事施設の長に対して述べた意見およびこれを受けて刑事施設の長が講じた措置の内容を取りまとめ、その概要を公表するものとされ（刑事収容施設法第10条）、法務省のウェブサイトで公開されている。

2004（平成16）年に成立した裁判員法★の第1条（趣旨）には「司法に対する国民の理解の増進とその信頼の向上」が記されており、十分に司法制度を理解していない国民がそれを理解すること、現行刑事司法を信頼することに重点が置かれているように読める。しかしそうではなく、1999（平成11）年に始まった司法制度改革の議論★において示されてきたように、国民が裁判員として刑事裁判に関与するなかで、たとえば、えん罪につながり得るような適正手続を欠いた証拠収集や、事件の背景要因を適正に解明できる手続の欠如等の現行刑事司法の抱える問題を知り、自ら考え、意見をもつことで、国民があるべき刑事司法制度の確立に寄与していくことが目指されているのである。

★裁判員法
裁判員の参加する刑事裁判に関する法律。

★司法制度改革の議論
1999（平成11）年に始まった司法制度改革の議論においては、「国民の一人ひとりが、統治客体意識から脱却し、自律的でかつ社会的責任を負った統治主体」として活動することが重要であると指摘され、「広く一般の国民が、裁判官と共に責任を分担しつつ協働し、裁判内容の決定に主体的、実質的に関与することができる新たな制度」として、裁判員制度が導入されることとなった。裁判員制度の導入を提言した「司法制度改革審議会最終意見書」(2001（平成13）年）では、「判決に国民の『健全な社会常識』を反映させることで、公的理解と司法への支持を増進し、公衆の強い基礎の上で司法制度を確立するため」と同制度の目的が示された。

❷裁判員制度の性質と裁判員の役割

日本の裁判員制度は、原則、20歳以上の有権者のなかから無作為に選ばれた国民6名と、裁判官3名が一つの訴訟にのみ参加し、ともに事実認定・量刑に関与することから、本質的には参審制★であるとされる。

★参審制
参加した国民と裁判官がともに事実認定と量刑を行う形態。参加した国民のみが事実認定を行い、量刑は基本的には裁判官が行う「陪審制」と区別される。参審員は一定期間の任期中すべての訴訟に参加するが、陪審員は一つの訴訟のみに参加する。日本の裁判員制度は、参審制と陪審制の折衷的制度であるといわれる。

裁判において、裁判員★は裁判官とともに**評議・評決**を行う。評議には、事実認定についての評議と量刑についての評議がある。事実認定の評議においては、検察官による有罪立証が「合理的疑いを入れない程度」に行われているかについて、弁護人による主張との違い（争点）を意識しつつ、有罪か無罪かのみならず、故意なのか過失なのか等も含め議論する。なお、評議における**法令の解釈**は、原則、裁判官の合議による判断に従うものとされている（第6条第2項)。また、量刑の評議においては、（認定された）どのような犯罪事実に基づいて量刑を行うのか、どの程度の刑を言い渡すべきなのか、**情状証拠**を基に議論する。

評決は全員一致が原則であるが、困難な場合は多数決で行われる。ただし、多数には裁判官・裁判員の両方が含まれている必要がある（第67条第1項)。なお、このような刑事裁判への市民参加制度の評決を単純多数決で行う制度は異例であり、制度上、死刑ですら単純過半数で言い渡すことが可能（多数側に裁判官が入ってさえいれば、5対4でも死刑判決が可能）である点には批判もある。

❸裁判員制度における課題

裁判員として実際に刑事裁判に参加した人へのアンケートによると、裁判員選任前は裁判員になることに消極的であった人も、実際に経験したのちに9割の人がその経験を肯定的に評価している[1)]。

① 国民の義務としての強制

裁判員には、個々の裁判員の思想・信条にかかわらず、事実認定に加え死刑を含めた量刑を判断することが国民の義務として強制されている。実際、死刑適用のように重い判断をしなければならない場合、刑事裁判への参加後に深刻なトラウマを抱えることがあるのは事実であり、裁判員対象事件を負担の少ないものに絞り込むべきであるという議論も存在する。

★裁判員
裁判員候補者名簿から選ばれた候補者が、選任手続を経て裁判員として選任される。選任手続・公判手続等への出頭拒否や宣誓拒否には10万円以下の過料が科される（裁判員法第112条）。

②　求められる刑事司法制度の根幹への関与

あらためて考えるべきことは、なぜ刑事裁判に市民が裁判員として参加するべきであるのかという点である。前述のとおり、裁判員制度は「刑事裁判に対する国民の信頼」を向上させ、刑事司法制度をどのように構築・運営していくべきか、それを主権者としての「国民の常識」から考えることを目的とする。

裁判員制度を通して我々市民に求められていることは、たとえば、死刑が想定され得るような重大な事件の量刑において、「国民の処罰感情」を直接的･感情的に反映することではない。むしろ、死刑という刑罰が、そもそも普通の人間であればその判断を行うこと自体相当に耐えがたいものであることを知り、死刑制度やその判断のあり方について根本的に考えることこそ、我々市民に求められているのである。

③　厳格な守秘義務

現行制度において裁判員経験者に課されている厳格な守秘義務★は、一考の余地がある。この守秘義務により、裁判員経験者が自らの考えや意見を他者に伝えにくくなること、評議や裁判員制度の運用状況に対する実証的評価の実施を阻害していることが指摘されている。つまり、情報を有している裁判所や国家機関内部でしか裁判員制度の実態を評議まで含めて検討することはできないこととなり、第三者、とりわけ国民自らによる検証がきわめて困難だということである。

★守秘義務
裁判員は「評議の秘密その他職務上知り得た秘密を漏らしたとき」、６か月以下の懲役もしくは50万円以下の罰金が科される（裁判員法第108条）。

この点は、裁判員制度を、今後、刑事裁判における市民参加のあり方としてより発展性のある制度にしていくうえで、大きな障害となる。

2　刑事司法への市民参加と社会のあり方

1　参加する市民の拡大と当事者参加への着目

刑事司法制度への市民参加は、更生保護のみならず、矯正や公判へと拡大してきた。また、そこに関与が想定されている市民に、一部の篤志家やボランティアだけでなく、裁判員のような、刑事司法への参加の意思を有していない人々も含まれるようになった。さらに、犯罪行為をした経験を有する人や、何らかの被害経験を有する人、あるいはそれらの関係者といった、事件の当事者の参加も不可欠なものになりつつある。

近年、刑務所での受刑経験を有する人や、何らかの依存経験を有する人等の活動、当事者団体による支援に、刑事司法機関や既存の支援団体の注目が集まっている。以前から地道な支援活動を行ってきた当事者団体も決して少なくないが、国や地方自治体による「再犯防止」に向けた取り組みに重点が置かれるようになるにつれ、既存の刑事司法機関等による支援の限界が明らかになり、犯罪や依存に至った経験を有する当事者自身がどのような支援を必要としているのか、また、そのニーズにどう応えていくべきなのかに関心が寄せられ、公的機関もこのような団体と連携するようになった。刑の一部執行猶予制度の施行に伴う各地のダルク★と公的機関との積極的な連携推進の動向等もこれに当たる。

Active Learning

刑事司法への市民参加の形にはどのようなものがあるか挙げてみましょう。

★ダルク
Drug Addiction Rehabilitation Center：DARC．薬物依存症からの回復をサポートする施設。

2 当事者経験の学びと望ましい社会のあり方

我々市民がこうした当事者経験を有する人々の声を聴き、ともに考えていくことは、犯罪という「つまずき」について学び、その後の対応を考えるうえで、非常に重要かつ貴重である。また、そのような機会をもつことは、更生保護ボランティアや裁判員のような身分で具体的な刑事司法制度の運営にかかわるときでなくとも可能である。そのような営みは、犯罪現象が生じることの少ない、「我々自らが生きたいと思う社会」のあり方を考える機会に他ならないのである。

◇引用文献

1）最高裁判所「裁判員等経験者に対するアンケート調査結果報告書」

●おすすめ

・堀川惠子『死刑の基準――「永山裁判」が遺したもの』講談社，2016.
・五十嵐弘志『人生を変える出会いの力――闇から光へ』ドン・ボスコ社，2016.
・上岡陽江・大嶋栄子『その後の不自由――「嵐」のあとを生きる人たち』医学書院，2010.
・飯考行・裁判員ラウンジ編著『あなたも明日は裁判員!?』日本評論社，2019.

第2節 犯罪から学ぶ社会のあり方

Restorative Justice（修復的司法）

学習のポイント

- Restorative Justice の理念およびそれに基づく実践について学ぶ
- ソーシャルインクルージョン、治療的司法、コミュニティ・ジャスティスの考え方や実践と Restorative Justice とのつながりを理解する

我々が日常において、どのように犯罪現象に向きあうべきか、その示唆を与えてくれる考え方について学ぶ。

1 Restorative Justice（修復的司法）とはどのような考え方なのか

Restorative Justice（RJ）とは、「修復的・回復的」な「司法・正義」等と訳され、犯罪行為に対する具体的な対処方法、施策、プログラムではなく、一定のアプローチ、グローバルな考え方（ものの見方）である。当初、日本で「修復的司法」という訳語が一般化したために、あたかも一定の司法形態、とりわけ現行の刑事司法を表す「応報的司法」と対になる司法形態かのように捉えられやすいが、そのような捉え方はその本質を言い表すうえで不十分であるため、ここではRJと呼称する。

1 RJへの着目

日本においてRJが着目されたのは、2000（平成12）年の少年法改正論議の際であった。1997（平成９）年に神戸児童連続殺傷事件、2000（平成12）年に豊川市主婦殺人事件、西鉄バスジャック事件といった少年による重大事件が発生し、センセーショナルな報道がなされ、「少年法は甘すぎる」との社会的な批判や、犯罪をした少年への厳しい対応、具体的には成人同様の刑罰を求める声が高まった。このような、犯罪少年に厳罰を科すべきという考え方に対抗する考え方として、RJが着目されるようになった。「刑罰は一体何を解決し得るのか」という疑問が呈されたといえる。

2 応報的司法への批判としてのRJ

伝統的な刑事司法は「国家」対「犯罪行為者」という図式による「応報的司法（Retributive Justice）」であるとされる。応報的司法においては、限定された人（主に法曹をはじめとする専門家）のみが刑事司法に関与し、限定された言葉（訴訟において意味をもち得る専門用語）しか用いることができない。また、事件の当事者やコミュニティが疎外されたプロセスにおける、形式的な紛争解決が重視される。このような応報的司法手続は、犯罪という紛争の解決過程に当事者やコミュニティが関与できず、自らの問題として捉えることができないまま、本質的な問題解決に至ることができないと、RJにより批判された。

RJにおいては、犯罪という現象は「抽象的な法規範への違反」ではなく、社会における「関係性の侵害」と捉えられる。ゆえに、犯罪という問題の解決には、犯罪によって生じた「害の修復・回復」が必要であって、それは「犯罪行為者」と「被害者」と「コミュニティ」の関係性のなかで果たされるべきものとされる。このようなRJの考え方は、応報的司法に対するアンチテーゼとしてのRJの利点であるとされる。

3 社会変革理念としてのRJ

RJには固有の利点もある。RJとは、コミュニティにおいて行われた「（犯罪に限定されない）不正な行い（wrongdoing）」に対して、建設的な応答ができる社会となるための、**社会変革理念**であるとされる。

Active Learning
ソーシャルワーカーとして以前に、市民の一人として犯罪に向きあうとはどういうことなのか考えてみましょう。

RJは、「不正な行い」の行為者のみならず、周囲の人々をも含めた相互の責任を再構築し、あらためて適切な関係性を築くことを追求する。RJの考え方に基礎を置くプロセスは、ある出来事によって影響を受けたすべての人々がそこで学び、成長することに資する環境をつくるのである。

つまり、RJにおける問題解決のプロセスは、犯罪行為者だけに変容を求めるのではなく、すべての人の成長を追求し、また、すべての人に対する敬意が払われることが前提となっている。RJは、問題解決のプロセスに社会そのものを巻き込み、犯罪行為者を含むすべての人の「人としての権利」が保障されることに価値を置く（**表15-1**）。結果として、「犯罪という現象」を契機に、当該現象の背景にある社会的課題や、今後の回復のための課題について学び、すべての人が「生きづらさ」を抱えることなく生きられる「よき社会（good society）」のあり方を要請する。これこそがRJ固有の利点である。

表15-1　RJにおける重要な価値

❶あらゆる関与者を想定する。
❷犯罪行為に限定せず、何らかの害を生じさせるもの（行為等）を対象にする。
❸あらゆる場（公式・非公式問わず、刑事司法内外問わず）を想定する。
❹当事者性は固定的ではない（ex. 犯罪行為者の被害者性等も扱う）。
❺応答が求められているのは、話すこと・共有することそのものについてである。
❻このような場に対して「自律的」・「自主的」に臨めるような支援が必要である。

よってRJは、単に従来の応報的司法を代替するものではなく、より広く「不正な行い」から学ぶことのできる社会のあり方を追求する考え方としての意義を有している。

2 RJに基づく多様な実践

RJは、あくまで「ものの見方・考え方」であるが、この理念を基盤として行われている実践やプログラムが、世界中で展開されている。犯罪行為への対応はもちろん、学校におけるいじめ、会社におけるハラスメント、家庭内における虐待・DV★への対応をも含めた、幅広い実践が各国で行われている。

1 裁判外における参加者間の対話――RJの実践

RJの理念に基づく犯罪・非行への対応のうち、特に日本で広く知られているものとして、ニュージーランドにおけるFamily Group Conference（家族集団会議）、カナダやアメリカ・カリフォルニア州等におけるVictim-Offender Reconciliation Program（被害者・行為者和解プログラム）等がある。

これらはいずれも、刑事手続の途中の段階でその事案を手続から離脱（＝ダイバージョン★）させたり、あるいは、刑事手続の終了後に別途、当事者・関係者等が一堂に会して問題解決の場面を設定したりすることで、刑事手続に関与した事案の解決のために、メディエーターやファシリテーター★といわれる中立的な立場の人による仲介のもとで、裁判外において参加者間の「対話」を行うものである。

刑事裁判が、犯罪・非行対応の公式の手続であるとすれば、これらは非公式な手続として捉えられるが、こうした「対話」により、公式の手続においては語られることのない、当事者それぞれの任意の発話が目指されている。

★ **DV**
Domestic violence.

★**ダイバージョン**
犯罪・非行事件について、通常の刑事手続を回避して、他の非刑罰的な方法を採ることをいう。

★**メディエーターやファシリテーター**
メディエーターやファシリテーターは、参加者間の対話の仲介とサポートを担う進行役。RJの理念に基づくプログラムにおいて行われる対話では、司会とは異なり、単に発言の整理を行うだけではなく、参加者それぞれが対等に話しやすい状況をつくる等の配慮を行う。何らかの結論となり得る発言をさせようとしたり、一定の方向性をもって対話全体を強引に進めたりはしない。メディエーターやファシリテーターは、対話の場で各参加者ができる限り自律的かつ自由に話せるよう、各参加者と事前に信頼関係の構築を行うことが重要となる。

2 犯罪行為者以外にも求められる対応・変容

問題解決のプロセスに各参加者が自律的に参加することで、公式の手続における判決のような即時の形式的「解決」を必ずしも目指すのではなく、たとえば、犯罪によって生じた害の修復のために、各参加者が今後行おうとしている対応について話しあい、その状況を継続的に共有すること等が行われる（たとえば、犯罪行為者による被害者への賠償に向けた就労計画や、コミュニティの人々による犯罪行為者や被害者等への支援計画などについて話しあう）。その過程では、犯罪行為者自身により自らの被害者性（たとえば、犯罪行為以前の被虐待経験や、家族・コミュニティとの葛藤等）が語られることや、それに対して家族・コミュニティがどのように対応してきたのか等も語られることで、すべての参加者が、犯罪行為の加害者や被害者という「当事者性」に限定されない何らかの「当事者性」をもってその場に参加することになるのである。

重要なことは、そういう場において犯罪・非行が生じた背景についても話しあうなかで、犯罪行為者のみが周囲から何らかの対応や変容を求められるのではなく、周囲も何らかの対応や変容を求められるということである。これは、犯罪行為者のみに刑罰を科すことによって問題を解決しようとする従来の刑事裁判においては見出しにくい姿勢といえる。

3 非公式な手続であることによる課題

非公式の手続においては、柔軟な対応が可能になる一方で、たとえば、一方的かつ衝動的に誰かを攻撃するような発話を行う参加者がいるなど、公式の手続において重視される適正手続保障が欠けるおそれもある。

そのため、非公式の手続におけるRJの取り組みには、原則・ルール★も必要である。RJに関する学問的議論や実践的取り組みは、今もなお国際的に多様に展開され、成熟途上にある。

★ **RJの取り組みにおける原則・ルール**
国際的ルールとして、2002年には国連犯罪防止刑事司法委員会において「刑事事象におけるRJプログラムの活用に関する基本原則（Basic Principles on the Use of Restorative Justice Programmes in Criminal Matters）」も採択されている。

3 RJに関連する考え方とそれらに基づく実践

RJの理念に基づく多様な取り組みが世界中において行われるなかで、RJは、他の重要な考え方と結びつきながら、さらに発展を遂げている。具体的には、**ソーシャルインクルージョン**（Social Inclusion）、**治療的司法**（Therapeutic Justice）、**コミュニティ・ジャスティス**（Community Justice）といった考え方と結びついている。

1 ソーシャルインクルージョンとRJ

ソーシャルインクルージョン★の考え方は、犯罪にかかわる人々の支援ニーズやその対象の捉え方に影響を与えている。

障害者権利条約★の基本的考え方でもある社会モデルにおいては、かつての医学モデルのように固定的な「社会的弱者」や「障害者」といった捉え方ではなく、一時的な傷病、妊婦、子ども、犯罪による社会的阻害等も含めた、本人の権利が侵害されやすい状態（vulnerable）にある、あらゆる人へのニーズに応じた支援が求められる。このような、ソーシャルインクルージョンの、支援を必要とする人々を固定化しない立場の互換性は、RJにおける当事者性の考え方と親和性がある。

犯罪行為者や犯罪被害者という立場になったために生じる支援ニーズが存在することは事実であるが、その属性に基づく支援ニーズのみならず、彼らが事件以前から有していた「生きづらさ」の支援ニーズにきちんと目を向けることが重要なのである。

2 治療的司法とRJ

治療的司法★とRJは、いずれも既存の刑事司法制度の考え方に対する批判を有している。しかしながら、伝統的にRJが「社会変革理念」として、法制度の外の社会問題をも含めて議論しようとしているのと異なり、治療的司法は、弁護士・裁判官・その他司法制度の枠内で働く人々の役割やその実践のあり方を問題としている。

治療的司法は、犯罪行為者をはじめとする当該事件に関与した人々の必要性や利益をベースとして、刑事司法制度における「治療的」成果をいかに得るのか、また「反治療的」な成果をいかに低減するのかという点に着目しているのである。

たとえば、治療的司法の考え方に基づく実践として、アメリカをはじめとする諸外国で行われている**ドラッグコート**★がよく知られている。国や州によって運用の差異はあるが、基本的には、ドラッグコートに来る被疑者・被告人は、訴追の原因となった薬物自己使用の事実を認めたことを前提に、ドラッグコートの利用に同意すると、通常の刑事手続から離脱して、ドラッグコートの手続に移行する。被告人は、ドラッグコートで提案されたトリートメントの計画に同意すれば、それに沿った取り組みを行い、ドラッグコートの場でその継続的な支援とモニタリングを行う。トリートメントに取り組み、薬物を使うことなく一定期間を経た場合、結果的に訴追が取り下げられる等により、被告人は刑罰を受ける

★ソーシャルインクルージョン
Social inclusion. 社会的包摂と訳される。貧困・障害・逸脱などにより社会から排除されている人々を、特別なニーズを有する人々と捉え、社会参加を促し社会に包摂しようとする概念。

★障害者権利条約
障害者の権利に関する条約。

★治療的司法
Therapeutic Justiceの訳語。治療法学（Therapeutic Jurisprudence）に基づく司法制度を指す。行動科学の知見に基づいて、犯罪行為者が抱える心理的・社会的問題を解決・改善することによって、再犯を防止し、社会復帰を支援する介入的・治療的な司法の取り組み。刑事司法制度を、犯罪行為者に刑罰を与えるプロセスとみるのではなく、犯罪行為者が抱える問題の解決を導き、結果的に再犯を防止するプロセスと捉えようとする考え方。

★ドラッグコート
被告人の薬物依存からの回復を共通目標として、裁判官・検察官・弁護人といった法曹以外にも、社会内処遇にかかわる職員（保護観察官等）や、トリートメントサービスのコーディネーター、ケースマネジャー等が関与する裁判制度。ドラッグ・トリートメント・コートとも呼ばれる。

ことなく手続を終了する。

治療的司法は、刑罰を科すことよりも、被告人の薬物依存からの離脱という実質的な必要性や利益を重視した手続を志向している。

ただし、このような手続のなかで、単に被告人が薬物を使用しないことやトリートメントを受けることのみが重視されると、そこで重視される「必要性」や「利益」は、本人の視点から離れたものとなってしまう。たとえば、ドラッグコートの手続期間中に薬物自己使用があった場合に、「なぜ再使用してしまったのか」等が本人の視点から十分に検討されなければ、結局、刑罰同様、他律的に本人だけを周囲の望む形に変容させるような、パターナリスティックなものとなってしまうのである。

治療的司法は、社会や第三者が「本人を」治療するのではなく、本人がよりよく生きたいと望むあり方を自ら実現する、つまり、本人を中心にした、本人の権利保障の「必要性」や「利益」の実現に「本人が」関与するのを支援する場であることを忘れてはならない。

3 コミュニティ・ジャスティスとRJ

コミュニティ・ジャスティス★(以下、CJ)は、RJの考え方をベースにしつつ、問題解決の「場」のあり方、具体的には地域の中での裁判所をはじめとする問題解決組織のあり方を追求している点に特徴がある。

❶ミッドタウン地域裁判所——CJの実践

CJに基づく実践としてよく知られているのは、1993年にアメリカ・ニューヨーク市に設置されたミッドタウン地域裁判所★の実践である。

ミッドタウン地域裁判所においては、「地域に根ざした刑事政策」として、処分決定に一般市民が参加して被告人と対話できる場が設けられ、さらに、そこで話し合われた問題解決型の処分や支援のためのプログラムが行われるようになった。多くの事件を不起訴とする一方、その当事者に社会福祉・教育・医療・心理等のサービス提供を多機関協働で実施することにより、そもそも当該地域や当事者が抱えていた、犯罪の背景にある問題、社会問題の解決を行い、地域の利益を確保しつつ、同時に犯罪が生じにくい地域づくりを目指したのである。

❷近隣司法センター——CJの実践の広がり

このような取り組みは、他の地区や国においても注目され、同様の仕組みをもった地域裁判所の設置につながった。たとえば、オーストラリア・ビクトリア州においても、近隣司法センター★と称される地域裁判所が置かれている。

★コミュニティ・ジャスティス
Community Justice. 刑事司法がどのように社会を変革できるかを考えるための哲学的枠組み。犯罪が発生しやすく社会的に不利な場所を、人々が住み、働き、家族を育てるのに適した地域に変えるための枠組み。

★ミッドタウン地域裁判所
Midtown Community Court. 周辺の生活の質を改善するための新たな裁判所。当時、ニューヨーク市は、犯罪対策としてゼロトレランスと呼ばれる厳しい取締りと厳罰化政策がとられており、特に同裁判所が設置された地区は、治安のよくない地域として知られていた。その地区では、何度も刑事手続にかかわる再犯者の数ばかりが増えていく「回転ドア司法(revolving-door justice)」の状況に対し、市民の不満が高まっていた。つまり、厳しい刑罰による刑事政策の限界が表出していたのである。

同センターは、刑事事件、民事事件、行政審判等、当該地域の住民に関連する事件はすべて扱うことが可能であり、さらに事件の裁判のみならず、支援プログラムの実施やカウンセリング等、裁判外活動も行われている。また、同センターでは、地域住民の司法へのアクセスの改善だけではなく、地域住民自らが（犯罪そのもののみならず、その背景や前提にある）地域の問題解決のために自律的に行動することに価値が置かれており、「犯罪と社会的排除（social exclusion）によって害を被っている人々や場」を、「補修し、社会復帰を支援し、回復するために、刑事司法と社会正義を統合する」としている。

つまりここでは、RJ をベースに、CJ とソーシャルインクルージョンの考え方も踏まえた実践が行われているといえよう。

★近隣司法センター
Neighbourhood Justice Centre. 裁判所としての機能のみならず、（公的機関・民間団体それぞれによる）地域サービスの出張所としての機能、地域の人々が集まることのできるコミュニティセンターとしての機能、（民事事件についての）調停機能を有し、ガラス張りで段差のない法廷等が同じ建物の中にあり、事件の関係者それぞれが、犯罪を契機に、あらゆる社会的課題にかかわる支援のコーディネートを受けることが可能な「ワンストップサービス」の拠点である。

4 RJ や関連する理念に基づく実践に学ぶべきこと

日本を含め、こうした実践はまだ世界各国においても標準的とまではいえない。しかし、既存の刑事司法のあり方にとどまらない、新たな犯罪・非行への対応の取り組みが行われている点に注目すべきである。

これらの実践には批判もある。治療的司法や CJ は本人の問題を他律的に治療・解決しようとしてしまう危険性を有しており、ソーシャルインクルージョンは社会の側の問題は無視して、社会へと本人を過剰に包摂することにつながってしまう危険性をも孕(はら)む。さらに RJ も、両当事者や関係者間の直接の「対話」の実践を行うことにばかり重点が置かれ、その背景が着目されにくいという側面も有している。実際、日本において RJ が「加害者と被害者の対話の実践」のみを示すかのように理解されている誤解もある。

しかし、これらの考え方が、RJ による社会変革理念と有機的に結びつくことで、犯罪・非行を事件の当事者だけの問題としてではなく、社会の側の変容を求める契機として再構成し得る。世界各地で行われる先進的な取り組みは、そのことを示しているのである。

これは、RJ の理念が我々のなかに根づいた「修復的社会（restorative society）」への一歩であるといえよう。

◇参考文献

・Z. ハワード，西村春夫・細井洋子・高橋則夫監訳『修復的司法とは何か――応報から関係修復へ』新泉社，2003.
・山下英三郎『修復的アプローチとソーシャルワーク――調和的な関係構築への手がかり』明石書店，2012.
・指宿信監，治療的司法研究会編著『治療的司法の実践――更生を見据えた刑事弁護のために』第一法規，2018.

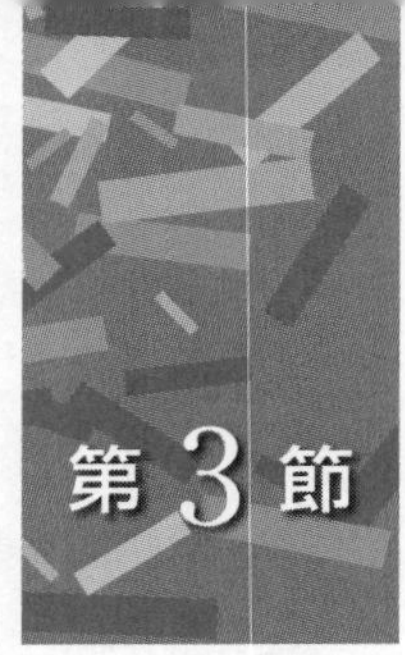

第3節 対話による問題解決

学習のポイント

- 人間関係において、対話のもつ意義や機能を理解する
- 実際の紛争解決や刑事司法領域で用いられている対話の手法について学ぶ

本節では、RJ や関連する考え方に基づく実践に関与する人々の最も基本的なコミュニケーション方法である「対話」について少し詳しく考えてみたい。

1 刑事司法領域における対話の重要性

1 犯罪行為と対話の関係

人は成長のなかで、養育者や周囲の大人から、日常のさまざまな感情を言葉にし、人に伝えて共有したり、時に助けを求めたりすることを学び、対話による対処・解決を図る能力を得ていく。

しかし、成長過程においてそれを促進する大人が不在だったり、**逆境的小児期体験**★や成人後の被害体験、その他の心に傷を負う体験によって言葉にしがたい複雑な感情を経験したりすると、うまく対処能力が身につかない／働かなくなることがある。犯罪の機能論からいえば、その「否定的な、耐えがたい感情」を変えようとして、違法薬物や自分の欲求を満たす行動をするのが犯罪であるともいえる。そこでは、自他との対話の断絶が起こっている。

ここでの**対話**とは、心の奥にある感情や考えを見つめ、抱え、自分が本当は何を感じ、何を求めているのかを思索して表現し、同じプロセスを経た他人の気持ちや考えを聴き、それを受けてまた自分の気持ちや考えを表現することで自分を知る、対等な分かち合いである。

ゆえに、自分の気持ちをごまかし、欲求を一方的に押し付ける犯罪行為は、自他との対話の断絶の結果といえる。

犯罪から遠ざかるためには、自分がなぜ犯罪行為をしたかを整理して言葉にできるようになり、かつ、今後起きるさまざまなストレスに犯罪以外の方法（対話）で対処する力、つまりエモーショナル・リテラシー★

★逆境的小児期体験
Adverse Childhood Experiences：ACEs. 18歳未満における各種虐待や家族の機能不全（親の依存症、受刑等）の経験を意味する。スコア（累積度）が高いと成人後の身体・精神疾患の罹患（りかん）率が高くなることが示されている。非行少年・犯罪者ではACEスコアの高い者が多いという研究も複数ある。

★エモーショナル・リテラシー
自分の感情に気づき、自分のなかに保持して考察し、言葉で表現できる力。

を得る必要がある。

2 支援者と対話の関係

実は犯罪行為者だけではなく、支援者にも対話は重要である。大量殺人事件が起きたと聞いたら、遠くの土地の出来事でも私たちの心が痛んだり気持ちが揺れたりするように、犯罪行為者のなかで耐えがたかったことや生きづらさは、犯罪という形で被害者・組織・関係者・社会全体に投げ込まれて影響を及ぼす。

支援者は犯罪行為者を目の前にして、一緒に感情的になっていては意味がない。しかし一般的には、その耐えがたさに耐えられず、支援者も対話を断絶し、非生産的な行動（罵倒や批判、説教や一方的指導、盲目的援助）をとってしまうことも多い。「犯罪者なんかみんな死んでしまえ」という極論も、どうして犯罪をしたか理解しようとせず正論をぶつけようとすることも、そして「可哀そうだから手を差し伸べなくては」と相手を弱者にして同情を示すことも、すべて「耐えがたさへの反応」、対話の断絶である。

支援者は、「耐えがたさに耐える[1]」ことを通して、犯罪行為者とともに、何が起きたのか、なぜ犯罪行為を選択したのか、次はどうしていけばよいのかを対話を通じて一緒に考え、最良の道を探る必要がある。

3 対話の意味と機能

犯罪からの回復や問題解決に対話を用いる意義は、単に誰かと誰かが会話して互いの気持ちを伝えあって何らかの折り合いどころを見つけるということではない。犯罪行為という結果につながる対話の断絶から逃れるのに必要なのは、「考えること（thought）と探究（enquiry）[2]」である。

そのため、失われている自己と他者との対話プロセスを意図的につくりだし、そのなかで自己との対話の時間を最大限につくり、それぞれが本当の意味で犯罪行為とその影響に向きあい、自分なりの向きあい方やこれからの行動を模索する「思考の行き交う場」をつくる。ここに対話の手法を用いる意義がある。

2 刑事司法領域における対話の手法

刑事司法の領域で用いられている対話の手法として、治療共同体やリフレクティングが挙げられる。

1 治療共同体

治療共同体★は、第二次世界大戦前後のイギリスの精神科病院にて精神科医たちが病棟全体の集団の力を治療に使い始めたことにより概念の発展を遂げ、アメリカではAA★の影響を受けた当事者による活動として展開した。精神科医療、薬物依存症治療、受刑者などさまざまな対象と領域で使われている対話の手法であり、特にアメリカでは薬物再使用率や再逮捕率の低下など、問題行動の改善が実証されている。

★治療共同体
Therapeutic community：TC. ともに生活する共同体すべてを変容の場とし、「医者ー患者」「支援者ー被支援者」間のパワーの差を最小限にし、双方向のコミュニケーションを繰り返すことで個人を情緒的に治療して、健全な生活に向けた行動や態度・価値観を身につけさせる心理・社会的学習アプローチである。

★AA
Alcoholics Anonymous.

対話というアプローチに共通する効果は、「聴く」ことによって自分の感情や考えが刺激され、自己との対話が可能になること、そして「語る／聴いてもらう」ことによって人との絆（きずな）と信頼を取り戻すプロセスとなることである。こうした一対一の対話の効果に加えて、治療共同体は、グループによる感情をオープンにした対話によって効果を得られることが特徴である。「今ここ」で起きている問題（喧嘩（けんか）、違反行動、いじめ）や感情（あいつが嫌いだ等）を、共同体のメンバーで、なぜそうなるのか、なぜそう感じるのかを徹底的に議論していくことで、メンバーが自分の問題に直面するのを助けていく。徹底的な他者との対話を通じて、自己とも向きあうのである。

治療共同体は、強力な構造のなかで自分に向きあわざるを得ないために、メンバーにとっては負荷が高く、また「安全な場」をつくり続けることが難しいという点で、人的コストも高く、腐敗や互いに傷つけあう結果になる失敗の危険性もあるが、うまくいけば変容の効果は高い。

2 リフレクティング

リフレクティング★は、家族療法がもとになっている。マジックミラー越しに専門家が治療者と家族の会話を見て指示を出す（家族は話す一方、専門家は聴く一方）というやり方を変え、「専門家が家族の会話について会話する」のを家族に聴いてもらう時間を設けたところ、家族の会話が膠着（こうちゃく）状態から劇的に変化したことに端を発する。ノルウェーのアンデルセン（Andersen, T.）らはこの方法を「リフレクティング・チーム」

★リフレクティング
ここでいうリフレクティング（reflecting）は、フランス語・ノルウェー語の「聴いたことを理解し、反応する前に考えること」を意味している。

と名づけて実践を発展させた。

❶リフレクティングの特徴

リフレクティングの形式はさまざまあれど、その特徴は、聴いている人（たち）と話している人（たち）を分け、内容も誰かの会話について会話する、ということにある。議論や主張をしあうのではなく、❶他者の言葉に耳を傾け、それについて自己と対話し、❷対話したことを言葉にし、自分の声と言葉を耳にして客観視し、❸自分の会話について他者がどう感じたかの会話を聴くことで、また思索を深めていく。

ただでさえ深刻な問題を、「聴きながら考え、すぐに自分の意見をまとめて話す」ことを反射的に行う通常の会話は、人の考えを聴き自分のなかで反芻（はんすう）して思索する時間を失わせ、結果、自分の主張を繰り返す膠着状態をもたらす。リフレクティングは、そのデメリットを排することによって、自他の対話が雑音なく行われる仕組みになっている。

❷刑事司法領域におけるリフレクティングの実践と効果

刑事司法領域の実践は、1991 年にアンデルセンの影響を受けたワグナー（Wagner, J.）がカルマル刑務所で受刑者、刑務官（職員）、セラピストの３者での**リフレクティング・トーク**を始めたことから始まる。

まずは❶受刑者とセラピストが２者で会話し、刑務官はそれをただ聴いている。次に❷刑務官とセラピストが、先ほど受刑者とセラピストが話していたことについて会話する間、受刑者はそれを黙って聴いている。その後❸受刑者とセラピストが、先ほど刑務官とセラピストの間で交わされた会話について、会話する。

リフレクティング・トークを行うと、刑務官と受刑者の２者で会話するときとはまったく別の会話が行われ、他者を理解しようとする視点と他者の会話を通じて自分を理解する視点が出てくる。

ノルウェーの別の刑務所では、家族療法家が受刑者と家族の面会時にこのリフレクティング・トークを導入しているほか、聴くことと話すことがまだ心理的に難しい受刑者のために Tenk Ut！カード★という実践を行っている場所もある。

リフレクティングの利点は、聴く人と話す人を分けることで、比較的容易に安全な場をつくることができ、参加者への負担が大きくないことである。犯罪行為をした要因に深く直接的に切り込むのとは別の形で、緩やかな信頼関係のある安全・安心な環境で自分の行為を何度も振り返り、向きあっていけるようになる。

Active Learning

会話についての会話を実践してみましょう。

★ Tenk Ut！カード
Tenk Ut は日本語で「考え抜く」という意。カード（受刑者たちが撮影した写真）を使って感じたことを話しあう。

3 日本の刑事司法領域における実践

1 治療共同体の実践

治療共同体の手法は、日本でも多くの分野で展開されている。一つ目は、触法精神障害者を対象とするいわゆる医療観察法病棟である。設立時には企画者たちが治療共同体の見学を経て、ミーティング（対話）を多く設けるなどその手法を取り入れた。

二つ目は依存症からの回復領域である。全国に広がるダルク★やその他の民間依存症回復施設の一部は治療共同体の手法を取り入れて実践している。そのほかにもアメリカやスペインの治療共同体で学んだ支援者・専門家が日本での治療共同体の実践・導入を行ってもいる。代表的なものとして、「アミティ」をはじめとするアメリカの治療共同体の手法を導入した、引土絵未による「治療共同体エンカウンター・グループ」の実践や、近藤京子によるスペインの治療共同体「プロジェクト・オンブレ」の導入計画・実践などが挙げられる。

三つ目は刑務所である。島根県にある官民協働刑務所である島根あさひ社会復帰促進センターで、2009（平成21）年に日本で最初の刑務所内治療共同体が開始され、再犯率の低下効果が認められている。

2 リフレクティングの実践

リフレクティングは、その発祥地の近さや理念の共通点から精神科医療領域で盛んになっているオープンダイアローグ★や、ナラティヴアプローチ★などとともに発展してきており、今後、刑事司法領域においても実践が積み重なることが期待される。日本では、Restorative Justice（修復的司法）の考え方を枠組みとして、人々が自身の気持ちや考えを共有する場としての「えんたく★」の実践、研究も行われている。

★ダルク
Drug Addiction Rehabilitation Center：DARC.

★オープンダイアローグ
患者や家族から連絡を受けると24時間以内に医療チームが駆けつけ、当事者を含めて開かれた対話を行いながら治療方針を決めていく精神科医療のアプローチ。1980年代にフィンランドのケロプダス病院で始まった。対話実践のことだけではなく、サービス提供システムや他者にかかわり応答して現実をともにつくり上げるという世界観も指す。

★ナラティヴアプローチ
1980年代後半にオーストラリアで始まり広がった、ケアやカウンセリングを「問題」「改善点」からではなく、本人の「ナラティヴ（物語、語り）」から捉えなおすアプローチ。語り手の語る物語を聞き、問題を言語化して名づけたりして客観視できるようにし、オルタナティヴ（代わりの）ストーリーを構築していくという考えに基づく。

★えんたく
法律学、社会学、心理学等の研究者と実践家たちでつくるATA-net（多様化する嗜癖・嗜虐行動からの回復を支援するネットワーク）が提唱する手法。A（Addicts：アディクションを抱える本人）、B（Bonds：家族や関係者の絆）、C（Collaboration：市民との協働）の三つの形式で対話の方法を提案している。

◇引用文献

1）古賀恵里子「治療共同体と精神医療――イギリスの実践から学ぶ」藤岡淳子編著『治療共同体実践ガイド――トラウマティックな共同体から回復の共同体へ』金剛出版，p.113，2019.
2）同上，p.113

◇参考文献

・T. アンデルセン，鈴木浩二監訳 『リフレクティング・プロセス――会話における会話と会話』金剛出版，2015.
・藤岡淳子編著『治療共同体実践ガイド――トラウマティックな共同体から回復の共同体へ』金剛出版，2019.
・矢原隆行『リフレクティング――会話についての会話という方法』ナカニシヤ出版，2016.
・藤岡淳子『非行・犯罪心理臨床におけるグループの活用――治療教育の実践』誠信書房，2014.

第4節 犯罪と私

「私」にできることは何か

学習のポイント

- 一人の人間として自分自身が犯罪現象への対応としてできることは何かを考える
- 「加害者」と「被害者」という対立的な視点からではなく、あらゆる人の「被害者性」に着目する
- 犯罪現象から学び、犯罪により明らかとなったニーズへの対応を考える

1 犯罪について考える立場

事例

その頃、僕は、こんなことをイメージしていました。明男★と僕ら家族が長谷川君★たちの手で崖から突き落とされたイメージです。僕らは全員傷だらけで、明男は死んでいます。崖の上から、司法関係者やマスコミや世間の人々が、僕らを高みの見物です。彼らは、崖の上の平らで広々としたところから、「痛いだろう。かわいそうに」そう言いながら、長谷川君たちとその家族を突き落とそうとしています。僕も最初は長谷川君たちを自分たちと同じ目に遭わせたいと思っていました。しかし、ふと気がつくと、僕が本当に望んでいることは違うことのようなのです。僕も、僕たち家族も、大勢の人が平穏に暮らしている崖の上の平らな土地にもう一度のぼりたい、そう思っていることに気がついたのです。ところが、崖の上にいる人たちは、誰一人として「おーい、ひきあげてやるぞー」とは言ってくれません。代わりに、「おまえのいる崖の下に、こいつらも落としてやるからなー。それで気がすむだろう」被害者と加害者をともに崖の下に放り出して、崖の上では、何もなかったかのように、平和な時が流れているのです。自分で這(は)い上がらなければ、僕らは崖の上にはもどれません。しかし傷は負ったままなのです。傷を隠して自力で這い上がることはなんと苦痛でしょう。怒りで地団駄を踏んでいると、さらに下の奈落の底に落ちていくかもしれないのです。必死で傷の痛みを感じないふりをしながら、なんとか上にのぼ

★明男
殺人事件の被害者、筆者の実弟。

★長谷川君
筆者の実弟を殺害した犯人グループの1人。死刑囚。

りたいと考えている……。そんな寓話(ぐうわ)を僕は作り上げていました。僕と長谷川君はどちらも、今、同じ崖の下に落とされている気がしました。[1)]

この事例を読んで、あなたは誰の立場で犯罪を見ていたのか考えてみてほしい。ある事件をニュース等で知ったとき、それが重大かつ凄惨な事件であればあるほど、我々は、そのような結果が生じている現状を痛ましく思い、事件における犯罪行為や犯罪行為者を憎んだり、被害者の心情を思ったりする。そのようなとき、我々自身は、果たしてどのような立場で事件のことを考えているのであろうか。

1 犯罪行為者の権利保障と犯罪被害者等の支援のあり方

2000 年代以降、日本の刑事司法制度は、その家族を含めた**犯罪被害者等**による刑事手続への関与や、犯罪被害者等への配慮の範囲を拡大してきた[i]。しかし、いまだ刑事司法制度の枠内、つまり、犯罪行為者に対する刑事手続の範囲内での被害者等に対する支援にとどまっている部分が少なくない。

その結果として、刑事手続における被疑者・被告人や犯罪行為者に対する権利保障、ないし刑事司法制度の基本理念と、犯罪被害者等に対する支援のあり方との間で葛藤が生じている部分が存在する。

犯罪および権力濫用等による被害者等の刑事司法制度へのかかわりについて国際的にみると、国連においては、それ以前の国連人権諸文書との整合性を保持することが示されている。つまり、犯罪被害者等が刑事手続にかかわる際には、被疑者・被告人や犯罪行為者等に不利益を与えない範囲で、限定的にならざるを得ないことを基本的立場としている。

これまで確立されてきた被疑者・被告人の諸権利や、刑事司法制度の基本理念は、犯罪被害者等が刑事司法にかかわることによって、揺らぐべきではないということが明確にされているのである。

i 2004（平成 16）年には犯罪被害者等基本法が成立したことで、犯罪被害者等に対して、総合的な支援制度の確立が目指されたともされる。

2 被疑者・被告人の権利と刑事司法制度の基本理念の尊重

国際的にこのような立場がとられているのはなぜだろうか。

❶歴史的な蓄積と基本的原則や学術的知見の共有

理由の一つは、本書の各章においても述べてきたとおり、犯罪や非行への対応として、時に刑罰という厳しい処分を予定する刑事司法制度は、現在さまざまな基本原則を共有し、その背景に多様な学術的知見をもって運営されようとしていることにある。

社会のなかで何らかの紛争、とりわけ過酷な結果を伴う紛争が生じたとき、そのことに憤りを覚え、感情的な反応を示すことは、人間として自然なことである。しかし、被疑者・被告人等、裁判の当事者のためのみならず、我々の誰しもが刑事司法制度において裁かれる可能性を有する市民であることに鑑みて、誤った裁判や刑罰を行わない制度を確保するために、歴史的に知見を積み上げてきたのである。このような「誤って誰かを裁かない」ための積み重ねを、我々は十分に知っておくべきであろう。

現状もなお刑事司法制度における問題は山積しているものの、歴史的にみれば、かつての刑事司法制度は今より大きな問題を抱え、決して理性的とはいいがたい、時に政治的な力に動かされた、およそ適正には運営されていないものであったのである。

❷「加害者」対「被害者」という二項対立からの脱脚

またもう一つは、犯罪で被害を受けた人やその家族等に対する支援を、犯罪行為者との関係において語ることから離れられない「呪縛」に、我々自身が囚(とら)われているのではないかという問題提起である。この問題提起は、犯罪行為者への支援においても同様である。

たとえば我々は、犯罪・非行について無意識に「犯罪被害者等は厳罰を求めるものだ」「犯罪行為者は本人のなかに何らかの問題性を抱えているのだから治療されるべきである」といったイメージを有していないだろうか。

このような固着的なイメージをもつことは、我々自身を犯罪や非行から遠い存在、いわば「傍観者」としてしまい、その問題について考えたり、意見をもったりする必要を失わせる。

しかし、本書で述べてきたとおり、犯罪や非行の問題を本質的に理解し、解決の糸口を見出すためには、犯罪行為者の**被害者性**や犯罪原因・背景への理解に加え、刑罰は国家が個人に対して科すものであること、刑罰や刑事手続そのものは犯罪被害者等が「自律的に生きる」ことを支援できるわけではないことを知る必要がある。つまり、刑罰の限界に対して自覚的でなければならない。

我々が、現実の事件の当事者について、固着的なイメージに囚われている限り、冒頭の事例のように、犯罪行為者も、犯罪被害者もその実像が社会的に理解されず、同じように社会から疎外された立場に置かれることになりかねない。「加害者」対「被害者」という二項対立軸的思考に立って刑事司法制度のあり方を考えること、刑罰によって犯罪に関する問題をすべて片づけようとする思考から脱却しない限り、我々は、犯罪という現象から学ぶことはできないのではないだろうか。

2 「私」に何ができるのかを考える

我々は「潜在的被害者」であると同時に「潜在的加害者」でもある。つまり、現実の被害者・加害者としての当事者性は今のところ有していないということである。少なくとも我々は、すべての現実の被害者・加害者の「真意」を代弁できる立場にはない。

そうだとすれば、我々は「今のところ犯罪に関与していない『第三者』である私」としての当事者性をどう確立するべきかを考える必要があるのではないだろうか。

社会において、新たな被害も加害も生まないための「担い手」として、「私」に何ができるのか、自分自身のあり方を問うことから始めてみてはどうだろうか。犯罪や非行が我々の関係性のなかで生じていくものである以上、それは決して、大それたことである必要はないはずである。

こうした、個人として、人間としての「私」のあり方を考えたうえで、初めて、福祉専門職としてできることを具体的に考えられるようになるのではないだろうか。

◇引用文献

1）原田正治『弟を殺した彼と、僕。』ポプラ社，pp.115-116，2004.

● おすすめ

・高橋康史『ダブル・ライフを生きる〈私〉――家族に犯罪者をもつということ』晃洋書房，2020.
・坂上香『癒しと和解への旅――犯罪被害者と死刑囚の家族たち』岩波書店，1999.
・立岩真也『増補新版 人間の条件――そんなものない』新曜社，2018.

索引

A～Z

あ～お

か～こ

さ～そ

た～と

な～の

は～ほ

ま～も

や～よ

ら～ろ

わ～ん

最新 社会福祉士養成講座 精神保健福祉士養成講座

編集

一般社団法人 日本ソーシャルワーク教育学校連盟（略称：ソ教連）

統括編集委員（五十音順）

中谷 陽明（なかたに・ようめい）
ソ教連常務理事、桜美林大学大学院教授

松本 すみ子（まつもと・すみこ）
ソ教連常務理事、東京国際大学人間社会学部教授

「刑事司法と福祉」編集委員・執筆者

編集委員（五十音順）

伊東 秀幸（いとう・ひでゆき）
田園調布学園大学人間科学部教授

水藤 昌彦（みずとう・まさひこ）
山口県立大学社会福祉学部教授

森久 智江（もりひさ・ちえ）
立命館大学法学部教授

山﨑 康一郎（やまさき・こういちろう）
日本福祉大学社会福祉学部准教授

執筆者および執筆分担（五十音順）

相澤 育郎（あいざわ・いくお）……第7章
立正大学法学部助教

市川 岳仁（いちかわ・たけひと）……第13章
京都精華大学非常勤講師（司法福祉論）・三重ダルク代表

伊東 秀幸（いとう・ひでゆき）……第11章第2節・第3節
田園調布学園大学人間科学部教授

上田 光明（うえだ・みつあき）……第3章
龍谷大学 ATA-net 研究センター博士研究員

大岡 由佳（おおおか・ゆうか）……第14章第1節・第2節
武庫川女子大学文学部准教授

金澤 真理（かなざわ・まり）……第 4 章
大阪市立大学大学院法学研究科教授

木本 克己（きもと・かつみ）……第 14 章第 3 節
横浜市市民局人権課専任職（社会福祉業務担当）

柑本 美和（こうじもと・みわ）……第 11 章第 1 節
東海大学法学部教授

武内 謙治（たけうち・けんじ）……第 6 章
九州大学大学院法学研究院教授

中島 学（なかじま・まなぶ）……第 8 章
福岡少年院院長

浜井 浩一（はまい・こういち）……第 2 章
龍谷大学法学部教授

福西 毅（ふくにし・たけし）……第 10 章
大阪保護観察所統括保護観察官

渕野 貴生（ふちの・たかお）……第 5 章
立命館大学大学院法務研究科教授

水藤 昌彦（みずとう・まさひこ）……第 1 章
山口県立大学社会福祉学部教授

毛利 真弓（もうり・まゆみ）……第 15 章第 3 節
同志社大学心理学部准教授

森久 智江（もりひさ・ちえ）……第 9 章、第 15 章第 1 節・第 2 節・第 4 節
立命館大学法学部教授

山﨑 康一郎（やまさき・こういちろう）……第 12 章
日本福祉大学社会福祉学部准教授

山田 真紀子（やまだ・まきこ）……第 12 章第 2 節~第 4 節
大阪府地域生活定着支援センター所長

一般社団法人 日本ソーシャルワーク教育学校連盟（略称：ソ教連）のご案内

ソ教連は、全国のソーシャルワーク教育学校（社会福祉士、精神保健福祉士、社会福祉教育を行っている学校）で組織されています。

ソーシャルワーク教育学校に課せられた社会的使命に鑑み、ソーシャルワーク教育の内容充実および振興を図るとともに、ソーシャルワークおよび社会福祉に関する研究開発と知識の普及に努め、もって福祉の増進に寄与することを目的としています。

［英文名］Japanese Association for Social Work Education（略称；JASWE）
［設立日］2017（平成 29）年 4 月 1 日
［ウェブサイト］http://www.jaswe.jp/　http://socialworker.jp/

［業務執行理事］
会　　長 白澤政和（国際医療福祉大学）
副 会 長 岩崎晋也（法政大学）
副 会 長 和気純子（東京都立大学）
副 会 長 中村和彦（北星学園大学）
常務理事 中谷陽明（桜美林大学）
常務理事 松本すみ子（東京国際大学）

2020 年 10 月 1 日現在

最新 社会福祉士養成講座
精神保健福祉士養成講座
10 刑事司法と福祉

2021年2月1日　初　版　発　行
2024年2月1日　初版第 4 刷発行

編　集　一般社団法人日本ソーシャルワーク教育学校連盟
発行者　荘村明彦
発行所　中央法規出版株式会社
〒110-0016　東京都台東区台東3-29-1　中央法規ビル
TEL 03(6387)3196
https://www.chuohoki.co.jp/

印刷・製本　株式会社太洋社
本文デザイン　株式会社デジカル
装　　幀　株式会社デジカル
装　　画　酒井ヒロミツ

定価はカバーに表示してあります。落丁本・乱丁本はお取替えいたします。
ISBN978-4-8058-8240-5

本書の内容に関するご質問については、下記URLから「お問い合わせフォーム」にご入力いただきますようお願いいたします。
https://www.chuohoki.co.jp/contact/